土屋武志・白井克尚 編著

グローバル社会における

「解釈型歴史学習」の可能性

帝国書院

まえがき

2023年5月8日、日本政府は新型コロナを感染症法の5類に変更した。これにより新型コロナは季節性インフルエンザと同じ扱いとなり、人々の生活も通常の状況に戻った。WHO（世界保健機関）が正式名称をCOVID-19と名付け、日本でも2類相当とされた2020年2月から3年以上の歳月がたっていた。この間、世界で約688万人（2023年3月10日時点、ジョンズ・ホプキンス大学調べ）、日本国内で約7万3千人（2023年3月9日時点、厚生労働省調べ）が亡くなった。感染症が複数の国や大陸に拡散し同時流行した状態（パンデミック）となり、世界は、一つにつながっていて断ち切ることができないこと、つまり地球全体がつながっているグローバルな状態であることが証明されたのである。

ワクチンの供給など世界が協力して対応したこともあって、パンデミックは終息に向かった。しかし、ロシアによるウクライナ侵攻など、国際平和を逆方向に向かわせることも起きた。ヒトは、協力して命を救う一方で、対立して命を奪う生物であることがはっきりと示された3年間だった。このことを自覚して、協力して命を守る方向に社会を動かすことこそが、私たちにいま課せられていると言える。

さて、本書は、タイトルを「グローバル社会における解釈型歴史学習の可能性」として、私と関わりある研究者・実践者がそれぞれの視点を大事にしてまとめた学術書である。教師と大学生を読者と考えて執筆している。私は、1995年に愛知教育大学助教授として大学教育に携わることとなったが、程なくして帝国書院から中学校社会科教科書の執筆に関わる機会を与えられた。そして、中学生をイメージしながら自分の研究を進める中で、「解釈型歴史学習」を提案することとなった。これは「暗記型歴史学習」の対義語としての私の造語であり、曖昧なところも多く、確定した定義はないが、本書のタイトルにも使っている。したがって、本書は、執筆者それぞれが、「解釈型歴史学習」という言葉からイメージする視点から、それぞれの考えを肉付けしたものとなっている。また、グローバルという用語は、愛知教育大学名誉教授の魚住忠久氏が「グローバル教育」として、

社会科教育研究と実践の中で強調されてきた。米国では、1970年代から強調されてきた半世紀の歴史をもつ用語である。不幸な出来事であるパンデミックを通して、グローバルな視点を踏まえて教育に取り組む先見性が改めて理解できたのである。

　私は、大学教育に携わって以降、アジアから50人以上の留学生を指導する機会も得た。留学生たちから語られる歴史は、同じ出来事であっても歴史解釈が多様であることを証明していた。そのうえで、それらの多様な解釈を対立でなく協力に向けることができるかが常に話題になった。私は彼らと関わる中で、答えを一つにするのでなく、多様であることを認めたうえで、その相違点や共通点を互いに理解する学習こそ歴史学習に必要なのではないかと考えるようになった。そして英国や米国の歴史教育は、多様性を前提につくられている点に改めて気づいた。今後、日本は、国籍や性別にかかわらずさまざまな人材が活躍できる社会へと大きく舵を切るだろう。本書が、そのような社会づくりのための手引きとなり、教育研究のヒントを得られれば幸いである。

2023（令和5）年12月10日

土屋　武志

目　　次

グローバル社会に求められる
解釈型歴史学習

グローバル社会に求められる解釈型歴史学習の背景

愛知教育大学　土屋 武志

1　森脇瑤子の日記

帝国書院中学校社会科教科書（歴史分野）[1] には、「ある少女の日記」が教材とされている。この教材は、1945 年 8 月 6 日に広島市に落とされた原子爆弾で死亡した森脇瑤子の日記の一部である。私が同社の教科書企画・執筆に携わってから改訂を経ても一貫して掲載されている。

彼女は、この年の 4 月に広島県立広島第一高等女学校に入学し当時 13 歳だった。日記には、入学から 8 月 5 日までの日々が綴られている [2]。日記の最初は、4 月 6 日で「昭和二十年の入学式が挙行された。かねて永年あこがれていた第一県女の生徒になったのだ。日本の女学生として、恥ずかしくないように日々の生活に心掛け、一生懸命に、がんばろうと思う」と書き始められていた。最後となった 8 月 5 日は、家庭修練日とされた日曜日で「昨日、叔父が来たので、家がたいへんにぎやかであった。「いつも、こんなだったらいいなあ」と思う。明日からは、家屋疎開の整理だ。一生懸命がんばろうと思う」と綴っていた。この翌日 8 時 15 分被爆し、同日夜、広島市郊外の収容先で母を待ちつつ亡くなった。

私たちは、この事実をどのように解釈すると良いだろうか。教科書本文は、原爆に続く日本の敗戦を次のように述べている。「この戦争は、満州事変から数えると、約 15 年間にわたる長い戦争でした。日本の植民地だった朝鮮や台湾、日本軍に占領されていた中国や東南アジアの人々にとっては、解放後も新しい独立国家をつくるための戦いが続きました。また、敗戦を知った日本の人々の心境は、立場や年齢、職業や地位、性別によって異なり、一様ではありませんでしたが、

それぞれが深く傷ついた戦争でした」と [3]。多様な受け止め方があることを前提として、人々が傷ついた事実を述べて結んでいる [4]。

ある少女の日記　　〈細川浩史・亀井博編『広島第一県女一年六組　森脇瑤子の日記』より，一部要約〉

八月三日(金)晴れ

少し身体が疲れたような気がするが，このくらいは何でもない。お姉様方*は，全部，いろいろな方面で，一生懸命に，働いていらっしゃるのだ。どうして，どうして「疲れた」などと言われようか。明日も農園に行く。一生懸命にやろう。(※お姉様方＝女学校の上級生)

八月四日(土)晴れ

今日も農園の作業であった。昨日と同じように暑かったが，我慢して一生懸命にやった。帰宅途中，桟橋で帽子を海に飛ばした。目の前で揺れているのだが，とれなかった。折角，母が買って下さったのにと思うと，残念でならない。どうも気持ちが面白くない。

八月五日(日)晴れ

今日は，家庭修練日である。昨日，叔父が来たので，家がたいへんにぎやかであった。「いつも，こんなだったらいいなあ」と思う。明日からは，家屋疎開の整理だ。一生懸命がんばろうと思う。

少女の最期を看取った女性の記録

あまりにも，身体全体の火傷がひどく，重傷でしたので，これでは助かりかねると思い，一生懸命，看護いたしました。

…中略…

「お母ちゃーん，まだ来てないん？」と幾度も聞いていらっしゃいました。「もうすぐ見えるよ，もうすぐよ，しっかりしていなさいね，我慢してね」と，幾度慰めたか分かりません。

「お水をちょうだい」「お茶をちょうだい」「背中をなでて」「胸をなでて」「胸をさすって」「胸を軽くたたいて」「おばちゃん，手を握らせて」「暑い，あおいで」と，おっしゃるように，手を取って差し上げました。

こうして，お母様のお見えになるのを，お嬢さんと一緒に待っていましたけど，とうとう，いらっしゃらないうちに，永眠なさいました。

資料1　帝国書院中学校社会科教科書に掲載されている森脇瑤子の日記の一部

「平和で民主的な国家及び社会の形成者」を育てるという社会科教育の目標に即せば、「平和」と「民主主義」は、社会科の最も重要なキーワードである。森脇瑤子の死を「かわいそう」という単純な解釈にとどめることなく、思考を深めるためには、当時の「平和」や「民主主義」の状況を理解することが必要な学習となる。1945年当時、小学校は国民学校と名称を変え、小学生は天皇に仕える小さな皇国民を意味する「少国民」と呼ばれていた。国民学校初等科を終え高等女学校に入学した森脇瑤子が、「日本の女学生として、恥ずかしくないように」と記した背景には、このような時代背景があった。教育制度の改革などの政治は、男性に限られていたが選挙によって選ばれた帝国議会が法律をつくり、それにもとづいて内閣が行政を行う「民主主義」があった。戦争は、限定的ではあったが民主的手続きの形式を踏まえつつ遂行され、多数の国民がそれを支持していた。

　森脇瑤子の死を解釈するとき、当時の民主主義の特徴と限界（現在との相違点）を確認することがまず必要となる。それが現在の社会科歴史学習としての役割でもある。したがって、この教材は、戦後の民主的な改革に関する学習の導入としての役割も果たしている。

2　ダイバーシティ社会での社会科歴史教科書

　帝国書院中学校社会科教科書（歴史分野）には、続く単元として「現在に続く日本と世界」がある。ここでは、女性が参政権を得たことが写真資料で紹介され、そのキャプションには「1945 年、女性の選挙権や参政権が認められ、翌年に 39 人の女性国会議員が誕生しました」と述べられ、さらに「現在の女性国会議員の人数を調べてみよう」と視点を現在に導いている。

　教科書に記述されているように、日本における女性参政権は、敗戦後の 1946 年 4 月の衆議院議員選挙ではじめて行使された。一方、米国では、1920 年に性別での参政権制限を禁じる憲法修正第 19 条が成立した。それに先立つ 1916 年には、モンタナ州選出議員としてジャネット・ランキンが初の女性下院議員となっていた。彼女は、1917 年の米国の第一次世界大戦参戦と 1941 年の対日戦参戦に連邦議会で反対票を投じた人物として有名である。

　米国の選挙制度は、州により異なっていたり、不平等が指摘されているが、女性の政治参加の視点からは、先進的な取り組みがある。日本の国際的なジェンダーギャップ指数は、2023 年現在、スイスの非営利財団「世界経済フォーラム」の報告書によれば世界 146 カ国中の 125 位である。特に政治参画は 138 位とされ、国会議員や閣僚の男女比から女性の参画が低いと見なされている。

　現在、グローバル社会の進展の中で、欧米基準の社会評価が進み、女性・子ども・少数民族等政治的マイノリティと見なされてきた人々の権利保障が、その社会の民主主義の成熟度を表す指標とされている。つまり、ダイバーシティ（多様性）を前提とした社会づくりを達成することが国際課題とされている。日本社会科教育学会が、2023 年 10 月の総会で「ダイバーシティ推進宣言」を採択し、ダイバーシティを推進することを明示したのもこの流れにある。

　一方で、女性の社会参画を進める主張は、「女性」を強調する点で、ジェンダーと矛盾しているといわれる。しかし女性の社会参画を推進することは、多様性を前提とする文脈から、民主的バランス（平等）を保障しようとする主張である。女性の政治参画が進まない日本で、女性の政治参画を意図的に推進することは、男女の役割分業を前提とした認識そのものを問い直し、社会のダイバーシティを高めることなのである。教科書の「敗戦を知った日本の人々の心境は、立場や年齢、職業や地位、性別によって異なり、一様ではありませんでした」という表現には、ダイバーシティの実現を課題としているいまのグローバル社会が反映されている[5]。

　1945 年 8 月 6 日には、子どもの権利という考えも無かった。女性参政権も無かった。そのような社会で、少女が被爆死した。その過去を解釈し説明する学習活動は、まずはいまと異なる過去の社会を理解する学習である。それと同時に、平和と民主主義をどのように創り出すかといういまの社会問題を考えることにつながっている。社会科歴史教科書は、過去を教材としつつ、学習者をいまの社会問題に出会わせるガイドブックなのである。そのとき、当時の多様な人々の存在にも気づかせる配慮が、今日の教科書の役割となっている。

3　社会科教師の基本的役割

　帝国書院中学校社会科教科書（歴史分野）には、「歴史を探ろう」という特設頁があり、12 のテーマのうちの一つが「戦場となった沖縄〜悪化する戦局と住民の命〜」である。この中の「沖縄戦と女学生」というコラムで「日本軍と県は沖縄の女学生に対して看護教育を行い、戦場へ動員しました。職員や父母の思いはさまざまでしたが、少女たちは「御国のため」と軍と行動を共にしました。その結果、多くの少女が命を落としました」と述べられている[6]。

　1945 年 4 月米軍の沖縄本島上陸により、本島で地上戦が始まり、県内の中等学校・師範学校の生徒が戦場に動員され、男子 1552 人、女子 441 人、教師 99 人が命を落とした[7]。沖縄師範学校女子部と沖縄県立第一高等女学校の生徒たちも「ひめゆり学徒隊」として動員された。両校は同じ校舎であり校歌も同じで、

学校行事も一緒に行われる関係だった。両校で 13 歳から 19 歳の生徒約 1150 人が学んでいた。その記録を保存展示しているひめゆり平和祈念資料館で、戦後 70 年特別展として、「ひめゆり学徒隊の引率教師たち」が開催された（期間 2015 年 12 月 22 日〜 2017 年 3 月 31 日）。その図録 [8] によれば、両校から引率教師として 18 人が動員され、13 人が命を落とした。爆撃による死亡 7 人、消息不明 5 人、生徒ともに自決した教師が 1 人である。

　1941 年 12 月の太平洋戦争開始前までは、両校とも個性豊かな教師たちによる多様な教育があった。生徒に人気のあった修身担当教師は、授業で自由主義や個人主義について話し「人格を尊重しなければならない、自己を大切にしなければならない、他人を手段にし犠牲にしてはいけない、他人のために犠牲になってはいけない」などと語っていたという。

　死亡した引率教師で最も若かったのは、音楽教師の東風平恵位（こちんだけいい）と地理歴史教師の親泊千代子（おやどまりちよこ）の二人で、ともに 1943 年 10 月に赴任し引率時は 23 歳だった。宮古島出身の東風平は、東京音楽学校（現東京芸術大学）を卒業し、沖縄師範学校女子部が最初の赴任校で、卒業式で歌う「別れの曲」を作曲したが、その曲は歌われることはなく、1945 年 6 月 19 日に米軍のガス弾攻撃により伊原第三外科壕で死亡した。那覇市出身の親泊は、東京女子高等師範学校（現お茶の水女子大学）卒業後に母校である第一高女に赴任した。歌が好きで暗い壕の中で歌で生徒を慰めていた。東風平と同じく伊原第三外科壕でガス弾攻撃を受け死亡した。死亡した 13 人の引率教師のうち 8 人が 20 〜 30 代前半の教師であった。

　生還した教師の一人仲宗根政善は、陸軍病院壕に置き去りにされ米軍に助け出された生徒を見舞ったとき「あの場合はしかたがなかったと、いくらいいわけをしてみても、それはいいわけにはならない。（中略）日本国家全体が犯した罪が、具体的には自分を通じてあらわれたのである」と語り、強い自責の念にさいなまれていた。

　社会科は、このような戦争への反省から出発し、平和と民主主義を考える教科として 1947 年に新学制の発足とともに新設された。日本の社会科が平和と民主

主義のための教科であることを自覚して授業実践に取り組むことが社会科教師の基本的役割と言えるだろう。では、どのような授業が基本となるだろうか。

4　歴史家体験活動による解釈型歴史学習

　「解釈型歴史学習」[9] は、筆者の造語である。その対局に「暗記型歴史学習」を想定している。社会科は、アジア太平洋戦争敗戦後の教育改革の中で新教科として生まれた。前述のように、多様性を排除した国家主義が戦争を進めた過去を踏まえて、これからの社会を民主主義社会として発展させることが社会科の大きな役割とされた。そのため、学習活動自体が子ども一人一人の多様性を前提とした民主的な対話活動であることが前提とされ、調査や討論等の活動が重視された [10]。歴史学習が社会科に含まれ、社会科としての歴史学習（社会科歴史学習）となったとき、歴史学習もまた、対話的な活動を基本とする学習と考えられた。過去（歴史）を題材とした年表や地図・模型などの展示物作成、新聞や本などの作成、ドキュメンタリー番組の作成、劇化など、子ども同士で協力して活動し構成していく授業が考えられた。

　筆者は、これらの活動を「歴史家体験活動」と呼び、その活動を通じて、過去の情報を多様な視点で整理・検討し、それらを用いて歴史を構成（表現）する学習を「解釈型歴史学習」と称したのである。この場合の「歴史家」とは、大学や研究所で歴史研究に携わる人のみを指しているのではない。博物館の学芸員はもちろん、地域の歴史愛好家や新聞・雑誌などで歴史を取り扱うジャーナリスト、小説家や漫画家、テレビや映画のプロデューサーや脚本家なども含まれる。「歴史」を描く権利が、大学研究者のみに与えられているわけではないことが民主的市民社会の特徴である。歴史は、さまざまな人々によって描かれる。また、描く権利がある。この場合、作品を受け取る人々の多様性を想定して、複数の見方・考え方が必要になる。それ故、歴史家体験活動は、残された多くの資料（史料）から情報を取り出し、複数の視点で吟味し再構成する活動となる。そのとき、自分と異なる視点や情報をもつ他者との対話と協働が不可欠であるが、それはとりもなおさず民主的な市民活動であることに他ならない。このように、筆者は、民主的

プロセスを伴う歴史家体験活動を繰り返すことで、歴史リテラシーをもつ市民を育成できると考えている。この活動を通した歴史リテラシー（歴史解釈）の質的変化（向上）を図示したものが、**資料2**である。ここに示したように、解釈にも質的なレベルがある。

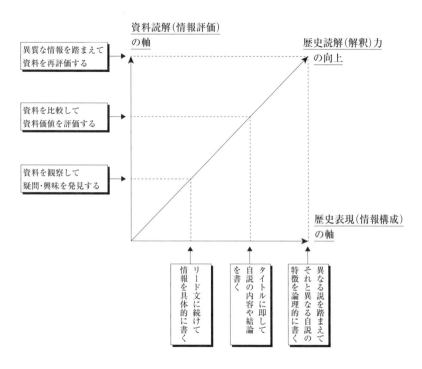

資料2　解釈型歴史学習における歴史読解（解釈）育成モデル（筆者作成）[11]

2023年7月に出版された小野寺拓也・田野大輔『検証　ナチスは「良いこと」もしたのか？』（岩波ブックレット No.1080）は、歴史解釈の質の問題を考えるうえで注目された。ナチスの政策として、例えば全国2万5千カ所の母親相談所では、母親への助言や情報提供に加えて、乳児の下着や子供用ベッド・食料品などが支給され、会社内に幼稚園が設けられ、ケースワーカーが生活問題全般の相談に乗ったという「事実」から、「ナチスは良いこともした」という解釈（評価）

がされた場合、そこには、①ナチ党にとって政治的に信用でき、②「人種的」に問題がなく、③「遺伝的に健康」で、④「反社会的」でない人々だけが対象だったという「事実」が抜け落ち、さらに障害者に対して強制断種さらには「安楽死」という名の殺害が行われた「事実」も抜け落ちている。同書では、過去を議論するとき、〈事実〉〈解釈〉〈意見〉の三層に分けることができるとしている。そして、解釈の層が重要であり、歴史について〈意見〉をもつことは自由であるが、〈解釈〉の層を飛び越えて、〈事実〉から〈意見〉に飛躍することは危険だと指摘している(12)。

　過去を解釈する専門家としての歴史家は、歴史が、「過去の事実の一部を切り取って叙述されていること」を理解している。そのため、どこをどう切り取るか、それと異なる切り取り方をするとどのような描き方になるかを検討したうえでより妥当な「解釈」に至るプロセスを重視している。解釈型歴史学習にあっては、そのプロセスが「対話」である。教師は、多数とは異なる意見をもつ生徒に発言の機会を促したり、時には、教師自身があえて疑問を呈したり反論したりして生徒たちの思考を揺さぶるなど、対話を深めるファシリテーター役を果たすことになる。

5　メディアリテラシー教育としての解釈型歴史学習

　英語の Critical thinking は、日本語では、批判的思考と訳される。この場合、日本語の「批判的」という語感には、他者を論破したり、他者と敵対するニュアンスがある。前述したように、解釈型歴史学習は、異なる見方・考え方があることを前提として、対話によって情報（資料）解釈の妥当性を検討する過程で、解釈の多様性を共有する学習である。したがって、解釈型歴史学習論では、批判的思考を論理的思考と呼ぶように心掛けている。また、解釈型歴史学習論では、対話という表現を意図的に用いた。従来の社会科教育では、討論という表現が多かった。討論という用語も、批判的と同様に他者を論破するイメージがある。二つの考えのどちらが正しいかという二者択一の選択とは異なる解決があるかもしれないという前提に立ったとき、批判的思考や討論という日本語がそれになじまないのではと考えた。AかBかでなく、Cという解釈もあるという考えからである。

現代社会の問題は、対立するAかBかのどちらかでなく、Cという解決法を示すことが、実際の問題解決につながることが多いのではないかと考えたのである。

　SNS が社会に浸透する中で、フェイクニュースの問題が注目されるようになり、メディアリテラシー教育が必要だとされる現在、メディアリテラシーの核としての Critical thinking を「吟味思考」と表現する提案もされている (13)。インターネットは、個人が世界に簡単に情報発信できる社会を創り出した。その一方で、「フィルターバブル」「エコーチェンバー」という現象も生み出している。フィルターバブルとは、自分の好みの情報のみに包まれた状況を指している。エコーチェンバーは、日本語で共鳴室のことだが、SNS で自分と同じ考えの人同士が共鳴し合って、偏った言論集団を創り出すような状況を指している。いまの自分に関心ある情報のみに包まれ、同じ考えの人同士が固まって、結果として異なる他者への無理解や攻撃から、社会の分断が広がる状況が生まれつつある (14)。そのような不寛容社会を生み出さないことが、メディアリテラシー教育の役割と考えられている。

　ジャーナリストの下村健一は、メディアリテラシー教育実践でのチェックポイントを〈ソ・ウ・カ・ナ〉と名付けて提案している。ソは即断しない、ウはうのみにしない、カは偏らない、ナは中だけ見ない（つまり視野を広げて周辺も見る）という言葉の頭文字である。一面的な見方に陥らないためのチェックリストである。解釈型歴史学習も同様に、過去に関する同じ情報からでも歴史が多様に描かれることを前提として、あえて異なる立場（他者）との対話を基本として、論理的思考（吟味思考）を深めるメディアリテラシー教育でもある (15)。

6　グローバル社会に求められる解釈型歴史学習 − 素朴な問いの重要性 −

　これまで述べたように、グローバル社会は、ダイバーシティ社会とも言い換えられる状況にある。生徒たちは、グローバル社会の形成者として、対立的で不寛容な社会でなく、共生する寛容な社会をつくる権利をもっている。その権利を活かす場を社会科歴史学習につくることが、社会科教師の役割の一つとなる。人口減少が続く日本では、外国人材との共生が今後加速度的に進み (16)、教室に、外

国にルーツをもつ生徒がいる状況が今以上に珍しくない社会となるであろう。歴史学習を教室の多様性を活かす学習活動とするためには、生徒たちとともに教師も互いに問いを共有することが必要になる。多様な生徒たちの疑問の全てを教師が想定することはできないので、生徒たちとともに疑問（＝問い）をつくることが重要になるからである。教師の解釈を一方的に押しつける学習が「暗記型」の学習であるとすれば、グローバル社会に求められる「解釈型」歴史学習では、生徒も教師もともに共有できる疑問を生み出すことが重要になる。

　このとき、問いのモデルがほしくなる。例えば「幕府がこんなに一生懸命になって改革したのに、なぜ成功しなかったのか」という問いがある。この問いは、江戸幕府の「天保の改革」を百姓一揆との関係で学習した導入の最後の問いだった。この他、「アメリカの発展と南北戦争」の学習では、「はたして黒人たちは自由になったのだろうか」という問いもある [17]。この例のように、成功しなかった歴史上の出来事が次の時代（＝新しい社会）を生むこともある。ある出来事の表面理解にとどまらず、それが本当に成功したといえるのかどうかを改めて問い直すことが、解釈型歴史学習に必要な論理的思考といえる。前節で触れた下村の〈ソ・ウ・カ・ナ〉チェックと共通している。

　このような問いは、歴史専門家がもつ問いでもある。2022 年に岩城卓二他による『論点・日本史学』（ミネルヴァ書房）が出版された [18]。同書は、最新の日本史研究の成果をもとに、各テーマ見開き 2 ページ構成 186 テーマで述べられ、テーマごとに専門家が問いを立てて「研究の現状」を示している。例えば、近世の問いの中からいくつか取り上げると、次のような問いが立てられている。

● 幕府はいかにして諸大名を統合していたのか

● なぜ近世の人口の八割は百姓なのか

● 都市の支配に、町人はどのように関わったのか

● 参勤交代はどのように形骸化していったのか

● 大名は「倒産」するのか

● 米はどのように売買されていたのか

● なぜ過密で不安定な町人社会が存続できたのか

●民衆はどのように知識を形成・継承したのか

●子育てと介護は女性の役割か

●外国船はなぜ日本に来たのか

　中学生にも「大名は倒産するか？」「外国船はなぜ日本に来たのか？」と疑問をもつ生徒がいる。民衆の知識に関しては、「農民は勉強できたのか？」あるいは「どんな学校があったのか？」のような問いになるかもしれない。歴史家が研究している問いと同じ問いを立てる生徒たちは、教師にも新たな疑問（学習問題）を提供する立場にある。解釈型歴史学習は、そのような素朴で視点の異なる新たな問いを多く生み出す活動でもある。生徒たちに自分なりの問いをつくらせ、その中からチームやクラスで追究する問いを選んだり、複合させる活動が進められるだろう。全員が合意する「正しい」答えは出ないかもしれないが、思考（対話）するプロセスで、その時代の人々の状況を調べて理解する学習になるとともに、次の学習に続く新たな問いを生み出すだろう。本節冒頭に示した森脇瑤子の日記から、生徒たちは、どのような問いを立てるだろうか。その問いの追究から、過去を踏まえてどのようないま（の社会）をつくろうと考えるだろうか。戦争は自然災害ではなく、人間の意志で始められ、人間の意志でそれを防ぐことができる。「怖い・いやだ」という感情も基本的に必要であるが、社会のシステムとして戦争を理解することが防止（歯止め）につながる。「平和」と「民主主義」を学習の基本内容としている日本の社会科歴史教育実践に際して、その基礎的学習論として解釈型歴史学習論を参照し、引き続き発展させていただければ幸いである[19]。

||| 注・参考文献 |||

（1）『社会科　中学生の歴史〈日本の歩みと世界の動き〉』帝国書院、2023年。

（2）細川浩史・亀井博編『広島第一県女一年六組　森脇瑤子の日記』平和文化、1996年。

（3）注（1）p.253。

（4）筆者の恩師である加藤章氏（元上越教育大学学長）から、2015年7月末に盛岡駅近くでコーヒーとケーキをいただきながら伺った氏の体験談が印象的だった。氏は旧制中学在学時に終戦（敗戦）を経験した。校庭に集められ玉音放送を聞いたとき、よく聞き取れなかった

が敗戦であることを感じたという。そのときは、一瞬の悔しさとともに、助かった、死な
ずにすむという安堵感もまた同時に押し寄せてきたそうである。当時盛岡市内も安全でな
く、氏の自宅周辺も機銃掃射を受けたりしたが、そのときはパイロットの顔も間近に見えた。
自分と同じくらいの子どもじゃないかと思ったそうである。そのような体験からの安堵感
だったと語ったことを覚えている。

(5) 注（1）には、1918 年から 1919 年の「母性保護論争」を扱った特設頁がある。与謝野晶子・
平塚らいてう・山川菊栄 3 人の意見を整理し当時の社会状況を理解する学習活動が設定さ
れている（pp.230-231）。

(6) 注（1）p.250。

(7) 『ひめゆり平和祈念資料館ブックレット』沖縄県女師・一高女ひめゆり平和祈念財団、
2021 年、p.45。

(8) 『戦後 70 年特別展　ひめゆり学徒隊の引率教師たち　図録』沖縄県女師・一高女ひめゆり
平和祈念財団、2016 年。

(9) この具体と詳細については、土屋武志『解釈型歴史学習のすすめ−対話を重視した社会科
歴史−』梓出版社、2011 年。土屋武志『アジア共通歴史学習の可能性−解釈型歴史学習
の史的研究−』梓出版社、2013 年を参照。

(10) 1947 年版の『学習指導要領　社会科編（Ⅰ）（試案）』には、ごっこ遊びを含む「作業単元」
の例示が載せられている。

(11) 注（9）『アジア共通歴史学習の可能性−解釈型歴史学習の史的研究−』p.174。

(12) 小野寺拓也・田野大輔『検証　ナチスは「良いこと」もしたのか？』岩波ブックレット
No.1080、2023 年、pp.2-10（「はじめに」）。

(13) 坂本旬・山脇岳志編著『メディアリテラシー　吟味思考（クリティカルシンキング）を育む』
時事通信出版局、2022 年。

(14) 注（13）pp.18-52（藤村厚夫「第 1 章 激変するメディア」）。

(15) 注（13）においてジャーナリストの下村健一が「想像力を働かせよう「朝の会」やホームルー
ム、授業で使える〈ソ・ウ・カ・ナ〉チェック」と題してメディアリテラシー教育実践を
提案している。

(16) 2023 年 10 月現在、これまで母国への帰国を前提として実施されてきた外国人技能実習
制度が、日本での定着も前提とした家族帯同や、永住可能な新たな制度に改革中である。

(17) 谷川彰英序・小森ケン子著『授業への挑戦 56　社会科授業づくりのヒント−楽しく学べ
る−』明治図書出版、1989 年、pp.101-110。

(18) 岩城卓二他編『論点・日本史学』ミネルヴァ書房、2022 年。

(19) 筆者は、暗記型歴史学習の終焉を願って日本社会科教育学会で論文を発表したが、実際は
その終焉はいまだ課題である。土屋武志「「暗記学習」の終焉−社会科歴史教育における「文
明」の再検討−」『社会科教育研究』137 号、2019 年。

第2節

解釈型歴史学習の展開と現代的意義
－21世紀型能力育成への寄与－

鳴門教育大学　梅津 正美

1　問題設定

　筆者は、土屋武志氏（以下、敬称略）の主著である『アジア共通歴史学習の可能性－解釈型歴史学習の史的研究－』（梓出版社、2013年）について社会科教育学の全国学会誌に書評を執筆させていただく機会を得た[1]。書評の中で筆者は、本書の歴史教育改革論としての意義を十分認めながらも、課題として「解釈型歴史学習の概念と方法原理の提示が概括的すぎるということ」を指摘させていただいた。先行研究を踏まえると、解釈型歴史学習は、「型」と表現されていることから、歴史解釈に関わる授業論には類型が存在していると理解すべきであり、そのように捉え立論することで、解釈型歴史学習の授業論としての射程が広がるし、土屋の提案の位置と意義もより明確になると考えたからである。今回、『土屋武志退職記念論集』に執筆の機会を与えていただいたことで、あらためて書評において筆者が指摘した課題を、自らの考察課題として引き受けたいと思う。

　本稿では、解釈型歴史学習について、4つの考察課題を設定する。第1に、歴史的事象に対する「解釈」（歴史解釈）の定義を明確にするとともに、歴史授業（特に教授・学習過程）における「解釈する」という営みを捉え説明するための枠組みを設定すること。第2に、歴史授業の内容としての歴史解釈と方法としての歴史解釈を分析的に検討することを通じて、解釈型歴史学習の境界（範囲）を明確にすること。第3には、解釈型歴史学習の範囲において類型を設定し、類型ごとの典型授業の理論と展開を検討すること。第4には、21世紀社会に求められる市民的資質・能力の育成の観点から解釈型歴史学習の意義を論じることである。

2 歴史解釈の定義と解釈の営為を捉える枠組みの設定

フィンランドの科学哲学者 G.H.フォン・ウリクトは、経験科学における「科学的説明」[2]と区別して、解釈を「出来事の意味理解」として把握している[3]。

ところで、理解の対象となる過去の出来事について現在を生きる者は直接的に体験したり見たりできないので、理解の主体となる歴史家や歴史授業においては教師、子どもは、何らかのテクストを媒介して過去の出来事の意味を解釈していくことになろう。テクストとは、ある主体が意図を持って（問題意識にもとづいて）表現した言葉の集合である[4]。歴史家が扱う史料や解釈を叙述した著書や論文、歴史授業で用いられる教科書、副読本、資料集、教授・学習過程における教師や子どもの解釈・再解釈に関わる表現（発言、記述、作品等）は、みなテクストである。こうした考察から、歴史解釈とは、「ある主体による過去の出来事を表現したテクストの意味の理解及びその説明である」と定義できよう。また、歴史授業の教授・学習における解釈の営為については、図1に示す思考の枠組み（概念図）を設定できよう。

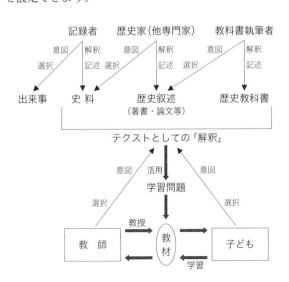

図1 歴史授業の教授・学習における「解釈」（テクスト）の選択と活用

3　解釈型歴史学習の境界設定

　解釈型歴史学習の境界（範囲）の設定について、歴史授業の内容としての歴史解釈と方法としての歴史解釈の両面から検討していこう。

　まず、内容から。社会科教育研究において、学習内容の論理的構成を捉えるために、「知識の構造」が用いられてきた。歴史テスト問題作成の方略モデルの提案をねらいとする研究を遂行した伊東亮三らの研究グループは、特定の「主題」「時間（時代）」「空間（場所）」の限定を受ける歴史的事象に関する知識の固有性に着目して、下記の通り、4層から成る「歴史的知識の構造」を提案した[5]。

　　事象の構成要素：歴史的知識を構成する様々な事項に関わる用語。

　　事象記述：特定の事象に関する事実そのものを記述した知識。

　　事象解釈：特定の事象に関する事実を解釈し、因果、目的結果、意義などを説明した知識。

　　時代解釈：個別の事象（事実）の解釈を総合して、広い時間的範囲にある時代の社会の特色・本質を説明した知識。

　事象記述・事象解釈・時代解釈の3層構造は、歴史学の探究方法（歴史学的知識の産出過程）を踏まえた、狭義の「歴史的知識の構造」と見ることができる[6]。例えば、琉球史・東アジア海域史を専門とする歴史家の渡辺美季は、歴史学の探究プロセスを、次の4つの「作業ステップ」として説明している[7]。

　　作業① 過去への「問い」：自らの何らかの関心にもとづいて、過去に対する問いを立てる。

　　作業② 事実の認識：関連する史料を通じて、過去の諸事実を認識（特定・確認）する。

　　作業③ 事実の解釈：その諸事実を組み合わせ、その時代における意味を考える（解釈する）ことによって、歴史の部分像を描く。

　　・・・作業②・③を繰り返す・・・

　　作業④ 歴史像の提示：歴史の部分像をつなげ、最初の問いに答えるようなより全体的な歴史像を描き、オリジナルな成果として論文・書籍などの形で発信する。

　問いの設定と史料の考証を踏まえた**作業②**により産出される知識が事象記述、**作業③**による知識が事象解釈、**作業④**による知識が時代解釈と対応していよう。

　歴史学研究の成果を踏まえながら教育的配慮を施して編成される検定歴史教科書の本文も、多くの場合歴史的知識の３層構造を基本に記述されている。以下に示したのは、「ギリシャの民主政」という主題に関する中学校歴史的分野教科書の本文の記述である。

ギリシャの民主政　①ギリシャは、山が多く土地が狭い上、特に夏の降水量が少なかったので、食料となる穀物が不足しがちでした。②そこでは王による広い領域の支配は成り立たず、小規模な土地と人口での生活と防衛に適した国の形として、紀元前８世紀ごろから多くの都市国家（ポリス）が生まれました。③ギリシャでは、成人男子の市民がポリスを防衛する戦闘の義務を果たすことで、政治に参加する権利を得ました。④なかでもアテネでは、王に率いられた大帝国ペルシアとの戦争に勝利したあと、紀元前５世紀に、すべての成人男子市民が出席する民会を中心とした民主政が行われました。⑤古代ギリシャの民主政は、市民による政治という意味で現代の民主政治の起源としてみることができますが、ギリシャ人でも女性やほかのポリス出身者は民会に参加する権利が認められませんでした。⑥また、奴隷の労働によって支えられた民主政でもありました。

（出所：『社会科　中学生の歴史　日本の歩みと世界の動き』帝国書院、2022 年、p.20）
※本文中の各センテンスを知識の命題と捉え、一つ一つに通し番号を付した。

　本文は、「古代ギリシャにおけるポリス成立の要因・背景」と「ポリスにおける民主政の展開・本質・限界」を内容の柱に記述されている。前者については、紀元前８世紀ごろからのポリスの成立という結果について、知識①でバルカン半島の気候・地勢・地味とその条件によりもたらされた食料（穀物）不足を述べ、知識②で知識①の条件に規定されたポリスの国としての形態を記述し、それらが要因・背景になっているとする帰納的な説明のレトリックをとっている。知識①②のまとまりがひとつの事象解釈となっており、それは結果と要因・背景に関わる個別の事象記述から成り立っている。後者については、まず知識③により、戦士共同体としてのポリス社会の本質とそのもとでの参政権の本質を説明した時代

解釈が示される。この時代解釈から、知識④のペルシア戦争の勝利と成人男子市民による民主政の確立、及び知識⑤の女性や在留外国人に参政権が無かったことの相互の関係を演繹的に説明するレトリックが用いられている。そして、知識⑥で生産関係を視点とした奴隷制社会としての古代ギリシャ社会の本質を説明した時代解釈を示し、知識⑤と合わせて現代の民主政治と比較したポリス民主政の限界を説明する構成になっている。

　ところで、事象記述・事象解釈・時代解釈の３層が、内容としての歴史解釈の基本的な要素であることを示すことができたとして、検討すべき課題はさらに残る。すなわち、図１から明らかなように、歴史解釈は、ある主体の価値観（歴史観・社会観・教育観など）にもとづく意図や問題意識が介在する主観的な営みであるということ。それ故、歴史解釈の仮説性、複数性が前提であること。また、歴史家が先行研究（従来の歴史解釈）を検討する場合であれ、一般市民が歴史に関心を持ち、ある時代の歴史像について自分なりの解釈を述べる場合であれ、歴史解釈に対する批判・評価には「解釈を解釈する」営為が不可欠であるということである。このように考えると、内容としての歴史解釈は、事象記述・事象解釈・時代解釈の３層の上位に価値的知識、その上位にメタ解釈を配置し５層構造として把握することが適当であると考える。価値的知識とメタ解釈の定義と事例を示しておこう。事例は、先に例示した「ギリシャの民主政」の内容から構成する。

価値的知識：個々の事象を，解釈内容を踏まえて評価的・規範的に判断した知識。
　　　　　事例「ポリス民主政は、良い政体だと言える。ポリス民主政は、現代民主政治の模範とすべきだ。」「ポリス民主政は、良い政体であるとは言えない。ポリス民主政は、現代民主政治の模範とすべきではない。」
メタ解釈：歴史解釈に内在する価値や基準，立場及び解釈の組み立ての論理や提示の方法を吟味し解釈した知識。
　　　　　事例「古代の政体論は、道義的・倫理的基準からではなく、もっぱらその実績を基準に評価された。」(8)

　内容となる歴史解釈について小括する。歴史解釈は、「**事象記述**」「**事象解釈**」「**時代解釈**」「**価値的知識**」「**メタ解釈**」の5つの要素で構成され、後者が前者を包摂する関係で層構造を成していると把握する。

　方法としての歴史解釈に考察を移そう。解釈型歴史学習の方法論的前提は、子どもの主体的な歴史解釈が保障されているという意味で、文字通りの「解釈学習」が成立していなければならないことである。先に歴史解釈について、「ある主体による過去の出来事を表現したテクストの意味の理解及びその説明である」と定義した。この定義には、歴史解釈に関わる「対象」「媒体」「主体」の3つの要素の関係が内包している。模式的に示せば下記の通りである[(9)]。

過去の出来事（対象）──── テクスト（媒体）──── 解釈する主体

　この3要素の関係をもとに、解釈型歴史学習の2つの方法原理を導くことができよう。第1は、解釈する主体は子どもであるとして、子どもが、テクストにもとづいて過去の出来事に対する解釈をつくり出す（「自ら解釈を構成する」あるいは「既存の解釈に対して代案をつくる」）方法である。第2は、解釈する（解釈をつくり出す）主体は歴史家や他の誰かであるとして、子どもが、他者がつくり出した解釈を批判・評価する方法である。この2つの方法原理には、ともに「議論（討論）」が組み込まれていくことになる。

4　解釈型歴史学習の類型と展開

　解釈型歴史学習は、歴史解釈に関わるいくつかの授業論を包括する概念である。授業論は、目標・内容・方法の連関として説明される。授業論の類型・特質を把握するための枠組みは、目標と結びついた内容の軸と方法の軸のクロスとして設定できよう。内容の軸は、知識に関する認識論と質に着目して、本質（客観）主義の知識論[(10)]に立脚した「真理としての知識」を扱うのか、構築主義の知識論[(11)]にもとづく「知識の構築」を扱うのかを視点に設定する。構築主義の知識論では、解釈は言説として扱われる。言説とは、ある時代の社会で「語られたもの／こと」

の総体である [12]。方法の軸は、解釈型歴史学習の２つの方法原理である「構成・代案」と「批判・評価」とを対照させる。こうした枠組みにより、解釈型歴史学習の類型を図２に示した。典型として取り上げる授業論は、高等学校を対象とし、理論にもとづいて複数の単元開発と実践が行われているものである [13]。

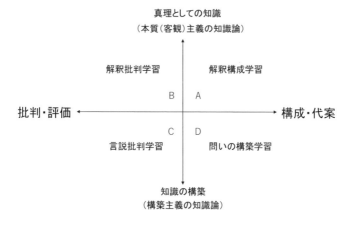

図２　解釈型歴史学習の類型

　Aに位置づけることができる「解釈構成学習」は、加藤公明の実践 [14] が典型である。この授業論は、歴史学の探究方法（史資料の批判と活用）を基盤として、子ども自らが歴史上の個別事象に対する解釈をつくり出し、その妥当性を根拠にもとづいて討論することを通して、主体的な歴史認識（自分なりの歴史像・時代像）を形成することを目標とする。学習問題は、歴史に対する子どもの常識的な見方・考え方を否定する、あるいは動揺させる歴史的事実をもとに設定される。学習内容は、子ども自身が形成する事象解釈や時代解釈と歴史の探究技能及び議論の方法である。授業は、子ども相互の議論（事実にもとづく理由づけを明示した仮説の提案と討論）を通した解釈の構成と批判的吟味の過程として組織される。例えば、日本史単元「加曽利の犬の謎を追え」（４～５時間）は、以下の５つのパートにより展開する。

Ⅰ　**事例と解釈問題の確認**：「(加曽利貝塚から発掘される色々な動物の骨について) 犬だけが完全な遺体で発見されるのは、なぜか。」

Ⅱ　**子どもによる仮説の提案**：「猟犬説」「ペット説」「番犬説」「犬神説」など。

Ⅲ　**子どもによる班別の協議**：「どの説を選択するか。そのように考えた理由は何か。」

Ⅳ　**クラスでの全体討論**：「各班の結論となる仮説は何か。各仮説はどのように批判できるか。自己や他者の仮説はどのように修正・補強できるか。」

Ⅴ　**投票による仮説の判断・決定**：「どの仮説が最も説得力があるか。」

　Bに位置づく典型の授業論には、児玉康弘が主唱する「解釈批判学習」[15] がある。本授業は、現代社会の諸課題の考察につながる歴史上の個別事象に対する歴史家の複数の解釈を対象とし、それら解釈の内容と背景にある視点・立場・思想などを比較・吟味し、現代社会の諸課題を展望した新しい解釈を発見する能力を育成することを目標とする。学習内容は、現代社会の諸課題の考察という視点から、「政治権力・独裁問題」「民族問題」「貿易問題」「異文化理解の問題」「社会変動の問題」という5つの問題カテゴリーを設定・配列し、それらの問題を考える手がかりとなるように、過去の類似の問題をめぐる複数の解釈と事例により構成される。授業は、子どもによる異なる解釈の形成と特質・限界の理解からそれぞれの解釈の比較、批判的吟味、現代の問題の再考察へと展開するように組織される。この授業過程が本授業論の方法原理である「批判」の内実となる。例えば、世界史単元「なぜ、穀物法は廃止されたのか。」（4時間）は、異なる歴史解釈として「産業資本家支配説」と「ジェントルマン資本主義論」が選択され、以下の7つのパートにより展開する[16]。

Ⅰ　**現在の問題の把握**

：「セーフガードとは何か。保護貿易政策と自由貿易政策はなぜ対立するのか。」

Ⅱ　事例の把握：「穀物法とは何か。なぜ制定されたのか。」

Ⅲ　産業資本家の自由貿易政策論の理解

　　：「なぜ、コブデンやブライトらは反穀物法同盟を結成したのか。」

Ⅳ　産業資本家の自由貿易政策論の批判

　　：「穀物法廃止の結果、どうなったのか。なぜ、穀物法廃止を主張する地主がいたのか。」

Ⅴ　地主貴族の自由貿易政策論の理解

　　：「地主貴族の党である保守党は、なぜ自由貿易政策を推進したのか。」

Ⅵ　両論の比較・吟味

　　：「穀物法廃止の二つの解釈は、その考え方がどのように異なっているのだろうか。なぜ、一つの歴史事象に異なる二つの解釈が形成されたのだろうか。」

Ⅶ　現代の貿易問題の再考察

　　：「現代の自由貿易論者の主張の根拠は何だろうか。それにはどのような問題があるのだろうか。」

　Ｃには「言説批判学習」を置くことができる。高橋健司の実践 [17] が典型例と言える。この授業論は、ある社会的・歴史的概念・解釈が言い表している現在あるいは過去の社会の現実は、自分たちに外在しているのではなく、自分たちの言葉の使用を介して意味を与えられ創り出されていること（言説による現実の社会的構築 [18]）を認識するとともに、歴史における「構築される社会問題」[19] を批判的に吟味し、子どもの見方・考え方を再考することを目標とする。高橋が開発した世界史単元「創られた「ユダヤ人種」」（8時間）は、4つのパートから構成され、19世紀後半から20世紀前半（ナチズムの時代）のドイツ史において、「ユダヤ人種」概念が言説として構築され実体化していく歴史的過程を認識するとともに、「人種」概念を通して見た構築される社会問題を発見し、自分たちの「人種」に対する見方・考え方を再考する展開になっている。この授業過程が、方法原理である「批判」の内実となる。

Ⅰ 「ユダヤ人種」のドイツ社会における受容

　：「ナチズム時代のドイツ人は「人種」という枠組みを通してユダヤ人をど
　　のように見ていたのか。その結果、どのような問題が起こったのか。」

Ⅱ 「ユダヤ人種」のステレオタイプ像と現実の乖離

　：「ナチスによってどのような「ユダヤ人種」のステレオタイプ像が宣伝さ
　　れたのか。それは現実とどのように乖離していたのか。」

Ⅲ 「ユダヤ人種」概念の構築と実体化

　：「ナチスは「ユダヤ人種」をどのように実体化しようとしたのか。時代の
　　思想的な背景としてどのようなことが考えられるか。」

Ⅳ 「人種」を通して見た世界

　：「「人種」を枠組みにして見ると、どのように世界が見え、またどんな問
　　題が生じるのか。」

　Dに位置づく「問いの構築学習」は、宮本英征が提案する授業論[20]である。
この授業論は、子どもが望ましい社会の形成について問い直していくことで、民
主主義社会の市民として必要な認識・能力・態度を一体的に形成することを目標
とする。学習の対象は、社会編成や社会秩序に関わる言説である。授業は、子ど
も自身がそうした言説の使用法とその意味を追究する問いを繰り返しつくり直し
ていくことを通して、当該の言説の使用法の持つ多義性・政治性を学ぶとともに、
それを基盤に言説の使用法を見方・考え方としながらよりよい現代社会の形成に
ついて議論し展望していくように展開する。例えば、世界史単元「自由について
考える」（2時間）は、言説「自由」を取り上げ、以下の4つのパートから成る[21]。

Ⅰ 「自由」に対する素朴な問いを導く

　：「二つの自由の女神（「自由の女神（米）」と「民衆を導く自由の女神（仏）」）
　　を調べて、不思議に思ったこと、さらに調べてみたいことを問いにして
　　みよう。」

Ⅱ 「自由」のシンボル化に関する問いを導く

　　：「なぜ「自由」は女性としてシンボル化されたのだろう。「自由」が女性
　　　として擬人化された意図を知って、不思議に思ったこと、さらに調べて
　　　みたいことを問いにしてみよう。」

Ⅲ 「自由」を相対化・批判化した問いを導く

　　：「「自由」は世界にどのように広がり、どのような意味を持つようになっ
　　　たのだろう。時期や時代によって、「自由」の使用法はどのように変化し
　　　ているのだろう。「自由」について、あらためて不思議に思ったこと、さ
　　　らに調べてみたいことを問いにしてみよう。」

Ⅳ 「自由」についての問いをブラッシュアップする

　　：「これまでの学習やグループでの対話を踏まえて、最終的な問いを確定し
　　　よう。なぜ、その問いが大切だと思ったのかについて理由を説明しよう。」

　ここまでの考察を経て、上記の類型に土屋が提唱する「解釈型歴史学習」を位
置づけておこう。土屋は、「解釈型歴史学習」は、過去の出来事を解釈する歴史
家の活動を子どもに体験させるひとつの歴史学習方法（歴史家体験活動）である
と述べている[22]。事例として紹介されているイギリス中等歴史教科書のアクティ
ビティー[23] を根拠にすれば、土屋の「解釈型歴史学習」は、基本的には類型A
に位置づく提案になっていると判断できる。小・中学校教師との共同による歴史
単元の開発・実践[24] をも踏まえると、それは批判、評価、さらには価値判断・
意思決定も含む広範な授業論の提案となっている。土屋の「解釈型歴史学習」は、
概ね類型A・Bを射程に収める授業論であると結論できる。

5　解釈型歴史学習の現代的意義

　4つの授業類型を比較すると、子どもが自らの行為によって知識（解釈）の産
出過程に能動的に関与できるという意味での学習の行為主体性は、B・Cに対し
てA・Dの方が高いと言える。B・Cは、問いと資料の選択・構成を教師が担い、
そのコントロールのもとで子どもが解釈を追究したり吟味・評価したりしている

ことから、子どもの学習の行為主体性は限定なものであると言える。見方を変えれば、学問の成果に裏付けられた歴史や現代社会についての認識内容の深さは、A・Dに対してB・Cの方が高いと言うこともできる。また、「特定の主題」「時間」「空間」の限定が課されることが歴史的事象の固有の性格であるとするならば、A→B→C→Dにいくほど学習における歴史的事象の手段化が進み、C→Dの展開においては歴史教育と公民教育の教育領域としての境界を必要としなくなる（言わば、「歴史教育の公民化」の）程度が高くなると言うことができよう。

　このように解釈型歴史学習の4類型には、それぞれ特質と限界を見出すことができるが、ひとまとまりとして見ると、解釈内容にもとづく歴史認識・社会認識の形成と探究・議論・批評・代案づくりなど民主主義を遂行するための方法の活用による市民的資質・能力の育成を達成できること、そして何より子どもの行為主体性を基盤に、子どもが歴史に関わることの意味や意義を理解する契機を与えることに高い可能性を持っていると評価したい。

　表1は、国立教育政策研究所が提案した「21世紀に求められる資質・能力」の内容を示したものである。変化が激しく、予測困難な課題に直面するであろう

表1　21世紀に求められる資質・能力の内容（イメージ）

求められる力	具体像（イメージ）	構成要素
未来を創る（実践力）	生活や社会、環境の中に問題を見いだし、多様な他者との関係を築きながら答えを導き、自分の人生と社会を切り開いて、健やかで豊かな未来を創る力	自立的活動 関係形成 持続可能な社会づくり
深く考える（思考力）	一人一人が自分の考えを持って他者と対話し、考えを比較吟味して統合し、よりよい答えや知識を創り出す力、さらに次の問いを見付け、学び続ける力	問題解決・発見 論理的・批判的・創造的思考 メタ認知・学び方の学び
道具や身体を使う（基礎力）	言語や数量、情報などの記号や自らの身体を用いて、世界を理解し、表現する力	言語 数量 情報（デジタル、絵、形、音等）

（出所：国立教育政策研究所編『資質・能力　理論編』東洋館出版社、2016 年、p.191）

21 世紀社会を生きつくり出していく子どもに、歴史教育を通じて「21 世紀型能力」を育成できるのかと問い、前頁の**表 1** を判断・評価の枠組みにすれば、解釈型歴史学習はその評価に十分に耐え得る歴史授業論であると考える。

||| 注・参考文献 |||

（1）梅津正美「書評　土屋武志著『アジア共通歴史学習の可能性－解釈型歴史学習の史的研究－』」全国社会科教育学会編『社会科研究』81 号、2014 年、pp.63-64。

（2）ドイツ出身の科学哲学者カール・ヘンペルは、「科学的説明」とは、次の形の演繹的な論証であると述べている。すなわち「なぜ被説明項現象 E が生じたか」という問いに答えるように、初期条件 C（原因）と一般法則 L から被説明項現象 E（結果）の発生を論理的に演繹することであるとした。ヘンペルは、「科学的説明」における一般法則の使用を強調している。カール・ヘンペル（長坂源一郎訳）『科学的説明の諸問題』岩波書店、1973 年、pp.5-6。

（3）ウリクトは、「出来事の意味理解」としての解釈とは、「これは何であるか」という問いに答えることだと述べている。G.H. フォン・ウリクト（丸山高司・木岡伸夫訳）『説明と理解』産業図書、1984 年、pp.173-175。

（4）英文学者の丹治愛の見解をもとにしている。丹治愛編『批評理論』講談社選書メチエ、2003 年、p.6。

（5）伊東亮三・池野範男「社会科テストの教授学的研究（1）－テスト問題作成の基本モデル－」日本教科教育学会編『日本教科教育学会誌』第 11 巻第 3 号、1986 年、pp.111-112。なお、本研究は、伊東、池野とともに、吉川幸男、木村博一、棚橋健治と共同で行われ、「社会科テストの教授学的研究（Ⅱ）」（第 12 巻第 1 号、1987 年）、「同（Ⅲ）」（第 12 巻第 2 号、1987 年）が発表されている。

（6）上記（5）の論文発表後、棚橋健治はあらためて「歴史的知識の構造」を規定している。それは、「事象の構成要素」「事象記述」「事象解釈」「時代解釈」「社会の一般法則」「価値的知識」の 6 層から成る。棚橋の「歴史的知識の構造」論は、歴史授業においても社会の一般法則を介した科学的説明を方法原理とすべきとの歴史教育観を基盤としている。棚橋健治「授業理論と授業構成－歴史学習の進め方－」伊東亮三編『社会科教育学』福村出版、1990 年、pp.123-125。

（7）渡辺美季「過去の痕跡をどうとらえるのか－歴史学と史料－」東京大学教養学部歴史学部会編『東大連続講義　歴史学の思考法』岩波書店、2020 年、pp.22-23。

（8）命題は、佐々木毅『民主主義という不思議な仕組み』ちくまプリマー新書、2007 年、p.35 をもとに構成した。

（9）フランス近代史家の遅塚忠躬は、歴史研究方法論の視点から、仮説を提示しようとする歴

史家（認識の主体）と、研究対象としての事実（認識の客体）とを媒介するものとして史料（認識の媒介）を位置づけた。遅塚忠躬『史学概論』東京大学出版会、2010 年、p.116。遅塚の見解を解釈学習の方法に応用した。

(10) 知識社会学における「知識の真理性」については、橋爪大三郎「知識社会学と言説分析」佐藤俊樹・友枝敏雄編『言説分析の可能性－社会学的方法の迷宮から－』東信堂、2006 年、pp.184-190 を参照のこと。

(11)「知識の構築性」については、橋爪、同上論文、pp.191-198 を参照のこと。

(12) 社会学者の友枝敏雄の定義による。友枝敏雄「言説分析と社会学」佐藤俊樹・友枝敏雄編、前掲書、p.236。

(13) 歴史カリキュラム・授業構成論と授業実践とを結びつけた高校歴史教育改革論の展望について、次の小論で論じた。梅津正美「市民的資質育成における歴史教育－高校歴史教育改革論の展開と実践課題－」『思想』第 1188 号、岩波書店、2023 年、pp.32-49。

(14) 加藤公明『わくわく論争！考える日本史授業－教室から「暗記」と「正答」が消えた－』地歴社、1991 年、pp.17-35 に実践記録がある。

(15) 児玉康弘『中等歴史教育内容開発研究』風間書房、2005 年。

(16) 児玉、同上書、pp.171-195 に授業細案がある。

(17) 高橋健司「世界史教育における「人種」概念の再考－構築主義の視点から－」日本社会科教育学会編『社会科教育研究』No.94、2005 年、pp.14-25 より抽出。

(18) ピーター・L.バーガー＆トーマス・ルックマン（山口節郎訳）『現実の社会的構成－知識社会学論考－』新曜社、2003 年を参照のこと。

(19) 中河伸俊『社会問題の社会学－構築主義アプローチの新展開－』世界思想社、1999 年における「社会問題の定義」に関する議論を参照されたい。

(20) 宮本は、構築主義の認識論に依拠しながら、既存の言説とその価値観を批判し、別の価値観を結びつけて新しい言説を再構築する授業論を提案している。「問いの構築学習」は、そのひとつのバージョンと言える。宮本英征『世界史単元開発研究の研究方法論の探究－市民的資質育成の論理－』晃洋書房、2018 年を参照のこと。

(21) 高校における小単元の授業実践とその評価については、宮本英征「生徒が歴史授業に見出すレリバンスの質的検討－問いを構築する「世界史探究」単元「自由について考える」の場合－」二井正浩編『レリバンスの視点からの歴史教育改革論－日・米・英・独の事例研究－』風間書房、2022 年、pp.31-52 を参照のこと。

(22) 土屋武志『解釈型歴史学習のすすめ－対話を重視した社会科歴史－』梓出版社、2011 年、p.13。

(23) 土屋、同上書、pp.16-32。

(24) 土屋武志編・岡崎社会科研究会著『実践から学ぶ解釈型歴史学習－子どもが考える歴史学習へのアプローチ－』梓出版社、2015 年、pp.41-152 に単元案と実践記録がある。

グローバル社会に求められる解釈型歴史学習の方法
－語りを手がかりに－

兵庫教育大学　山内 敏男

1　はじめに

　昨今の社会科は「社会的事象のトータルなはあく」、「与えられた時間内で、当該学年の発達段階において理解できる範囲内で、できるだけより詳しく、より概念内容の豊かなことばによって学習し知ることができるようにする」[1] という学習の課題が改善されたであろうか。とりわけ歴史学習では、年代順に羅列された諸事象を相互に関連付けしようとすればするほど内容過多となり、網羅しようとすれば知識の詰め込みは免れない。こうした学習が展開されている限り、歴史学習はいかに理解内容を増やし覚えるかといった記憶の多寡で善し悪しが判断されることになる。よって歴史事象は知る・覚えるべき対象として学習内容に位置付けられ、授業者のみならず子どもたち、その周囲の人たちも甘受することとなる。

　一方、特定の時代における属性（土屋武志の規定によれば立場、社会集団のそれぞれ [2]）の人たちから見れば、妥当性、正当性をもつ常識であったとしても、時代や属性が異なれば、その常識は必ずしも通じず、ズレが生じることは自明であろう。ボーダレス化したグローバル社会において常識のズレは、対立や摩擦、葛藤を生む。時代や属性が異なればそれぞれの常識にズレが生じている可能性があること、常識のズレを受け止め、調整しなければ、対立や摩擦、葛藤を軽減させることは困難である。よって、事象の要因は多岐に渡り、解釈もまた多様であることに気付く学習、つまり歴史解釈の多様性、選択性が保障された学習が求められる。その方法として解釈型歴史学習を位置付けることはできるか。本節では

歴史学習を自己、同じ共同体、自国といった内なるもののみで完結させるのではなく、他者、他の共同体、他国という属性自体を切り離して歴史を捉え直すことの意義とその方法を提案する。そこで、まずは時代や属性の違いによる常識のズレに気付かせることに始まる多様な解釈、認識、判断を可能とする歴史学習が育成する資質・能力を明らかにし、授業の構成原理を示す。次に、グローバル社会における解釈型歴史学習の可能性を論じる。

2　グローバル社会における解釈型歴史学習がめざすもの

　グローバル社会における歴史学習を構想するに際して、「個人の歴史といえども個人で完結することはなく、絶えず他者の『眼差し』に晒されて」おり、「社会的文脈に開かれて」いるという野家啓一の指摘は示唆的である [3]。例えば領土問題を授業で扱った場合、「国民国家」の枠組みに基づいて認識、価値判断されるだけでは、対立する各々の利益をよりよくする利害調整に注力し、「自国民のみならず、紛争に関わるすべての人々にとってよりよい解決をめざす」ことに目が向けられにくい [4]。つまり、利害や生命に関わる価値判断をしようとすれば、単一で断定的な歴史解釈が生成されやすいという課題が生じることになる。

　断定的な歴史解釈を回避して複数の解釈を批判的に吟味し、子どもに選択権を保障する歴史学習論として、児玉康弘による解釈批判学習がある [5]。児玉は授業構成の原理を歴史で社会問題を研究させることによる、よりよい社会を形成するための練習と位置付け、教材選択の原理を人物、事件、政策、地域、社会変動を事例として取り上げることとしている。実際、解釈の対象としているのは事象の目的・結果、個性・本質、社会の構造・変動であり、結果として培う資質・能力は主体的に解釈を批判できる力、直接には歴史・社会認識の成長をねらう。子どもの解釈選択の原理として特筆すべきは、複数の解釈を主体的に選択する場の保障により、子どもの認識を開かれたものにするという点にある。これに対し、複数の解釈を批判的に吟味し子どもに選択を保障するだけではなく、他者の「眼差し」を通して時代や属性の違いによる常識のズレを子ども自身で発見し、認識、判断していく学習も構想できるのではないか。例えば、中国の建国の三国父のひ

とりとされる鄭成功は母が現在の長崎県平戸の出身であり、父である鄭芝龍は明に仕える（後に清に降伏）以前は平戸老一官と称し、数千名の配下をもつ海商船団の頭領であった[6]。この例を学習の対象とするならば、彼らの属性は現在の国（国民国家）の枠組み「〜国の人」として語れない。現代とは異なるボーダーや属性の見方・考え方として解釈されることになる。異なる見方・考え方に触れることは同時に現代社会の枠組みを意識化することになり、結果として自他の枠組みを捉え直す手がかりとなり得る。すなわち、子どもたちが資料の読み取りを通して過去の常識に出会う際、自己の常識と対比させ意識化することは、多様な解釈を導き出す手がかりを得るとともに、自他の枠組みを捉え直すことになり、つまるところグローバル社会における常識の違いによるズレ、対立や摩擦、葛藤を意識化し、よりよい社会を構想、形成する学習となることを主張したい。

　そこで注目するのが異なる常識をもつ人たち、属性の人たちを他者とした「眼差し」から見た語りである[7]。歴史的事象は様々な人々を介して語り継がれ、記録・記憶されていく。つまり、語りを捉えることは、ある歴史的事象を単体として捉えるだけではなく、後の時代にどう作用したのかまでが射程となる。異なる常識をもつ人たち、属性の人たちからの「眼差し」を通しての語りを読み取り、解釈することができれば、自己の枠組みとは異なる枠組みからの見方・考え方を受け止め、自他の常識の意識化をもたらすだろう。そして、グローバル社会にとって必要となる他者の見方・考え方を踏まえた上での認識、判断を可能とし、よりよい社会の構想、形成への手がかりを得る学習が期待できる。

　学習で扱う語りは同時代による共時的な語り（**類型1**）と異なる時代からの通時的な語りとに大別される。さらに後者は他者による語りの変遷（**類型2**）と自身による語りの形成（**類型3**）に分けることができる。これらの語りは話し手が伝えたいこと、継承したいことを言語化する行為、すなわち歴史的な営み（歴史する）として位置づけることができる。行為は語りの対象となっている人物や社会の動きとして表象されるからである。「なぜ語られたのか」、「語りの意味するところは何か」といった問いに対する答えにあたる。

　グローバル社会において重要となるのは、他者理解や闊達な対話であることは

言うまでもない。歴史的事象における語りを捉え、自己の常識と対比、意識化させることは、現在と過去との対話に置き換えることができる。何が語られたのか、その語りは過去、現在において何を意味するのか、現代において語り直すとすればどのような語りに置き換えることができるのか等々の解釈を試みなければ、過去との対話は成立しない。したがって、語りを解釈の対象として得られる資質・能力は次のように求められよう。

第一の資質・能力は語りの**全類型**の語りに関わり、語りから過去・現在、異なる属性間における常識の異同や特質を導き出し、解釈する能力である。歴史から学ぶのは過去を通しての他者理解であり、交流の在り方を捉えることに他ならない。その手段として子どもたちに様々な語りを解釈させ、時代や属性による常識の異同に気付き意識化する学習を展開することで、多様な人物や社会の動きを解釈することが期待できる。

第二の資質・能力は**類型1、2**の語りに関わり、語り手の目的や意図、時代の状況を考察し、複数の語りから対立や摩擦、葛藤の解決策を見出す能力である。様々な属性が交流していれば自ずと対立や葛藤も生じ得る。特に利害関係の対立は容易に解消し得ないことであり、それぞれの語りから、言い分を読み解き、調整を図ることは当然必要となる。よって、対立や葛藤の論争点を明らかにし、調整可能かどうか吟味・判断する学習が求められてもよいだろう。

第三の資質・能力は**類型3**の語りに関わり、過去の語りを踏まえ自らが語りを形成する能力である [8]。他の属性との関わりは、歴史的事象が生じたときに限定されず、現代社会、未来社会までの変遷を出来事の鎖として多元的に捉える必要がある。ある歴史的事象が今日の社会に至るまでどのような影響を与えたのか、記憶のされ方・語られ方がどのように変化した（しなかった）のかを分析・吟味することは、歴史の受け止め方、語られ方の類似、異なりを判断することにつながる。したがって、語りの変遷が認識できれば、現代社会に至るまでどのような影響を与えたのかを解釈するのみならず、自他の枠組みを捉え直すことができよう。よって生徒たちが過去の語りの変遷を解釈し、自己の語りとしてコミットすること、つまり歴史上の語りに参画する学習を求めてもよいのではないか。そこで第一から第三の能

力育成をめざす学習のうち、これまで論じていない第一と第二の能力育成に関わる
学習について、それぞれ具体的事例に即して紹介、考察していく。

3　語りに注目した学習の各タイプ

（1）過去の語りを解釈する学習

　このタイプの学習は、他の社会からどのように見られていたか、語りを通して
「外」の視点から捉えることで、自分たち自身や社会を捉え直す手がかりとする
ことを目ざしている。ただし、語りを紹介することにより過去の語りを対象化し
て自己との常識の違いを明らかにしただけでは、語りの意味は判明しない。語り
の条件や状況を理解した上で意味づけ、解釈を試み、語りにコミットすることが、
様々な価値観や常識が交差するグローバル社会における相互理解、対話に寄与す
るのではないか。そこで以下、単元「大航海時代と東アジア」の事例からこのタ
イプの学習方法を紹介する（表1）。

　「日本人は、未知の人を通常、その外観や服装だけで評定する」[9]という語り
は現代社会においても同意できそうな語りである。この語りは 16 世紀にポルト
ガル人宣教師ルイス・フロイスによって書き留められた一節である。この時代の
学習で用いられ易い問い「なぜヨーロッパの国々は世界に進出したのか」その原
因を唐突に発問しても生徒たちにとって学ぶ意味をもたせることは難しい。そこ
で、段階1では導入において現代社会にも通じる上記の通時的な語りを取り上げ
る。過去と現在のつながり、つまり通時性を分析することで、歴史的事象が現代
社会につながっていることへの実感、来歴が理解できることになる。あるいは、
通じない常識が読み取れる語りであってもいいだろう。例えばルイス・フロイス
の別の語り「われわれの間では窃盗をしてもそれが相当の金額でなければ殺さ
れることはない。日本ではごく僅かな額でも事由の如何を問わず殺される」[10]
を読み取り、解釈していくならば、過去の常識とのズレに気付き、現代社会にお
ける常識が想起、言語化されることが期待できる。過去から現在にかけての通時
性を問う一方で、語られた時代はいかなる社会であったのかを学んでおく必要
があろう。そこで、16 世紀から 17 世紀にかけてのいわゆる大航海時代の概要、

表 1　小単元「大航海時代と東アジア」の構成（4 時間構成）

段階	○主な問い・学習活動	語りと読み取り・解釈	その他資料
1 通時的な語りの分析	○未知の人に出会うとどのような態度を取るか　時代が違っても通じる語りであると言えるか・語りの通時性を分析する○なぜ、見た目で判断された社会であったのか・語られた時代の社会を把握する○いつ、誰による語りなのか・語りの出所と対象を分析する	Ⓐ「日本人は、未知の人を通常、その外観や服装だけで評定する」・今でも最初は見た目で判断することが多い・これまで来たことがなく、言葉が通じなかったから・信長、秀吉の政策により戦国から統一へと変化した社会・ポルトガル人宣教師ルイス・フロイスによる 1565 年の語り	Ⓑ 16 世紀の東アジア海域の出来事を示した年表Ⓒヨーロッパ諸国の世界進出を示した地図
2 共時的な語りの分析	○語られた時代はいかなる社会であったか。他にどう語られたか・日本人に向けた他の語りを分析する	Ⓔ「日本国には銀を多く産する。ゆえに明の人が日本に往来して買い付けるが、ともすれば漂風に乗ってわが国（朝鮮）の海辺にきて、海賊をはたらく」・1553 年の朝鮮の役人による語り・海賊に困っている。倭寇は日本人だけでない	Ⓓ南蛮屏風Ⓕ 16 世紀から 17 世紀にかけての銀の動き、キリスト教の広まりを示した地図
3 条件、状況をふまえた語りの理解	○語り手はいかなる理由で語ったのか・語りの要因、前提となる条件や状況を理解する	・倭寇は商人でもあったのではないか	Ⓖ貿易でやり取りされた品目Ⓗ中国の一条鞭法の説明
4 語りの意味づけ、解釈	○語りは何を教えてくれるのか・条件や状況をふまえて語りの意味を意味づけ、解釈する○語りの条件や状況が変化すると何が起きるか、16 世紀の東アジアを事例に語ってみよう・継続と変化に伴う語りのその後を予測し、見通しをもつ	・銀は絹や鉄砲と交換され明やヨーロッパに渡った・国をまたいで商売や海賊をしている・16 世紀には世界中から銀を求めて日本に来航した時代であった・商売する範囲が決まると国境が今みたいにはっきりしていくのではないか・銀を奪い合う争いが起き世界が戦国時代になる・銀が採れなくなる。その時	

		に代わりの輸出品を見つけないと貿易は減る

史資料：Ⓐルイス・フロイス著、松田毅一、川崎桃太訳『完訳フロイス日本史１』中央公論新社、2001 年、p.216、Ⓑ東京学芸大学日本史研究室編『日本史年表』1984 年より筆者作成、Ⓒ帝国書院『アドバンス中学歴史資料』2016 年、pp.218-219、Ⓓ神戸市立博物館蔵『南蛮屏風』、Ⓔ村井章介『世界史の中の戦国日本』筑摩書房、2012 年、p.182、Ⓕかみゆ歴史編集部編『世界史が教えてくれる！あなたが知らない日本史』辰巳出版、2015 年、p.77、Ⓖ帝国書院『図説日本史通覧』2015 年、p.138、Ⓗ自作資料

　戦国から全国統一への移行期における織田信長、豊臣秀吉による各種政策、貿易、文化の様相など語られた時代における社会を把握する。この段階では語りの通時性を問うことに始まり、歴史的事象を通して過去、現在社会双方の理解が促されていくことになる。そして次に「いつ、誰による誰に対する語りなのか（事例では日本列島にいた人たち。以下、日本人とする）」を問い、語りの出所と対象を明確にすることで、語られた状況を把握していく。

　次に、段階２では「同時代にどのような語りがあったのか」、「日本人はどのように語られたのか」を発問する。共時的な他の語りを読み解くことで、語りの解釈を導き出す。例えば、朝鮮から見た日本にかかわる次の語り（「日本国には銀を多く産する。ゆえに明の人が日本に往来して買い付けるが、ともすれば漂風に乗ってわが国（朝鮮）の海辺にきて、海賊をはたらく」）を提示し、解釈を試みる。

　段階３では「これらの語りの語り手（ポルトガル人宣教師、朝鮮の役人）はいかなる理由で語ったのか」語りの要因を問うことで、前提となる条件（芸術・科学・技術の進歩、宗教の対立）や目的、段階２で取り上げた例で言えば16 世紀の東アジアの状況として中継貿易が盛んになった（他にキリスト教の布教、香辛料、絹織物の直接取引などが想定できる）状況を理解していくことになる。

　そして、段階４では語りの意味を問い、再解釈する。はじめに「語りが教えてくれることは何か」を問うことで取り上げた語りが意味することは何かを考察する。語りの意味を考えさせることは、自己の歴史への関与を促し、解釈を自律的に構築していくことになる。意味づけ、解釈の結果として最後の問い「語りの条件や状況が変化すると何が起きるか」に答え、語りの継続と変化について考察していく。最後に語りのその後の予測を促し、語られた時代の社会構造や後の現代

社会への影響まで明らかにしていく。結果、条件や状況をふまえた語りが再構成され、その後の時代の見通しを獲得していくことにつながっていく。

（2）語りの解釈から社会を捉える学習

　このタイプの学習は、語りから対立や葛藤を読み取って論争点を明らかにし、調整可能かどうか吟味・判断することを目ざしている。特に近代以降、国際関係の目まぐるしい変化に対して一つの出来事を一つの立場から捉えただけでは、グローバルな視点からの判断は困難である。したがって、多面的・多角的に歴史的事象の意味や意義、相互の関連を分析する学習として語りを取り上げることに意味があるのではないか。そこで、小単元「帝国主義と民族独立のバトル」において外交問題を取り上げ、このタイプの学習方法を考察する（表2）。具体的には、第一次世界大戦中から戦後にかけて日本が利権の維持・獲得を目ざそうとした二十一か条の要求に関連する語りである。日本の動きは他国からどのように見られていたのか、欧米諸国、中国はどう対応していたのか、語りを通して推移や継続と変化を多面的・多角的に捉えることを企図した学習である。

　段階1では語り「欧州の大禍乱（第一次世界大戦）は天佑（天の助け）」を取り上げる。はじめに、この語りは第一次世界大戦開戦時に日本人（元老井上馨）によって語られたことを紹介し、戦争が天の助けとなることはあり得るのか、現代社会、例えばウクライナとロシアの戦争にも通じることがあるのか、通時性を問う。次になぜ、「天佑」だと語られる社会であったのか、総力戦の様相、ロシア革命を経て休戦、ベルサイユ条約に至った推移を各国の関係と共に把握し、語りの出所と対象を明らかにしていく。

　段階2では前の段階で取り上げた語りに関わり、第一次世界大戦勃発時に各国で発せられた共時的な語りを分析していく。事例として日本の動向については必ずしも対中強硬派ばかりではないこと（慎重派としての大隈首相の語り、他に元老山県有朋の語りを取り上げることができる）、中国の立場（ある大臣）からの語り、イギリスの立場（外務次官アーサー・ニコルソン）から語りを取り上げ、それぞれの語りにおいて何を主張したかったのかを読み取る。

表2　小単元「帝国主義と民族独立のバトル」の構成（4時間構成）

段階	○主な問い・学習活動	語りと読み取り・解釈	その他資料
1 通時的な語りの分析	○戦争が「天佑（天の助け）」になるのか、いつの時代にも通じる語りなのか ○なぜ、天佑だと語られる社会だったのか ・語られた時代の社会を把握する（政策、外交、経済状況の把握） ・語りの出所と対象を分析する	Ⓐ「今回欧州の大禍乱は、日本国運の発展に対する大正新時代の天佑にして…」 ・戦争は被害が大きいので、助けにならないのではないか ・列強の関係は三国同盟と三国協商で2分されていた ・経済、資源を総動員する総力戦であった ・1914年第一次世界大戦開戦直後の井上馨の大隈首相あて意見書	Ⓑ三国同盟、三国協商を示した図 Ⓒ第一次世界大戦を巡る参戦国と日本の動きを示した地図 Ⓓ二十一か条要求（原案）
2 共時的な語りの分析	○戦争に関わり、各国ではどのような語りがあったか ・二十一か条要求を事例に各国がどのように語っていたかを読み取る ・語りからそれぞれの国の主張を分析し、図示する	Ⓔ「日本の行動は…火事場泥棒ではない…」 Ⓕ「天然資源、財政や陸軍に対する支配！中国に一体何が残るというのだ。我が国民は、平和を愛好し、正義感を持っているがゆえに、ひどい目に遭いつつある」 ・アメリカの外交官が中国のある大臣から聞き取った語りである Ⓖ「私は、日本が現在の戦争から得られる最大限の利益を引き出すことに非常に熱心であると確信している。日本の参戦は実際のところあまり有益ではない」 ・イギリスの外務次官が植民地インドの責任者に書いた手紙である	
3 条件、状況をふまえた	○語り手はいかなる立場で語ったか	・大隈は戦争を利用して権益を拡大しない立場である	Ⓗ二十一か条要求のうち希望

語りの理解	・置かれた立場を明らかにし、条件や状況を理解する ○それぞれの語りにズレがあるとすれば何か。論争点は何か ・それぞれの語りの異同から論争点を明らかにする	・中国は自国の権益が他国に取られていることを否定する立場である ・イギリスは中国との貿易、権益が減らないことを条件に要求を認める立場である ・権益を拡大したい日本、日本だけではなくイギリス（列強）に支配されたくない中国、日本の権益を拡大させたくないイギリスとで語りにズレがある。中国でいかに利益を得るか、与えたくないかが論争点になっている	条項を抜粋した文書 ①列強各国の対中貿易の推移を示す表
4 解決策とその条件の吟味、判断	○論争点を解決する方法はあるか、調整が必要であればその条件は何か ・ある立場の利害に限定せず、留保条件や妥協する点の根拠まで明らかにした解決策を提案する	・日本が戦う相手のドイツと関係のない満州の権益延長は分けて解決するべきだ ・日本・イギリスの言い分はどちらも中国の権利が十分に認められていないので、中国の権利を認めない限り調整できない ・イギリスは商業重視だから、商業を妨害せずに、日本も商業重視にして、租借延長や希望条項を取り下げれば妥協できるのではないか	
	○二十一か条要求を語り直そう ・語りを自己の語りとして再構成し、参画する ・語りへの参画を通して歴史を内在化する	・日本が中国の権利をドイツから取り上げ、自国のものにした要求 ・中国の怒りが「反日」になった要求 ・ウクライナとロシアの関係に似ていて、他国の権利を力づくで自分たちの権利にしていこうとすると対立が起こり、戦争となるのではないか	

史資料：Ⓐ Ⓑ Ⓒ帝国書院『図説日本史通覧』2016年、p.249、Ⓓ奈良岡聰智『対華二十一ヵ条要求とは何だったか』名古屋大学出版会、2015年、p.409より筆者抜粋、Ⓔ『東京日日新聞』大正14年8月13日、大隈重信のインタビュー記事、Ⓕ奈良岡前掲書、p.207、中国政府のある大臣の語り、Ⓖ奈良岡前掲書、p.234、イギリス外務事務次官アーサー・ニコルソンの書翰、Ⓗ奈良岡前掲書、p.409より筆者抜粋・加工、Ⓘ加藤陽子『満州事変から日中戦争へ』岩波書店、2007年、p.34

　段階3では、語られた条件や状況をふまえて語りを意味づけ、理解していく。語りを意味づけ、理解するにあたり、このパターンの学習で注目するのは置かれた立場である。属性、この事例では「それぞれの国はいかなる立場で語ったのか」を問うことで、状況や条件を理解していくことをねらう。次に、置かれた立場を比較して「それぞれの語りにズレあるとすれば何か」を問い、対立や摩擦、葛藤はどこにあるのか、論争点を導き出し解釈していく。取り上げた語りの場合、権益の拡大を企図する日本、それを阻止したい中国、自国の権益保護のためには日本の権益を認めつつ、過度の拡張に警戒感をもつイギリスといった利害関係にズレがあり、それぞれが自国の利益を主張して対立していることを理解していくことになる。置かれた立場から状況や条件を明らかにしていくこと、語りのズレを導き出し、論争点を明らかにすることが**表1**のタイプとは異なる。

　段階4では段階3で明らかにした論争点について、解決策が導き出せるかどうかを考え、調整が必要であるならばその条件は何かを吟味、判断する。取り上げた語りで言えば、中国の権利がそもそも侵害されていることを踏まえ、それが解決できなければ妥協はしづらいこと、日本はドイツの権益だけでなく以前から持っていた満州の権益も拡張しようと考えていたことからそれを引っ込めない限り、調整は難しいこと、イギリスは商業上の不利益を被らない限り日本の要求を認める可能性があったことなどを勘案して調整を試みることになる。この段階で重視したいのは、解決策を導き出すことそのものではなく、妥協点、調整の根拠を求めること自体困難であることを追体験することにある。実際、大隈の語り「火事場泥棒」だから要求を自重することは日本の大勢ではなく、対外硬派の影響が大きかったことから希望状況を取り下げるのが精一杯であったこと、軍や政治家の一部が中国大陸で権益拡張を声高に叫び、メディアや世論がそれに追随し、政治指導者もそれに引きずられるという1930年代の日本外交パターンが既に萌芽的に見られていると解釈されている[11]。ここではそれぞれの語りから置かれた条件や状況を読み取り、解決策、調整の根拠を求めていく手法を採ることにより、立場を総合した俯瞰的な見方が可能となる。それゆえ、容易には解が導き出せないこと自体に気づけるという点に意義を求め、グローバルな視点と問題解決の困

難性を取り込んだ学習として位置づけたい。単元を終えるにあたり、現代社会の視点から語り直す活動を行う。生徒それぞれが歴史を判断し、語りを通して自らも歴史の形成者の一人となって関わっていく（歴史上の語りに参画する）ことで、歴史の内在化を目ざす。

3　おわりに

　本章では語りを手がかりとした解釈学習の方法を提案した。今回示した、2つのパターンは共に通時的、共時的に語りの分析を行うこと、語られる要因として状況や条件を問うこと、歴史上の語りを語り直して内在化することを原理として貫かせている。これら一連の方法により、語りを多面的・多角的に捉えること、様々に捉えた語りのズレから常識を問い直すことの可能性を示した。その意義を次に求めたい。

　第一は語りを読み取る、意味づけ解釈する過程において、埋め込まれている状況や条件を分析することにより、出所や語りの前提や信憑性、意図や真意を明らかにできる点である。そして時代や属性に由来する常識のズレも明らかにされていく。よって、歴史を現在と同一視しない解釈が可能となる。

　第二は語りの分析、解釈にとどまらず、語り直しの場面の設定により、なぜ、その語りをそのように判断したのか、語りに関わる文脈を根拠として判断、説明できる点である。根拠を明確にすることで過去と現代社会との異同もまた明らかとなる。その結果過去のズレを意識化、対象化することの結果としての語り直しは、歴史への参画と内在化を可能にし、自己の枠組みの捉え直しも行い得る。

　第三は語り自体が属性や状況に基づく立場が多様に存在し、異なる意味が形成されていることから、事象を多様な視点から洞察し、その結果を語り直しから再構成できる点である。このことはグローバル社会における多様性保障とも近接した学びとなり、よりよい社会を構想、形成する手がかりを得ることが期待できる。

||| 注・参考文献 |||

（ 1 ） 森分孝治『社会科授業構成の理論と方法』明治図書出版、1978 年、pp.14-15。

（ 2 ） 土屋武志「解釈型歴史学習の基本要素」『実践から学ぶ解釈型歴史学習』梓出版社、2015 年、p.11。

（ 3 ） 野家啓一「講義の七日間－歴史のナラトロジー－」『岩波新・哲学講義 8 』岩波書店、1998 年、p.13。

（ 4 ） 紙田路子「主体的な価値判断能力の育成を目指す領土問題学習の授業設計－第 6 学年小単元「竹島問題を考える」の開発を事例として－」『岡山理科大学紀要』55B、2019 年、pp.33-42。

（ 5 ） 児玉康弘『中等歴史教育内容開発研究－開かれた解釈学習－』風間書房、2005 年。

（ 6 ） 鄭成功記念館ホームページ（https://www.hirado-net.com/teiseikou/about.php）2024 年 1 月 11 日アクセス。

（ 7 ） 「語り」に着目した歴史学習として、梅津正美「歴史教育における規範反省学習の授業開発－小単元「近代日本の身体観と国民化～規範が持つ権力を考える～」の場合－」『社会系教科教育学研究』20 号、2008 年、pp.41-50、梅津正美「規範反省能力の育成をめざす社会科歴史授業開発－小単元「形成される『日本国民』近代都市の規範と大衆社会」の場合－」『社会科研究』73 号、2013 年、pp.1-10、宮本英征「歴史の語りを評価する歴史授業－中学社会科歴史的分野単元『文明を考える』を事例にして－」『社会科研究』86、2017 年、pp.13-24（類型 2 - 2 ）、山内敏男「モンゴル襲来に関する「語り」の変遷を捉え、自身の語りを形成する」『優れた社会科授業づくりハンドブック』明治図書出版、2022 年、pp.128-133（類型 2 - 1 ）が提案されている。梅津は期待される行為、つまり行為に先立つ規範としての「語り」を取り上げ、反省的に吟味し、再定義、行為を組み直していく能力の育成が目ざされている。一方、宮本は教科書おける「語り」を手掛かりに、歴史の「語り」を評価し、生徒自身がより高次な「語り」を創造、構築することが目ざされている。対して山内は外在化された過去の語りを取り上げ、なぜ語られたのか、どう記憶され語り継がれてきたのかを取り上げて教材化し、語りの変遷を解釈し、自己の語りとして語り直すこと、つまり語りを通して歴史への関与の在り方までを学びの射程としている。

（ 8 ） 過去の語りをふまえ自らが語りを形成する能力を育成する学習については、山内前掲（ 7 ）書にて示した。参照されたい。

（ 9 ） 川崎桃太『フロイスの見た戦国日本』中央公論新社、2002 年、p.239。

（10） ルイス・フロイス著、岡田章雄訳注『ヨーロッパ文化と日本人』岩波書店、1991 年、pp.178-179。

（11） 奈良岡聰智『対華二十一ヵ条要求とは何だったのか』名古屋大学出版会、2015 年。

【付記】本論は JSPS 科研費 JP20K13973 の助成を受けたものです。

グローバル社会に求められる解釈型歴史学習の評価活動

東北福祉大学　下山 忍

1　はじめに

　解釈型歴史学習とは、生徒に既製の「正しい」歴史を理解させることではなく、問題を発見し資料を読み解いていく歴史学習のことである。解釈とは、表現されたものを自分の経験や判断力などによって理解することであり、この学習方法では生徒に論理的な手続きで史料を実証的に解釈する「歴史家体験」をさせることになる。土屋武志は、グローバル社会において、歴史を多様性をもって解釈できる能力、そしてそれら多様性の中から未来のために有効な視座を他者との対話を通じて選択する能力は、市民として必要な資質と捉えている。そのためには、歴史の学習者である生徒を同時に歴史の描き手として育成することが必要であり、解釈型歴史学習をその方法として提案しているのである（土屋 2013 他）。

　一方、多様な事象が複雑さを増し、変化の先行きを見通すことが一層困難となっているグローバル社会を見据え、2018 年(平成30)告示高等学校学習指導要領は、育成を目指す資質・能力を明確化し、知識・技能、思考力・判断力・表現力等、学びに向かう力・人間性等の３つの柱に整理し、授業の創意工夫や教材の改善を引き出していくことを求めた。なお、周知のように地理歴史科では科目構成を見直し、歴史科目としては「歴史総合」、「日本史探究」、「世界史探究」が新しく設置された。それぞれの科目が「改善・充実の要点」として６項目を挙げているが、このうち①社会的事象の歴史的な見方・考え方に基づく学習活動の充実、②「主題」や「問い」を中心に構成する学習の展開、③単元や内容のまとまりを重視した学習の展開、④資料を活用し、歴史の学び方を習得する学習という４項目が「歴

史総合」、「日本史探究」、「世界史探究」の 3 科目に共通しており、学習指導要領
が歴史学習に求めるメッセージと受け止めることができるが、このうち、少なく
とも②「主題」や「問い」を中心に構成する学習の展開と④資料を活用し、歴史
の学び方を習得する学習については解釈型歴史学習の言うところと重なっている
（文部科学省 2019 ①）。

　さて、学習内容の改善・充実と密接な関係をもつものが学習評価である。学習
評価は、指導したことから表れた生徒の変容を的確に見取り、さらなる指導の充
実に生かしていくために行われるものであり、学習指導の在り方を見直すこと・
個に応じた指導の充実を図ること・学校における教育活動を組織として改善する
ことなどが期待されている（下山 2017）。本稿では、後述するように学習指導
要領と親和性をもつ解釈型歴史学習の実践とその評価活動の在り方について考え
てみたい。

2　学習指導要領の変遷と解釈型歴史学習

（1）観点別評価の導入

　土屋がその著書で言及している学習指導要領は 1989 年（平成元）版・1998
年（平成 10）版・2008 年（平成 20）版である。1989 年版の学習指導要領は
1984 年に発足した臨時教育審議会の議論から大きく影響を受け「生涯学習社会
への移行」を見通した「自己教育力の育成」を大きな目標に掲げた。中学校では
選択履修幅の拡大が進められ、高等学校の社会科が地理歴史科と公民科に再編さ
れ、世界史が必履修となったことでもよく知られているが、土屋は 1958 年版以
降の系統学習を経験学習に転換していった契機とする（土屋 2000）。

　すなわち 1989 年版から「関心・意欲・態度」、「思考・判断・表現」、「技能」、
「資料活用・表現」という観点別評価が導入されたことの意義を高く評価している。
それは授業で「資料活用・表現」能力を評価するための学習活動、すなわち教師
の講義をただ聴くという形式でない授業が求められたことを意味し、ここに歴史
学習の決定的な転換がなされたとする（土屋 2011 他）。

　この 1989 年版で示された 4 観点は、その後 2008 年版で「知識・技能」、「思

考・判断・表現」、「主体的に学習に取り組む態度」の 3 観点に整理されたが、これは思考が表現活動を伴うことを前提として「思考・判断・表現」とまとめたものと言え（文部科学省 2010）、その考え方は 2018 年版に引き継がれ現在まで踏襲されている。

（2）体験的学習と「学び方を学ぶ学習」

　それに続く 1998 年版について、土屋は体験的学習が重視されたことに注目している。ゆとりの中で「生きる力」を育んでいくことが強調され、学校週 5 日制に対応するという側面もあった。教育内容は大幅に厳選され、総合的な学習の時間が設定されたことでもよく知られている。自己教育力育成につながる学力観の中で「なすことによって学ぶ」体験的学習が重視されたのであるが、土屋は歴史学習においては、過去そのものを体験することは不可能でも表現された過去を体験するという活動は可能であるとし、解釈型歴史学習でいう「歴史家体験」の可能性を示した（土屋 2013）。

　1998 年版の歴史科目について見ていくと、日本史 A「歴史と生活」、日本史 B「歴史の考察」、世界史 B「世界史への扉」というように通史項目以外の大項目が初めて設定されたことが特筆される。これらは、例えば日本史 B「歴史の考察」では「歴史を考察する基本的な方法を理解させる」とあるように、通史項目以外の「学び方を学ぶ学習」が位置付けられたと言える（下山 2022）。ここでは資料に基づいて歴史が叙述されていることを理解させることも求められており、解釈型歴史学習の前提と考えることもできる。

　以上、土屋が解釈型歴史学習を提唱する直近の時期の学習指導要領の変遷を見ていくと、1958 年版以降系統学習を中心としていた学習指導要領は 1989 年版の観点別評価を導入したことで経験学習に舵を切っている。そして「資料活用・表現」能力を評価するために、資料活用の重視を打ち出した。それは 1998 年版の体験的学習の重視、さらには、「学び方を学ぶ学習」につながっていったと言える。

（３）歴史を考察し表現する技能の段階的育成

　1998 年の「歴史の考察」に見られる「学び方を学ぶ学習」は、2008 年版では「歴史と資料」、「歴史の解釈」、「歴史の説明」、「歴史の論述」というように歴史を考察し表現する技能の段階的育成へと進化した（韮塚 2021）。これは「学び方を学ぶ学習」を段階を追ってステップアップさせることを意図しており、「歴史と資料」では資料に基づいて歴史が叙述されていることを理解させ、「歴史の解釈」では資料を活用して歴史的事象の意味や意義を解釈させ、「歴史の説明」では複数の歴史的解釈が成り立つことに気付かせ、「歴史の論述」で適切な主題のもとに自らの考えを論述させるというものである。この歴史を考察し表現する学習は、2018 年版の「日本史探究」にも引き継がれ、資料から歴史に関わる事象を解釈したり、説明したり、論述したりする活動を繰り返し行うこととされている。こうした学習指導要領が求める歴史学習の進化は、土屋自身が 1998 年版・2008 年版において協力者を務めていたことと無関係ではないと思われる。

3　解釈型歴史学習における３つの活動

　解釈型歴史学習では、（１）いくつかの立場に分かれて考える活動、（２）学習者たちが互いに対話する活動、（３）価値判断する活動の３つの活動が必要であるという。それぞれの活動は次のように展開する（島村 2021）。

（１）いくつかの立場に分かれて考える活動

　これは、生徒をその時代のある社会的立場に立たせて、過去の人々の行動の理由を考察させる学習活動である。土屋は、イギリス教科書の「ヒトラーはどのようにドイツを支配していったか」という単元で、生徒を「1933 年に失業中の工場労働者」・「1936 年にヒトラー青年団に入った 10 代の青年」・「ナチスの考えに全て賛成したわけではないがナチスに入党した主婦」という立場に立たせて考えさせる事例を紹介している（土屋 2011 他）。物事には複数の立場があり、答えが１つではない問題ばかりである。歴史はいくつかの見方ができるものであることを理解させるのである。これは学習指導要領でいう「歴史の説明」にあたる。

中学校における倉田舞の「縄文時代・弥生時代、どちらの社会が幸せ?」という実践がこれであり、縄文の社会と弥生の社会を比較させ、生徒たちを敢えてどちらか一方の社会に立たせて考察させている(倉田 2015)。

　この活動にはもう 1 つ、歴史を解釈させるときに、ある過去の時代の人々の立場と解釈する現代人の立場の 2 つの立場が存在することに気付かせていく学習がある。土屋はアメリカの「ホロコーストとアメリカの新聞」・「反ユダヤ主義:虐殺の根拠」・「世界を変えた爆弾(原子爆弾)」の実践を紹介し、これらの教材には、その時代の人の立場か現代の人の立場か、学習者が時代の異なる立場を自覚するように意図的に構成されているとする(土屋 2013)。小学校における中根良輔の実践「戦後の発展」もこれである。先ず資料や体験活動、さらにはゲストスピーカーの話などから戦後の様子をリアルにつかませるとともに、そこから「戦後の発展が現在や将来の日本にどのような影響を与えるか」という問いかけを通して現代の人の立場に立たせて考えさせている(中根 2015)。土屋のいう歴史家体験を通して、自分の立場を自覚させ、それらを相対化して問題を解決することを目指していると言える。

(2) 学習者たちが互いに対話する活動

　「対話」とは生徒同士、および生徒と教師のコミュニケーションのことで、「討論」とも言えるが、討論のように結論を求めない情報交換なども含む、より広義な活動を指している。複数の立場に立ってくらしの様子や変化を読み解き、その理由や現代との関わりなどを生徒が描く解釈型歴史学習にとって、必要不可欠な活動である。そして、その活動は多くの人々が話し合いで解決策を見つける民主主義社会では重視されなければならないとする(土屋 2011・2015)。

　対話を重視する実践としては小学校における成田道俊「聖武天皇と奈良の大仏」がある。実物の大仏の顔を再現するなどして興味関心をもたせ、大量の銅の採掘・運搬に関する調べ学習から大仏造立が壮大な事業であったことを学ぶ。その上で聖武天皇の思いや目指した国づくりについての自分の考えをまとめクラス全体で発表させている。この「対話」活動によって、児童は大仏造立により平和

を求めた聖武天皇の思いと人々の苦労や犠牲という両面を学んで大仏造立を解釈していった（成田2015）。

　また、中学校における北村今日子「日中戦争」の実践では、普通選挙が実現しながらも日中戦争に突入してしまったことを課題とし、予備討論を踏まえた調べ学習を経て討論させている。考えの根拠を明確にしながら「対話」を続けることによって、生徒たちは多面的な角度から物事をみるようになり、関わり合いを通して問題を解決するのに効果があったという（北村2015）。

（3）価値判断する活動

　解釈型歴史学習は、資料を読み取り、それらの相互関係を見いだし、歴史用語を適切に使って説明する学習活動であり、対話という活動を通して、自分の解釈の信頼性を高めていく。その過程で、幾度もの価値判断を経て、情報を読み解く技能と歴史を描く表現力を伸ばしていく学習活動である。この価値判断は、資料から疑問・興味を発見した後、別の資料との比較によって行われる。異質の情報を踏まえて資料を再評価するのである（土屋2015）。

　生徒に価値判断させる実践としては小学校における吉原樹「戦国の世から江戸の世へ」がある。主家を次々と代えた奥平信昌に即して、その時の政治状況や信長・秀吉・家康の政策や人物像も比較させながら、その行動について判断させている（吉原2015）。また、中学校における博多圭子「志賀重昂が考えた日本の近代化」では、愛知県岡崎市出身の地理学者・思想家の志賀重昂の考え方を、主に当時の明治政府の政策との比較の中で判断させている（博多2015）。土屋はこの実践に関するコメントの中で、解釈型歴史学習では価値判断はオープンエンドでよいと言っている。その判断に至る途中の論理立てや調査方法、資料の吟味などに高い質を求めるのである（土屋2015）。

4　解釈型歴史学習における指導と評価

（1）学習評価の基本的な考え方

　先ず、学習評価の基本的な考え方について確認しておきたいが、これは「児

童生徒の学習評価の在り方について（報告）」に示されている（中央教育審議会2019）。これによれば、各教科については、観点別学習状況の評価の目標に準拠した評価を行うことが明確にされており、そうした「目標に準拠した評価」と「個人内評価」を柱とし、「集団に準拠した評価」は目的に応じて指導に生かすとされている。

「目標に準拠した評価」とは、生徒の学習状況を他の生徒と比較するのではなく、教育目標がどの程度達成されたかを見ていく評価である。目標に対する絶対的位置を知ろうとすることから絶対評価ともいい、また目標の到達度をみようとすることから到達度評価という。これに対して「集団に準拠した評価」とは、生徒の学習状況をその集団の中に位置付けていく評価であり、その相対的位置を知ろうとすることから相対評価ともいう。「個人内評価」とは、これら2つとは異なり、生徒の外にある尺度を用いず、一人一人の生徒に即して、過去の学習状況からどう変わったかを評価するものである（橋本他2003）。

従来、高等学校では「集団に準拠した評価」が中心になっていたものと思われるが、2019年3月の通知によって、高等学校の指導要録の参考様式に観点別評価の記載欄が設けられることとなった（文部科学省2019②）。この欄には、「知識・技能」、「思考・判断・表現」、「主体的に学習に取り組む態度」の3観点を、それぞれA・B・Cの3段階で評価して記入する。指導要録に記載されるということは、必然的に通知表にも記載されることにもなる。今後は、高等学校においても、小・中学校同様、観点別学習状況の評価をさらに充実させ、妥当性・信頼性を高めていくことが求められていると言える（小林2021）。

（2）3観点を評価する状況と解釈型歴史学習

3観点を評価する状況について、筆者はかつて中央教育審議会教育課程部会の資料（中央教育審議会2016）からまとめたが（下山2017）、これに国立教育政策研究所の報告（国立教育政策研究所2021）から「主体的に学習に取り組む態度」の状況を加えると次のようになる。

①知識・技能

・社会的事象等についての知識（個別的知識・概念的知識）を身に付けている状況

・手段を考えて問題解決に必要な情報を収集している状況

・資料の特性に留意し、収集した情報を読み取っている状況

・読み取った情報を課題解決に向けてまとめている状況

②思考・判断・表現

・課題等を見いだし、意味や意義、特色や相互の関係を多面的・多角的に考察している状況

・適切な資料・内容や表現方法を選び、主旨が明確になるように内容構成を考え、自分の考えを論理的、効果的に説明している状況

・課題を把握して、その解決に向け、身に付けた判断基準や複数の立場や意見などを踏まえて構想している状況

・考察したことや構想したことを基に、他者の主張を踏まえたり取り入れたりして自分の考えを再構成しながら議論している状況

③主体的に学習に取り組む態度

・粘り強く調べたり分かろうとしたりしている状況

（試行錯誤しながら解決しようとしているか、他者と協働してよりよい結果を得ようとしているか、よりよい社会を目指して解決しようとしているか）

・自らの取組を調整しようとしている状況

（問いや追究の見通しをもっているか、振り返り学んだことの意味に気付いているか、身に付けた見方・考え方を新たな問いに生かしているか、学んだことを社会生活に生かそうとしているか）

　すなわち、こうした観点別評価の状況が見取れるような学習活動が求められていると言えるが、これらの状況を解釈型歴史学習と関連させて考えると、①知識・技能で挙げられている情報収集・読み取り・まとめという活動や、②思考・判断・表現で挙げられている多面的・多角的な考察・資料の選択・論理的な説明等は、まさに「歴史家体験」ということができる。また、同じく②で挙げられている複

数の立場や意見などを踏まえて構想することや、他者の主張を踏まえたり取り入れたりして自分の考えを再構成することは、解釈型歴史学習のいう「いくつかの立場に分かれて考える活動」や「学習者たちが互いに対話する活動」を前提とする。

さて、②思考・判断・表現に挙げられている文章に「考察する」とともに「構想する」という動詞があることが注目される。ちなみに「考察する」は従前より用いられており、調べ考えることを重視して理解することを意味している。これに対して「構想する」はこれまでの学習指導要領等には見られなかった表現であり、課題の解決に向けて選択・判断することを意味しているが（下山 2017）、こうした「構想する」状況を見取るためには、解釈型歴史学習でいう生徒が「価値判断する活動」が求められていると言えよう。

（3）指導と評価の一体化

観点別評価については、論述・レポートの作成・発表・ディベート・グループでの話し合いなど様々な場面が想定され、当然ながらペーパーテストの結果だけでは評価し得ない。前述の「考察する」、「構想する」、「収集する」、「読み取る」、「まとめる」などの状況を見取るためには、表現活動や成果物などのパフォーマンスをもとに評価するパフォーマンス評価が必要となる。このパフォーマンスがどの程度まで到達したかを文章で示した評価規準がルーブリックである。これは、学習活動における評価場面を設定し、生徒の習熟等に応じてＡ・Ｂ・Ｃなどの状況を端的に記述しておくものである。このルーブリックは、教師による授業構想と表裏一体のものであり、授業の進展による生徒の変容によって常に見直していく必要がある。すなわち、教師は自らの指導のねらいに応じて授業での生徒の学びを振り返り、そこから指導の改善に生かしていくという指導と評価の一体化が図られなければならない。

ポートフォリオとは、こうした生徒の学習過程や成果を集めたファイルを意味しており、その生徒の学習過程における様々な成果物が集められる。以上のように、生徒の学習状況を的確に把握するためには、できるだけ多くの情報を得ることによって多様な評価を進めることは重要であるが、毎時間生徒全員について記

録を取って蓄積することは現実的ではなく、教師の繁忙化への懸念は無視できない。指導と評価のバランスを取るためには、生徒全員の学習状況を記録に残す場面を精選し、かつ適切に評価するための評価計画が一層重要になると思われる。解釈型歴史学習における評価について、土屋はイギリスの歴史学習を念頭に置いて「論述」による評価方法について触れている（土屋2014）。当然ながら、この場合でも単なる知識の羅列や授業の感想等ではなく、授業の目標に対応したルーブリックのもとに評価されなければならない。

（4）評価計画の作成とワークシートの工夫改善

効果的、計画的な評価活動を進めて行くためのツールとしてワークシートは極めて重要である。それも従来見られたような知識理解を効率よく進めるための穴埋めプリントではなく、生徒一人一人の学習状況を効率よく評価するためのワークシートである。以前の4観点であったが、筆者も土屋とともにワークシートの工夫改善について考えたことがあった。中学校社会科歴史の授業場面44項目について観点別評価に係る問いを設け、それに対する生徒のおおむね満足できる状況（B）の記述例、努力を要する状況（C）の記述例と教師による指導の方向などについてまとめている（中尾他2014年）。

評価計画の進め方については、国立教育政策研究所が①単元ごとの目標作成⇒②単元の評価規準作成⇒③指導と評価の計画作成⇒④授業実施⇒⑤観点ごとの総括という手順を示しており、大いに参考になる。単元とは、歴史総合・日本史探究・世界史探究では大項目を指すが、評価規準の作成に関しては、その下にある中項目や小項目を小単元として設定していくことが大切であるとしている（国立教育政策研究所2021）。

（5）単元を俯瞰する評価活動

実際の評価活動を考えていく上で参考になるのが、埼玉県の高校教員の実践を中心に編集された『問いでつくる歴史総合・日本史探究・世界史探究　歴史的思考力を鍛える授業実践』である（島村・永松2021）。同書は新課程実施前の刊

行ではあるが、2018年（平成30）告示高等学校学習指導要領の趣旨に基づいた授業実践集である。解釈型歴史学習との親和性も非常に高く、それぞれの授業実践にあたっての「評価活動」にも言及するように編纂されている。

　同書に掲載されたほとんどの実践が評価の観点を作成して授業計画を立てており、それを予め生徒に提示しているものもある。ルーブリックを予め生徒に提示することで生徒は目指すゴールを知ることができる。机間指導や定期考査の問題で生徒の状況を見取るものもあったが、大部分はワークシートを使用して生徒の「論述」を評価している。その中でも注目されるのが、武井寛太による歴史総合（武井2021）や杉本祐輝による世界史探究（杉本2021）の実践で用いられている「単元学習シート」である。

　この「単元学習シート」は、堀哲夫が提唱した「一枚ポートフォリオ」を参考にして作成したものである。一枚ポートフォリオとは、教師のねらいとする授業の成果を、学習者が1枚の用紙の中に学習前・中・後の履歴として記録し、その全体を学習者自身が自己評価する方法である。シートには①単元タイトル、②学習前後の本質的な問い、③学習履歴、④学習者の自己評価が記入されることになり、教師も生徒自身も見ることができる。一般的なポートフォリオ評価と違って、1枚の用紙のみで評価のために必要最小限の情報を最大限に活用できるとされている（堀2019・2022）。

　武井や杉本の実践では、この②の学習前の本質的な問いを生徒に記述させている。生徒が関心をもって表現した問いが「単元学習シート」の上部に常に掲げられる。杉本はこの本質的な問いについて「質問づくり」の手法を用いてクラス全体で共有化させている（ダン・ロススタイン他2015）。その単元を貫く本質的な問いに続いて③学習履歴として毎回の授業を記述させる。「一枚ポートフォリオ」の提案では、生徒が考えるその授業で最も大切なことを記述することになっており杉本もそれに従うが、武井は教師の設定するメインクエスチョンについて考察させている。こうして単元の全授業が終了した時に、最初に記述した本質的な問いに対する考察を記述させる。これによって生徒は単元の授業前後の自分の考察の変容から自らの学習を可視化できるが、それを踏まえて④自己評価を行う

という進め方になっている。小林武史も指摘するように、こうした「単元学習シート」は今後も広く活用すべきであると思われる（小林 2021）。

　また、武井は単元のまとめとして「知識構成型ジグソー法」の授業を実施している。知識構成型ジグソー法とは、ある課題に対して自ら考察した後、その課題を解決するための2つのグループ活動（エキスパート活動・ジグソー活動）を通して理解を深める。そしてグループ相互の意見交換（クロストーク）を通して情報共有を行っている。こうして異なる知識一つ一つがピースとしてつながり、知識が融合されることで、与えられた課題の解答にたどり着くことになる（上原2021）。「単元学習シート」とは別に知識構成型ジグソー法のシートも作成されており、生徒の思考・判断の後をたどることができる。この知識構成型ジグソー法を用いた授業には、解釈型歴史学習でいう「いくつかの立場に分かれて考える活動」、「学習者たちが互いに対話する活動」、「価値判断する活動」が含まれており、グローバル社会において、歴史を多様性をもって解釈できる能力、そしてそれら多様性の中から未来のために有効な視座を他者との対話を通じて選択する能力の育成に寄与するものと思われる。

　今後、高等学校においても新課程の進行に伴い、解釈型歴史学習についても多くの実践がなされることと思われる。その際、重要なことは生徒の学習状況を教師がどう見取っていくかということであり、そのためには単元を見通したワークシートの開発と活用が切に望まれていると考えている。

||| 注・参考文献 |||

- 上原一孝 2021「『歴史的思考力を鍛える』先行実践に学ぶ②－知識構成型ジグソー法－」（島村圭一・永松靖典編『問いでつくる歴史総合・日本史探究・世界史探究　歴史的思考力を育てる授業実践』東京法令出版）
- 北村今日子 2015「日中戦争」（土屋武志編著・岡崎社会科研究会著『実践から学ぶ解釈型歴史学習』梓出版社）
- 倉田舞 2015「縄文時代・弥生時代、どちらの社会が幸せ？」（土屋武志編著・岡崎社会科研究会著『実践から学ぶ解釈型歴史学習』梓出版社）
- 国立教育政策研究所教育課程研究センター 2021『「指導と評価の一体化」のための学習評価に関する参考資料 高等学校 地理歴史』

- 小林武史 2021「『歴史的思考力を鍛える』評価」（島村圭一・永松靖典編『問いでつくる歴史総合・日本史探究・世界史探究　歴史的思考力を育てる授業実践』東京法令出版）
- 島村圭一・永松靖典 2021『問いでつくる歴史総合・日本史探究・世界史探究　歴史的思考力を鍛える授業実践』東京法令出版
- 島村圭一 2021「『歴史的思考力を鍛える』先行実践に学ぶ①－討論する授業・解釈型歴史学習－」（島村圭一・永松靖典編『問いでつくる歴史総合・日本史探究・世界史探究　歴史的思考力を育てる授業実践』東京法令出版）
- 下山忍 2017「『歴史的思考力』をどう評価するか」（永松靖典編『歴史的思考力を育てる　歴史学習のアクティブ・ラーニング』山川出版社）
- 下山忍 2022「歴史教育で『文化財』はどう扱われてきたのか」（會田康範・下山忍・島村圭一編『文化財が語る日本の歴史』雄山閣）
- 杉本祐輝 2021「『戦争は民主主義を育てる』とは本当か？－ギリシア史から『戦争と民主主義』を考える一枚ポートフォリオ授業－」（島村圭一・永松靖典編『問いでつくる歴史総合・日本史探究・世界史探究　歴史的思考力を育てる授業実践』東京法令出版）
- 武井寛太 2021「学習科学の知見を踏まえた単元構成－『国際秩序の変化や大衆化と私たち』－」（島村圭一・永松靖典編『問いでつくる歴史総合・日本史探究・世界史探究　歴史的思考力を育てる授業実践』東京法令出版）
- ダン・ロススタイン、ルース・サンタナ 2015『たった一つを変えるだけ－クラスも教師も自立する「質問づくり」－』新評論
- 中央教育審議会初等中等教育分科会教育課程部会 2016「社会・地理歴史・公民ワーキンググループにおける審議の取りまとめ」
- 中央教育審議会初等中等教育分科会教育課程部会 2019「児童生徒の学習評価の在り方について（報告）」
- 土屋武志 2000「55年体制の成立と社会科教育－系統主義社会科の成立」（魚住忠久・山根栄次他編『21世紀「社会科」への招待』学術図書出版社）
- 土屋武志 2011『解釈型歴史学習のすすめ－対話を重視した社会科歴史－』梓出版社
- 土屋武志 2013『アジア共通歴史学習の可能性－解釈型歴史学習の史的研究－』梓出版社
- 土屋武志 2014「評価活動を進める方策」（中尾敏朗・土屋武志・下山忍編著『歴史学習「観点別評価」ワーク』明治図書出版）
- 土屋武志・岡崎市社会科研究会 2015『実践から学ぶ解釈型歴史学習－子どもが考える歴史学習へのアプローチ－』梓出版社
- 中尾敏朗・土屋武志・下山忍 2014『歴史学習「観点別評価」ワーク』明治図書出版
- 中根良輔 2015「戦後の発展　平和と豊かさを求めた日本」（土屋武志編著・岡崎社会科研究会著『実践から学ぶ解釈型歴史学習』梓出版社）

- 成田道俊 2015「聖武天皇と奈良の大仏」（土屋武志編著・岡崎社会科研究会著『実践から学ぶ解釈型歴史学習』梓出版社）
- 韮塚雄一 2021「これからの歴史教育に何が求められているか－新学習指導要領が求める歴史教育－」（島村圭一・永松靖典編『問いでつくる歴史総合・日本史探究・世界史探究　歴史的思考力を育てる授業実践』東京法令出版）
- 博多圭子 2015「志賀重昂が考えた日本の近代化」（土屋武志編著・岡崎社会科研究会著『実践から学ぶ解釈型歴史学習』梓出版社）
- 橋本重治原著・（財）応用教育研究所 改訂版編集 2003『2003 年改訂版　教育評価法概説』図書文化社
- 堀哲夫 2019『新訂 一枚ポートフォリオ評価 OPPA　一枚の用紙の可能性』東洋館出版社
- 堀哲夫監修・中島雅子編著 2022『一枚ポートフォリオ評価論　OPPA でつくる授業　子どもと教師を幸せにする一枚の紙』東洋館出版社
- 文部科学省 2010「小学校、中学校、高等学校及び特別支援学校等における児童生徒の学習評価及び指導要録の改善等について」
- 文部科学省 2019①『高等学校学習指導要領（平成 30 年告示）解説 地理歴史編』東洋館出版社
- 文部科学省初等中等教育局 2019②「小学校、中学校、高等学校及び特別支援学校における児童生徒の学習評価及び指導要録の改善等について（通知)」
- 吉原樹 2015「戦国の世から江戸の世へ」（土屋武志編著・岡崎社会科研究会著『実践から学ぶ解釈型歴史学習』梓出版社）

第2章

日本における
解釈型歴史学習の展開

第1節

平成29年版学習指導要領と解釈型歴史学習

中京大学　久野 弘幸

はじめに －時代の変わり目に出会う－

　冒頭から個人的な話で恐縮ではあるが、2018年7月7日名古屋市内のマンションから、実家近くの知多半島の海辺のマンションに転居した。普段は極度の「晴れ男」でありながら、この日はかなりの強風大雨の日となり、散々な引っ越し作業だったことを覚えている。

　実はこの日の雨は、後に「西日本豪雨」と命名される西日本を中心にした集中豪雨につながる降雨であり、引っ越し作業中には、西日本で大規模な水害が起きているとは全く想像もしていなかった。

　引っ越し作業から5日後の7月12日、NHKでは、特別番組「緊急検証　西日本豪雨：“異常気象新時代”命を守るために」が放送された。特別番組では、気象の専門家会議における最先端の議論を取り上げていた。そこでは、2017年7月に九州北部で起きた「九州北部豪雨」を題材に、気象の状況が劇的に新しい時代に入ったことを伝えていた。

　ある専門家は、過去30年に観測された単位時間あたりの降水量の実測値を元にした降水量予測を示しながら、過去の降水予想が、今後30年の気象状況においては全く役に立たないことを指摘した。その上で、気象の世界の本質的転換を「温暖化した気象状態で起こりうるであろう豪雨が、今まさに起こりつつある」状態にあると説明した。その後の気象の変化は、毎年のように繰り返される豪雨や猛暑・酷暑を通して、私たち自身が、日々経験しているとおりである。

1　学習指導要領の「時代認識」

　学校教育は、このような時代の変わり目にどのように向き合っているのだろうか。平成 20 年に改訂された学習指導要領には、時代のありようが次のように記されていた⁽¹⁾。

> 「21 世紀は、新しい知識・情報・技術が政治・経済・文化をはじめ社会のあらゆる領域での活動の基盤として飛躍的に重要性を増す、いわゆる『知識基盤社会』の時代であると言われている。」（下線引用者、以下同じ）

　「知識基盤社会」は、平成 20 年改訂のキーワードの一つであった。当時、「知識基盤」という言葉に対し、「知識を基盤とするのだから、今まで以上に知識を重視するのだ」等の誤解が一部に見られたが、本来の理解である「何か成果を生み出すために既存の知識をいかに有効に適用するかを知るための知識」であると捉えるべきであろう⁽²⁾。

　では現行の平成 29 年版学習指導要領において、このような時代の認識はどのように変化したのであろうか。平成 29 年版学習指導要領には、現代という時代に対する認識が、次のように記されている⁽³⁾。

> 「今の子供たちやこれから誕生する子供たちが、成人して社会で活躍する頃には、我が国は厳しい挑戦の時代を迎えていると予想される。生産年齢人口の減少、グローバル化の進展や絶え間ない技術革新等により、社会構造や雇用環境は大きく、また急速に変化しており、予測が困難な時代となっている。」

　平成 20 年改訂においては、曲がりなりにも、その時代像を「知識基盤社会」と定義して提示することができたのに対し、平成 29 年改訂においては、「予測が困難な時代」と時代のありようを定義することを避けている。この 10 年間の

社会像の変化は、過去の経験から得られる予想や想定から将来の見通しを得ることが不可能なほど急激に変化していく現代の特徴に応じたものと考えられる。

では、現行指導要領において、学校教育の方向性はどのように示されているのだろうか。

> 「このような時代にあって、学校教育には、子供たちが様々な変化に積極的に向き合い、他者と協働して課題を解決していくことや、様々な情報を見極め、知識の概念的な理解を実現し、情報を再構成するなどして新たな価値につなげていくこと（略）が求められている。」[4]

令和 4 年 12 月より文部科学省において「今後の教育課程、学習指導及び学習評価等の在り方に関する有識者検討会」による検討が始まった[5]。会議名に示されているように、この会議体においては、「今後の教育課程」、すなわち学習指導要領やその元で展開される学習指導と学習評価、すなわち授業実践について本格的な検討がなされている。この有識者検討会が示す社会像や時代認識は、21 世紀の第二四半期に差し掛かった次期指導要領における基本認識となるだろう。

2　横断的・縦断的な対話を可能にした「資質・能力」

平成 29 年版学習指導要領において、最も重要な特徴は、「資質・能力」の設定であろう。この改訂によって、従来は各教科・領域が個別に設定、改変してきたいわゆる「教科目標」や「内容」が、幼児教育から高等学校に至るまで共通の枠組みによって再整理された。

2010 年代の初頭、文部科学大臣から中央教育審議会へ諮問される前段階として、中央教育審議会教育課程部会に設置された「教育課程企画特別部会」において改訂の基本的な枠組みが整理された。この整理の過程で、PISA 調査の影響を受けて議論された「コンピテンシー」という概念は、「三つの柱」という用語を用いて検討され、最終的に「資質・能力」という語に落ち着いて、学習指導要領が示す学力の新しい概念として成立するに至った[6]。

　言うまでもなく、「資質・能力」とは、現行指導要領においては「生きて働く知識・技能」「未知の状況にも対応できる思考力・判断力・表現力」「学びを人生や社会に生かそうとする学びに向かう力・人間性等」の三点である。この三つの「資質・能力」によって、各教科・領域を横断した学力の見通しを持つことができると同時に、学校種を越えて縦断的に育つ学力の継続・継承についても見通しを持つことができるようになった。たとえていえば、幼稚園から高等学校までの教諭が一堂に会し、幼稚園の領域「言葉」、小学校の「生活科」、中学校の「技術・家庭科」、高等学校の「日本史探究」において、それぞれにどのような「思考力・判断力・表現力」を育てようとしているのかを、共通の基盤に立って話し合うことができるようになったのである。今次の学習指導要領が示した「資質・能力」は、このように学校種や教科・領域を越えて、教育課程の系統性、継承可能性を高める重要な改訂であったといえる。

3　総合的な学習の時間の「目標」が示す知識像

　総合的な学習における「知識」とは何か。この問いに対する答えは、意外と奥が深い。2023年のある時、一人の中学校教諭より次のように問われたことがある。「総合的な学習の実践は難しい。教師一人では、生徒一人ひとりの追究の内容を理解することはできないし、適切な教材を与えることができないため、40対1の状態です。どのように指導したら良いのでしょうか」。この教諭には、「総合的な学習においても、教師は生徒に資料や教材を用意して生徒に与えなければならない」という暗黙の前提があるように思われる。

　仮に、この質問に対する私なりの回答を示せば、次のようになる。総合的な学習における知識とは、内容知でなく方法知です。一人ひとりの生徒の追究内容について精通している必要もないし、整理した資料を提供する必要もありません。教師が内容に精通していたり、資料を用意したりしてしまえば、生徒の探究は停止し、教師が教授する（指導する）授業となりかねません。むしろ、教師の役割は、生徒の追究の伴走者として、考えられる仮説を提案したり、資料のありかを示唆したりすることでしょう。40対1なのではなく、教師を含めた41人が協働して、

大きな一つの課題を探究していくことではないでしょうか。

　平成29年版学習指導要領に示された総合的な学習の「生きて働く知識」とは、どのようなものなのか。「第1目標」の（1）には次のように示されている。

　　「探究的な学習の過程において、課題の解決に必要な知識及び技能を身に付け、課題に関わる概念を形成し、探究的な学習のよさを理解するようにする。」（中学校）

　ここには、①課題の解決に必要な知識（及び技能）を身に付ける、②課題に関わる概念を形成する、③探究的な学習のよさを理解するという、生徒に身につけさせたい三つの「知識」が示されている。この文言には、特定分野の内容に関わる個別の「知識」は示されていない。①には、生徒が立てた「問い」をどのように解決したらよいか、その方法についての知識が示されている。③には、探究による学びの意義や価値について理解することが示されている。あえて、②を飛ばしたが、筆者は、総合的な学習で示された三つの「生きて働く知識」のうち、最も重要な項目は、②の「課題に関わる概念を形成する」であると捉えている。この②にこだわってみたい。

　実は、先に示した②の文言は、当初、素案の段階では「学習対象に関わる概念的知識を獲得し」と示されていた (7)。

　素　案：「学習対象に関わる概念的知識を獲得し」
　最終案：「課題に関わる概念を形成し」

　すなわち、「学習対象に関わる」は「課題に関わる」に、「概念的知識」は「概念」に、そして、「獲得し」は「形成し」に修正されている。ここにどのような意味が含まれているだろうか。筆者は、この修正を「学習指導要領における知識像の転換」という意味で捉えている。詳しく説明したい。

　まず、「学習対象に関わる」という表現は、探究の過程で問題になる個別事象の内容と捉えられかねない表現であり、先の中学校教諭の発想に近くなる。これを「課題に関わる」と修正することで、「課題」すなわち生徒が立てた「問い」をめぐる探究に組み替えている。

　次に、「概念的知識」を「概念」へと修正している点である。「知識（英 knowledge/ 独 Wissen）」という語には、それをどのように説明しても、個別的・断片的な性格が付随する [8]。つまり、「知識」の前に「概念的」という形容詞を付しても、最終的に「知識」と表現することで、単語的、個別的、断片的なものとして受け止められる。これを「概念（英 concept/ 独 Begriff）」とすることで、総合的な学習における「知識」とは、構造的に整理されたひとまとまりの体系を示すものと理解される。あえて「知識」という語を使用しない修正を行ったことの意味は、決して小さなものではない。

　最後に、「獲得し」から「形成し」への修正であるが、「知識」から「概念」への修正から捉えると、必然的な修正といえるだろう。つまり、「獲得」は、自分以外の外部の誰かが、その人の目的や視点で構成した「知識」をそのまま受容する立場であるのに対し、「形成」は、学習者が自己の内部に、各々のペースと手順で段階的に形作っていくものである。「概念」は、「知識」のように他律的に「獲得」するものではなく、内発的に「形成」するものなのである。

　平成 29 年版学習指導要領においては、総合的な学習の時間の「知識・技能」において上述のような知識から概念への転換が示されているが、筆者は、この転換を学習指導要領全般における知識像を転換するものと捉えている。平成 20 年改訂時には、総合的な学習の時間の特徴は、「探究」にあるとされたが、平成 29 年の改訂では、全ての教科が探究であることとされている。この点は、中学校の各教科の教科書が、探究の様式で示されていることや高等学校において探究に焦点を当てた科目の設置、「総合的な学習の時間」から「総合的な探究の時間」への修正にも現れている。

　現在進行中の次期学習指導要領（2025 年改訂）に向けた準備作業において、

69

各教科の「知識」の在り方がどのような方向に向くのか、大変興味深いことである。この課題は、いわゆる「カリキュラム・オーバーロード（過積載）」[9] や「スロー・ペダゴジー／スロー・ナレッジ」[10] の在り方とも関連し、重要なテーマとなるだろう。

4　社会科（歴史的分野）の教科書にみる「概念」の形成

　前項においては、総合的な学習の時間の「資質・能力」を通して、「知識の獲得」から「概念の形成」へという「知識像の転換」が起きていることについて述べた。このような転換は、総合的な学習だけで生じているのではない。それは、各教科においてもすでに目に見える形で生じている変化であり、それは、教科書紙面において明確に示されている[11]。

　図1は、帝国書院の中学校社会科（歴史的分野）の教科書『社会科 中学生の歴史 −日本の歩みと世界の動き−』（令和3年度版）の一小単元（見開き）の紙面である[12]。

　パラパラと教科書を開いて一瞥すれば、すぐに分かるように、見開きページの

図1　中学校歴史教科書の紙面

左上 (図1では「南蛮屏風」) には、小単元の興味を引き出し、解釈を広げるビジュアル資料が示されている。ビジュアル資料の下段には、「3　東アジアの貿易と南蛮人」として小単元のタイトルが示され、その隣に「学習課題」として、「ヨーロッパの海外進出によって、日本の社会はどのような影響を受けたのだろうか」と本小単元において追究する問いが示されている。

　誤解を恐れずに言えば、この「学習課題」がこの小単元の本質であり、それに続くいわゆる「本文」や各種の資料（図画、写真、地図、表、コラムなど）は、あくまでも「学習課題」の問いに答えるための「参考」にすぎない。「学習課題」の問いに答えるために、必要であれば、また必要に応じて、いわゆる「本文」を別の文章に差し替えてもよいし、教科書に掲載されていない資料を参照することも可能である。時には（むしろ、往々にして）、いわゆる「本文」は、「問い」に対する答えの多様な解釈を妨げる可能性すらある。

　この「学習課題」という「問い」が小単元における学びの本質であり、この「問い」に対して、各種の資料（いわゆる「本文」や教科書外の資料を含む）を通して自分の言葉で語られ、構造化されネットワーク化された叙述が、前節で述べた「概念」である。このような「概念」を形成することこそが、小単元の学びとなる。

　教科書は、当然このことを踏まえて作成されている。小単元の終わりには、「ヨーロッパとの貿易や交流が日本の社会に与えた影響を、『鉄砲』を例にして説明してみよう」という「評価課題」が示されている。このコインの裏表のような表現で示された「学習課題」と「評価課題」を通して、一人ひとりの生徒が本小単元を通して形成した「概念」を自分の言葉で説明するのである。

　このような「評価課題」は、さらに改変して「質評価の課題」を問うこともできる。「質評価の課題」とは、PISA調査における読解力リテラシー③「評価し、熟考する」力を評価する問題であり、「主張や情報の質と信ぴょう性を評価した上で、自分がどう対処するかを説明したりする問題」[13] のことである。上記の小単元を例を「質評価の課題」に組み替えて示せば、「鉄砲の伝来が、日本の歴史に与えた影響について、あなたはどのように評価しますか？」などの設問を立

てることができる。

「質評価の課題」については、一般に、その意義（肯定的評価）と課題（否定的評価）の両面、あるいは、さらに多様な見方について言及した上で、生徒が自分の質的吟味に基づいて価値的評価を下すことである。当然、正しい答えが一つに決まっている訳ではなく、むしろ、叙述の論理性や資料評価の妥当性が問われる。多様な解釈が可能になる歴史学習である。このような叙述型の設問を定期試験に出題することによって、自分の考えを整理して記述したり、場合によっては、口述したりして、生徒の学びを一つの概念にまとめることができる [14]。

おわりに －教育課程における解釈型歴史学習の意味と位置－

本稿では、平成 29 年版学習指導要領における「知識」探究の在り方について、前史としての平成 20 年版、ならびに未来像として 2025 年に見込まれる次期指導要領改訂を視野に入れて論述してきた。最後に、このような日本の教育課程から、解釈型歴史学習がどのように見えるのかについて論じてみたい。

土屋（2011）の論考から読み取れば、解釈型歴史学習の本質は、歴史を構成する様々な情報を論理的・批判的に吟味し、歴史を解釈させる活動を通して、歴史とは、過去にだけ存在するものでなく、現在や未来についても選択したり、創り出したりことができるものであること、すなわち歴史とは、過去も未来も可塑性に富んだ、多様で豊かな学びの対象であることを認識する点にあるといえよう [15]。

土屋は、2010 年代を通して出版された数々の著作において、「正しい歴史」観から「解釈としての歴史」観への転換を強く促し続けてきた [16]。そこに流れる知識観、学力観、学習観の転換は、2010 年代の学習指導要領改訂のプロセスで形成されてきた知識観の転換と一致している。本文で述べた学習指導要領が示す時代認識や知識像の転換、概念の形成による歴史学習などは、土屋の論を後追いするかのように教育課程の中に浸透してきている。土屋の 2010 年代を通した「解釈型歴史学習」をめぐる一連の歴史学習改革の主張の本質は、実は、歴史学

習に留まらない視野を含み、現在の教育課程改革、すなわち次期学習指導要領改訂の基底の一つとして、2020 年代においても確たる位置を占めている。

　平成 30 年に改訂された高等学校学習指導要領は、高等学校の学びを探究型に移行することを促している。地歴科や公民科にあっても、探究を方法論にした授業構成を基本とする探究科目が設置されている。

　このような中にあって、「解釈型歴史学習」は、学習者個人の視点による「解釈」、個別・最適性を踏まえた「選択」、自由で論理的な「論述」、多面的で構造化された「概念」という要素を含み込むものであり、土屋がこれまでに行ってきた解釈型歴史学習の諸研究は、社会科教育のみならず教育課程全体において、これまで以上に高く正しく評価されることになるであろう。

||| 注・参考文献 |||

（1）平成 20 年版学習指導要領の総則および各教科等の解説編は、それぞれに改訂の経緯等の共通に記述された部分と各教科等で固有の内容とで構成される。このうち、引用された時代のありようを記した文章は、各解説編の冒頭「改訂の経緯」の第一文に記されている。たとえば、文部科学省（2008）『小学校学習指導要領解説　総則編』東洋館出版社、１頁など。

（2）久野弘幸・渡邊沙織（2009）「知識基盤社会に対応する学力観に関する研究」『愛知教育大学教育実践総合センター紀要』第 12 号、77-86 頁。

（3）文部科学省（2017）『小学校学習指導要領（平成 29 年告示）解説　総則編』東洋館出版社、１頁。

（4）注（3）に同じ。

（5）「今後の教育課程、学習指導及び学習評価等の在り方に関する有識者検討会」の目的は、「今後の社会の変化を適切に見据えながら、今後の教育課程、学習指導及び学習評価等の在り方について、必要な検討を行う」こととされている。メンバーは、これまでにも教育課程の編成に従事してきた教育学者、教育心理学者、教育関係者を中心に構成され、専門的な議論が集中的になされている。平成 20 年改訂の際の「教育課程企画特別部会」に近い位置づけにあると考えられる。

[https://www.mext.go.jp/b_menu/shingi/chousa/shotou/184/index.html：2023 年 10 月 15 日閲覧]

（6） 文部科学省の HP には、中教審教育課程部会教育課程企画特別部会第 1 回（平成 27 年 1 月 29 日開催）から第 26 回（平成 28 年 12 月 6 日開催）までの議事録、配布資料が公開されている。公開された資料をたどれば、この間の検討の経緯をたどることができる。「中央教育審議会教育課程部会教育課程企画特別部会　議事要旨・議事録・配付資料」[https: //www.mext.go.jp/b_menu/shingi/chukyo/chukyo3/053/giji_list/index.htm：2023 年 10 月 15 日閲覧]

（7） 素案から最終案に至る検討は、主に「生活・総合的な学習の時間ワーキンググループ」において行われた。同ワーキンググループでは、第 1 回（平成 27 年 11 月 16 日開催）から第 9 回 (平成 28 年 6 月 17 日開催) まで検討が行われた。議論の出発点となる「たたき台」においては、「課題（学習対象）に関する概念的知識を獲得し」と記されていたものが、「審議のとりまとめ」においては、「各学校が目標や内容を設定するに当たっては、どのような概念的な知識が形成されるか、どのように概念的な知識を明示していくかなどについても検討していくことが重要である」(下線引用者) と次第に修正されている様子が見られる。[https://www.mext.go.jp/b_menu/shingi/chukyo/chukyo3/064/index.htm：2023 年 10 月 15 日閲覧]

（8） ドイツ語の「知識」を表す "Wissen" という語は、知る＝"wissen" という動詞を名詞化したものであり、自らの思考によって得られた認識よりも、他者から得た知識という意味を持つ。ドイツ語の「概念」を表す "Begriff" という語は、つかむ＝"greifen" という動詞の名詞であり、「ぎゅっと捕まえる」「急につかむ」という意味を持つ。このように「概念」は、主体的、意識的につかみ取る性質を持つと捉えられる。

（9） OECD (2020), *Curriculum Overload: A Way Forward*, OECD Publishing, Paris. (https://doi.org/10.1787/3081ceca-en)

（10） Alison Clark (2022), *Slow Knowledge and the Unhurried Child: Time for Slow Pedagogies in Early Childhood Education*, Routledge.

（11） 土屋武志（2011）「解釈型歴史学習と教科書」『解釈型歴史学習のすすめ－対話を重視した社会科歴史－』梓出版社、110-121 頁。

（12） 黒田日出男他（2021）『社会科 中学校の歴史 －日本の歩みと世界の動き－』帝国書院、100-101 頁。

（13） 文部科学省・国立教育政策研究所（2019）「OECD 生徒の学習到達度調査 2018 年調査（PISA2018）のポイント」4 頁。国立教育政策研究所によると、「それぞれの意図を考えながら、主張や情報の質と信ぴょう性を評価した上で、自分がどう対処するかを説明したりする問題」が、日本の生徒の正答率の低い問題とされている。[https://www.nier. go.jp/kokusai/pisa/pdf/2018/01_point.pdf]

（14） ドイツのアビトゥーア（大学入学資格試験）には、筆記試験と並んで口述試験（mündliche Prüfung）が設定されており、口述を通して思考の整理をする練習が繰り返し行われてい

る。遠藤優介・大髙泉（2015）「ドイツのアビトゥーア試験にみる科学のコンピテンシーとその評価：卓越性の科学教育を視野に入れて」日本科学教育学会年会論文集、39 巻。

(15) 土屋武志（2011）『解釈型歴史学習のすすめ－対話を重視した社会科歴史－』梓出版社。主に序章。

(16) 土屋武志（2013）『アジア共通歴史学習の可能性－解釈型歴史学習の史的研究－』梓出版社、土屋武志編著・岡崎社会科研究会著（2015）『実践から学ぶ解釈型歴史学習－子どもが考える歴史学習へのアプローチ－』梓出版社など。

第2節

レリバンスからみた解釈型歴史学習の再評価

京都教育大学　小栗 優貴

1　問題意識

　これまで、土屋氏が提唱してきた解釈型歴史学習は、どのように評価されてきただろうか。土屋氏の著作への書評（加藤,2012；原田,2012；二井,2013；梅津,2014；舩尾,2014）を整理すると次のようになる[1]。

・ 土屋氏は、国家市民権を強化することに使われがちな固定的な歴史解釈を伝達する学習は、世界や社会の対立を招くと批判する。むしろ、多重市民権を前提とし、対話を通して人々に共有可能な歴史解釈をつくり出す歴史教育にすることで多文化社会を形成していくべきだと主張する。
・ そのため、氏は学習方法論改革研究を行った。過去を解釈する歴史家の活動を追体験し、歴史を多様な立場から捉えられるようにする学習方法論を提起した。
・ 一方で、土屋氏の論では、具体もセットで述べられているものの、理論を貫くカリキュラムがどうなるか、理論と一貫した授業がどうなるかが明らかにされていない。これらが分かるようになると学術的・実践的価値が高まる。

　こうした評価 — 多文化共生に向けた歴史教育の学習方法論改革研究という特質、理論を貫いたモデルカリキュラムやモデル実践になっていないという課題 — に納得する読者の方も多いのではないだろうか。これらの評価は、社会科教育論・歴史教育論からの評価として共感できるものとなっている。

　しかし、上の評価は、教育論そのものとしての評価であり、当該教育論が最終的に子どもたちにどう受容されていくかということを含めた評価ではない。近年なされる、教育論の持つ意図性がそのまま子どもに移行するわけではない（星, 2019:2023; 西村, 2021）という歴史教育研究の前提を考慮すれば、子どもの視点を含めて評価していくことも重要である[2]。むしろ歴史を生産・消費する当事者は子どもなのだから、子どもの視点も併せて教育論を見ていくことこそが目指すべき方向性とも言える。

　以上のように、歴史教育論をより複合的に検討することが求められるいま、改めて問われるべきは、教育者の教える意味と子どもの学ぶ意味を複合的に捉え、解釈型歴史学習を再評価していくことだと言えよう。そこで、本稿では、意味を多様な視点から検討する概念：レリバンスに注目する。レリバンスの視点から土屋氏の解釈型歴史学習を検討することで、解釈型歴史学習の別の見方を示し、土屋氏の教育論の再評価をすることを目的とする。

2　理論的枠組み －レリバンスとは何か－

　まず、本稿の軸となるレリバンス概念について検討したい。レリバンスは、歴史教育だけではなく教育学の文脈で注目されている概念である。それをあえて訳そうとすると、「関連性や意味や意義」となる。しかしながら、近年の教育学や歴史教育研究においては、レリバンスは日本語に変換されることなく、あえてカタカナで用いられている傾向がある。この日本語訳を用いないことには、何らかの理由があると考えるのが自然である。すなわち「レリバンス」と「関連性や意味や意義」といった言葉の間には、何らかの違いがあるという説明が必要となる。この違いを見出すにあたって参考になるのが、元々レリバンスが教育学で注目される契機となったブルーナーの著書『教育の適切性』[3]内の次の説明である。

　「このことば（筆者注：レリバンス）は二つの意味をもっている。一つは、教えられる内容は、世界が直面している悲痛な諸問題、それの解決の如何が人類としてのわれわれの存亡にかかわるような諸問題に対し何らかの関連をもつ

ものでなければならぬという意味である。これは社会的関連性である。いま一つは個人的関連性である。教えられる内容は、それが「事実・真実なもの」であるとか、「興奮・感動をよび起すもの」であるとか、「意味・意義のあるもの」であるといった、なんらかの実在的なクライテリオンによって、（中略）自己報酬的な系統をそなえていなくてはならない」[4]。

　上記のブルーナーの文章から理解できるのは、レリバンスとは、社会的な教える意味と子ども側が思う個人的な学ぶ意味を総合的に検討するために用いた概念であるということである。すなわち、意味や意義を複数の視点から追求することでレリバンス概念は成立する。単に「意味や意義」と訳すだけでは、個人的関係性なのか社会的関係性なのかが抜け落ち不十分であることが分かる。だからこそ、両者を保障したい、もしくは両者の視点から検討したいという動機でレリバンス概念が用いられると推測できる。

　このようなブルーナーの考えから、レリバンスが用いられるようになってきているが、その語句の用いられ方は多様に変化してきた。例えば、近年では内容へのレリバンスだけではなく、学習方法へのレリバンスを検討することもある。また、教育目標がどのような意味があるかということで、目標のレリバンスという言い方も聞くことがある。加えて、子どもからみたレリバンス、大人からみたレリバンスといった表現も聞く。

　このように論者によって多様な意味で使われるようになったレリバンスであるが、本稿では、ブルーナーが大切にしていると考えられる複数の関連性・意味・意義を検討する概念という性格を重視しながら、検討を進めたい。

3　研究の手続き

　本稿では、次のような論証の手続きをとる。まず続く 4 項では、土屋氏の提唱してきた解釈型歴史学習が、どのような歴史学習の意味を追求してきたかを理論レヴェルで再度整理する。5 項では、土屋氏が良いと考える解釈型歴史学習の実践が、どのような歴史学習の意味を保障しようとしているかを実践レヴェルで整

理する。６項では、子どもたちはどのような歴史学習の意味を抱く傾向にあるのか先行する調査研究から達成レヴェルの視点を抽出する。７項では、これら各レヴェルの接続・連動性を総合的に検討することで複数の意味の視点（レリバンスの視点）から解釈型歴史学習を考察する。最後に８項では、７項までの考察で明らかになったことを視点に、レリバンスからみた解釈型歴史学習の再評価を行い、土屋氏の論の別の見方と学習論としての意義を論じる。

４　土屋氏の意図する歴史学習の意味とは何か －理論レヴェル－

　本項では、土屋氏の提唱してきた解釈型歴史学習が、理論レヴェルでどのような歴史学習の意味を追求してきたかを検討する。この検討にあたっては、土屋氏の著書の各章の記述からその意味を追求していく。

　まず、土屋氏の著書『解釈型歴史学習のすすめ－対話を重視した社会科歴史－』[5]の各章に示される歴史学習の意味を筆者の解釈を加えながら抽出すると、次の２点に集約できる。冒頭で述べたことと重なるため、屋上屋を架すことになるかもしれないが、再度まとめておきたい。

　第１に、土屋氏が提唱する歴史学習論の意味は、多文化社会を形成しようとする点にあると考えられる。多文化社会を実現するためには、歴史を解釈として扱わなければならないし、多様な歴史を包含することを認めなければならないという主張で当該書ははじまる（序章・第１章）。そうであれば、歴史学習は、社会的能力や思考力を高めることが目標となる（第２章）。その目標に向かって、多様な解釈を生み出すために「立場」に分けて歴史を追求し（第３章）、その際には、民主的な方法論である「対話」の手法をとることになる（第４章・第５章）。また土屋氏にとって、教科書は唯一絶対の歴史ではないため、教科書を情報源としていく授業デザインが求められる（第６章）。このように、歴史学習の意味は、多文化共生につながる点にあるという前提のもと、解釈型歴史学習の原理が決定されている。

　第２に、土屋氏が提唱する歴史学習論の意味は、多重市民権の視点から多様な

解釈を包摂し、多文化社会の形成をしようとする点にある。土屋氏は、国民国家
の視点から共通の歴史を与えて多文化社会を統合しようとすることを強く批判す
る（終章）。例えば「自分自身の中にもいくつかの立場（国民、○○市民、地球人、
○○学校の生徒など）があること、いずれかの市民権の視点を優先させることに
よって、対立ではなく相互の協働が可能なことなどを学ばせる」(6) と述べている。
こうした文章から理解できるように、解釈型歴史学習理論には、多重市民権を前
提とし、その中で他者と協働して社会の形成をするという意味が内在しているの
である。

5　土屋氏が実践例として挙げる歴史学習の意味とは何か
－ 実践レヴェル －

　本項では、土屋氏の提唱してきた解釈型歴史学習が、実践レヴェルでどのよう
な歴史学習の意味を追求してきたかを検討する。この検討にあたっては、土屋氏
の著書『解釈型歴史学習のすすめ』に取り上げられる 10 の実践例から見ていく
こととする。これは、何か特定の基準を設けて取り上げた 1 事例よりも、10 の
事例に内在する意味を取り上げることで、土屋氏の考える実践の意味の全体像が
抽出できるとの着想からである。

　なお、土屋氏の当該書には、豊富な付録や巻末資料があり、その中にも「実践」
としてカウントできそうなもの（例えば、巻末資料 3 「対話を引き出す教師の声
かけ：グループワークなどの時に」）が確認されるが、今回はどのような目標・内容・
方法・教材を扱っているか特定できるものを実践としてカウントすることにした。
その 10 の実践を、主な発問・主な活動・主な教える意味という視点で筆者が整
理したものが 表 1 である。なお、全ての実践に「意味」が記述されていたわけで
はない。むしろ「意味」ではなく「目標」として記述されていることが多かった。
そのため、表 1 の意味欄において、( ) がついているものは、目標として読み替
えていただきたい。

表1 『解釈型歴史学習のすすめ』に取り上げられる実践の意味

実践1 「悪魔の心と悪魔の時代」 (pp.4-5、pp.66-67)

発問：ヒトラーはどのようにしてドイツを支配していったか
活動：ヒトラーの生涯を3期に分け、発問に関して重要な要因を説明するテレビ番組を作る
意味：(歴史は「解釈」であることを理解することになる)
　　　複数の「立場」の人々に訴えるため、「多様性」を前提とした判断ができるように
　　　なる

実践2 「トーロンマンの謎」 (pp.16-21)

発問：男性の死の原因は、何だったか
活動：鉄器時代の人の生活の資料や遺体の検証結果から推理する
意味：(「解釈」する上で歴史資料を用いざるを得ないことを理解することになる)

実践3 「城郭と大聖堂」＜評価問題＞ (pp.22-23)

発問：城郭の写真はどれが古いか。なぜ城郭の構造が時代によって変化するか
活動：写真を並び替え、答える
意味：(時代の順序を並び替える等により理論的な思考に導くことになる)

実践4 「ヘンリーとベケットとの対立が、なぜ致命的になったか」 (pp.25-29)

発問：ヘンリーとベケットとの対立が、なぜ致命的になったか
活動：発問に関する45枚の情報カードを、関係ないカード／短期的要因／中期的要因／
　　　長期的要因／子どもの視点／教師の視点等で分類する
意味：(Information(単純な情報)からIntelligence(思考した情報)に変化することになる)

実践5 「What's it all about?」 (pp.37-40)

発問：自分と関わる歴史とは何か
活動：現在の時事問題の背景を確認させる
意味：(生徒自身の社会的能力、特に思考力を高めることになる)

実践6 「いかに、そしてなぜホロコーストは起きたか？」 (pp.41-43)

発問：いかに、そしてなぜホロコーストは起きたか
活動：迫害を支持する人々の態度といくつかの思想を説明する
意味：(学習者が歴史解釈の専門家となる)

実践7 「世界を変えた爆弾」 (pp.70-71)

発問：トルーマンとケネディの決断をいかに評価するか
活動：1962年当時のジャーナリストとして、キューバ危機の出来事の重要性について説
　　　明する記事を書く
意味：歴史的評価を複数の当時の立場から行い、評価の合意を目指すこと自体が今日的な
　　　歴史問題の解決のアプローチとなる

実践 8 「天正 7 年　家康の決断」(p.82)
発問：家康は、どんな思いで長男に切腹を命じたのか 活動：つらかった／平気だったに別れて資料をもとに対話する 意味：(史料の作成者の立場を推理することになる)

実践 9 「解釈型教科書を用いた実践」(pp.111-114)
発問：この絵で不思議な場面はどこか、いまともっとも違うところはどこか 活動：謎を挙げる、現在と比較する、資料を活用する 意味：民主的な社会関係の特徴を理解するため、現代と違う過去の思考や常識に気づかせる

実践 10 「韓国新安沖で発見された沈没船」(pp.115-116)
発問：この船は、いつごろ・なぜ沈没したか 活動：当時の時代文脈や当時の船の常識（季節風を利用した航海）から推理する 意味：現代の特徴を理解できる

(土屋（2011）をもとに筆者作成)

　以上より、土屋氏が取り上げる実践には、歴史学習の意味に関わって次のような特徴があると解される。

　第 1 に、当然の帰結かもしれないが、解釈型歴史学習の実践に内在する意味は、多重市民権に基づく多文化社会の形成がなされるという意味であり、理論レヴェルと連動した意味になっているという特徴がある。例えば、**実践 7** の「世界を変えた爆弾」は、WW Ⅱにおけるトルーマン大統領の核爆弾を用いるという決断と、キューバ危機時におけるケネディ大統領の核爆弾を用いないという決断を、当時（1962 年）のジャーナリストの立場から評価する実践である。土屋氏は、この実践においては、トルーマン大統領・ケネディ大統領・当時のジャーナリスト・当時の市民などの各種立場からの爆弾への評価を検討した上で、記事を執筆しなければならなくなることを強調している。この強調点から、土屋氏が理論レヴェルで述べていた多重市民権に基づく多文化社会の形成がなされるという意味があると推測できる。

　第 2 に、解釈型歴史学習の各実践の目標や意味を論じる場合には、実践をスナップショット的に取り上げているという特徴がある。**表 1** に掲げられた実践は、英国の教科書から導かれたもの（例えば、**実践 1** 「悪魔の心と悪魔の時代」）、米国

の社会科教育の雑誌に掲載されたもの（例えば、実践7「世界を変えた爆弾」）、土屋氏が実際に学校現場で参観したもの（例えば、実践8「天正7年家康の決断」）があり、実践の拠り所は一貫していない。そして、実践全体を良いとして紹介するのではなく、特定の視点（例えば、史料の信憑性の検証という視点）に立って実践の特定の部分の良いところが紹介される。裏を返せば、全ての原理を保証した実践としての紹介の仕方はなされない。よって、理論と実践が部分的に連動した実践の紹介の仕方で記述される。こうしたことが発生しているゆえに、冒頭で述べたような「理論を貫いた授業実践が明らかにされていない」という土屋氏への評価が起こっていると解される。

6 子どもの考える歴史学習の意味とは何か －達成レヴェル－

　本項では、第7項で行う理論・実践・達成の連動性の検討に向けて、子どもが抱く歴史学習の意味を体系的に調査した研究を取り上げる。すなわち達成レヴェルの視点を抽出する。

　その研究として取り上げたいのは、Nuttall（2021）の研究である[7]。Nuttallは、イギリスのシックス・フォーム（日本でいう大学進学を目指す高等学校に近い）に通う16歳〜17歳の合計41人に「歴史を学ぶ意味」について調査した。調査にあたっては、誰とも話すことができない環境下で、「歴史を勉強する目的は何ですか」という問いに100語以上で答えるようなオンライン・フォームを用意している。そこから得られた記述を、Chapman（2018）が歴史教員志望学生への調査から得て結論づけた「歴史を学ぶ意味」のコードに当てはめていった[8]。その結果、イギリスの進学校に通う16歳〜17歳が抱く「歴史を学ぶ意味」は表2のように整理された。なお、表2は、調査対象者が抱いた多さ順に「歴史を学ぶ意味」を並べている。この表2は、NuttallとChapmanの関係から、次の3つに整理可能である。

　第1に、表2の（1）〜（6）及び（8）〜（11）からに見られるような、Chapman（2018）の研究でもNuttall（2021）の研究でも確認された歴史を学ぶ意味である。すなわち「（1）実用的な過去」「（2）現在の理解」「（3）魅了・

美的魅力」「（4）過去の知識と過去の理解」「（5）転移可能／汎用的スキル」「（6）ちがいの理解」「（8）歴史意識」「（9）学問的知識」「（10）市民やコミュニティの社会的結束」「（11）知的成熟」は、16 ～ 17 歳も歴史教員志望学生も抱きやすい歴史学習の意味と言える。

　第2に、表2の（7）（12）（13）に見られるような、Chapman（2018）の研究には確認されないが、Nuttall（2021）の研究では確認された歴史を学ぶ意味である。歴史教員志望学生は考えていないが、16 歳～17 歳には歴史を学ぶ意味として「現在の生活への感謝」「敬意と尊敬」「職業やキャリアへの契機」を抱く生徒がいるということになる。

　第3に、表2の（14）～（16）に見られるような、Chapman（2018）の研究には確認されたが、Nuttall（2021）の研究では確認されなかった歴史を学ぶ意味である。歴史教員志望学生は、歴史を学ぶこととアイデンティティ形成との間に関連を認識している一方、（Nuttall の調査を受けた）高校生は、歴史を学ぶこととアイデンティティ形成との間に関連を認識していないようである。

　本稿では、Nuttall の調査対象者が抱いた歴史を学ぶ意味である表2内の（1）～（13）のみを子どもが抱く多様な「歴史を学ぶ意味」として設定していく。

表2　ChapmanとNuttallの調査から導かれる子どもが抱く歴史学習の意味

（1）実用的な過去
歴史は、同じ間違いを繰り返さないようにする方法や、特定の種類の行動の影響を理解する方法など、過去から学ぶのに役立つから。
（2）現在の理解
歴史は、自分たちの住んでいる世界を理解できるようにする知識の源だから。
（3）魅了・美的魅力
歴史には、本質的に興味を抱かせる性質があるから。
（4）過去の知識と過去の理解
歴史から過去についての知識を得ることができるから（それ以上の説明はなし）。
（5）転移可能／汎用的スキル
有用な移転可能なスキルや一般的なスキルを発達させるのに役立つから。

（6） ちがいの理解

人間とはどういうものかという概念を広げ、自分の経験や現在の状況を超えて、他の可能性や世界の見方を理解することができるから。

（7） 現在の生活への感謝

過去の人々の生活と比較して、私たち自身の生活や社会のポジティブな側面に対する感謝の気持ちを促進するから。

（8） 歴史意識

過去・現在・未来にまたがる時間の中で生きることを理解することができるから。

（9） 学問的知識

歴史特有の概念や思考形式を習得することができるから。

（10） 市民やコミュニティの社会的結束

歴史は、地域社会の結束と民主的価値へのコミットメントを促進するための手段だから。

（11） 知的成熟

知的または個人的な成熟の発達に貢献するから。

（12） 敬意と尊敬

先人たちの功績に敬意を表し、感謝の気持ちを示すことができるとともに、これまでの苦しみや犠牲に敬意を払うことができるから。

（13） 職業やキャリアへの契機

特定のキャリア目標を達成するという野心を支援することができるから。

（14） ナショナルアイデンティティ及び誇り

歴史は、国民的アイデンティティまたは国民的アイデンティティに対する誇りを促進するための手段だから。

（15） グループアイデンティティ

歴史は、特定のグループのアイデンティティの確立またはそれらのグループの信頼および／または誇りを強化する手段だから。

（16） 個人としてのアイデンティティ及び誇り

歴史は、個人のアイデンティティまたは個人のアイデンティティに対する誇りを促進するための手段だから。

（Nuttall（2021）の Table1 及び Table2 を調査結果に基づき整理し筆者作成）

7　各レヴェルの検討（レリバンス）からみる解釈型歴史学習の　特質と課題

　では、13種類の歴史を学ぶ意味（表2）それぞれを持つ子どもは、土屋氏の実践（表1）をどのように意味づけるのだろうか。その対応関係を表したものが、表3である。この表3は、歴史教育を研究する学生とピアチェックしている。

表3　各歴史を学ぶ意味（表2）を持つ子どもは、
どの土屋氏の実践（表1）を意味づけるかの対応関係

子どもの歴史を学ぶ意味 ※（　）内の数字は、表2と対応	左と対応して学ぶ意味を見出すと予想される実践 ※実践ナンバーは、表1と対応
（1）実用的な過去	実践1／実践6／実践7
（2）現在の理解	実践1／実践4／実践5／実践9／実践10
（3）魅了・美的魅力	実践2／実践5／実践8／実践10
（4）過去の知識と過去の理解	実践1～実践10すべて
（5）転移可能／汎用的スキル	実践2／実践4／実践5／実践7／実践9／実践10
（6）ちがいの理解	実践1／実践5／実践6／実践7
（7）現在の生活への感謝	なし
（8）歴史意識	実践1／実践3／実践5／実践10
（9）学問的知識	実践2／実践3／実践4／実践6／実践7／実践8／実践10
（10）市民やコミュニティの結束	実践1／実践4／実践5／実践6／実践7
（11）知的成熟	実践2／実践4／実践8／実践10
（12）敬意と尊敬	なし
（13）職業やキャリアへの契機	実践1／実践2／実践7

　紙幅の関係から、すべての対応関係について詳述することはできないが、次のような議論のもと、対応を図っていった。例えば、「表2の『（1）実用的な過去』という歴史を学ぶ意味を持つ子どもは、表1内の実践1に学ぶ意味を抱くであろ

う。なぜなら、ヒトラーの支配の仕組み、すなわち法の支配ではなく人の支配を
周囲が後押ししてしまう状況とその構造を学び、現代社会の世論が反知性主義に
なっていないかの問題をみる視点として活かそうと思えるからである。他にも実
践3にも学ぶ意味を見出しそうである。理由は…（後略）」というような議論で
ある。このような、土屋氏の実践の意図だけではなく、子どもからどのように土
屋氏の実践がみえるのかを繰り返し議論し、表3の対応表を作成した。

　表3より、子どもによる土屋氏の実践の意味づけ方には次のような特徴がある
と言える。

　第1は、当然の帰結かもしれないが、土屋氏の理論・実践で説明する意味は、
子どもの学ぶ意味として受け取られることである。土屋氏は、歴史を学ぶ究極の
意味を多文化共生に見出していた。その際たる代表例である「（6）ちがいの理解」
という学ぶ意味を持つ子どもはこの土屋氏の理論と実践に納得するであろう。具
体的には、「（6）ちがいの理解」という意味を持つ子どもは、土屋氏の**実践1／
実践5／実践6／実践7**を介して、間接的に土屋氏の理論が持つ意味に納得する
こととなる。

　第2に、想定外の帰結として、土屋氏が紹介する実践がほとんどの子どもにとっ
て意味づけられやすいことである。表3からわかる通り、「（7）現在の生活への感謝」
「（12）敬意と尊敬」という学ぶ意味を持っている子どもは、土屋氏の実践を意
味づけることは難しそうだが、その他は意味づけが可能になっている。例えば、
歴史は本質的に人を惹きつけるから学ぶ意味があると答える「（3）魅了・美的
魅力」という歴史を学ぶ意味を持つ子どもたちは、「**実践2**」「**実践5**」「**実践8**」「**実
践10**」に意味を見出す。土屋氏は、この**実践2**について、「「解釈」する上で歴
史資料を用いざるを得ないことを理解することになる」という視点でしか実践の
意味を述べていないが、「（3）魅了・美的魅力」からも支持されるような実践に
なっている。このような他の学ぶ意味からも意味づけ可能な状況になるのは、前
項で述べた通り、実践全体を「良い」として紹介するのではなく、特定の視点
に立って実践の特定の部分の「良い」ところが紹介されるので、他の視点からの
意味づけを許容するようになっているからであると推測される。

87

8 レリバンスからみた土屋氏の解釈型歴史学習の再評価

本稿の冒頭で、解釈型歴史学習論に対する評価を整理した。それは、多文化共生に向けた歴史教育の学習方法論改革として意義があるが、理論を貫いたカリキュラムや実践として疑問が残るというものであった。

しかし、上の評価を、レリバンスという視点から捉え直すと、別の見方も可能であることが分かってきた。

前項まででみてきたように、土屋氏の理論における歴史学習の意味、実践における歴史学習の意味、それらを受け取る子どもの意味づけと移動するにあたって、より学習の意味が広がっていった。最終的に、土屋氏が紹介する実践は、どの子どもにとっても意味づけ可能なものとなっていた。この理由は、既に言及した通り、土屋氏の著書の中で紹介される 10 の実践それぞれが、土屋氏の理論の全てを保障したものではなく、土屋氏の理論の一視点を保障しているだけで、他の視点から意味づける余白を残していたからである。具体的に述べれば、土屋氏の理論の一視点である「資料の検証の必要性」として取り上げた**実践 8**「家康は、どんな思いで長男に切腹を命じたのか」は、資料の恣意性を検証するという子どもの意味づけである「（9）学問的知識」以外にも、「（3）魅了・美的魅力」「（11）知的成熟」という意味づけができるように（あえてかはわからないが）余白を残していた。このような状況は、理論・実践・達成が一本の線で繋がらないことになるので、上で述べたように、教育論として一貫していないように見える。

しかし、土屋氏にとってはむしろこれが歴史教育の学習方法論改革のための戦略だったと解すこともできる。土屋氏は、理論と実践を完全に連動してしまうことで、教師にとってハードルの高いものや、子どもによる意味づけが限定されることを避けようとしていた可能性がある。言い換えれば、教育論自体が、扱う内容や方法を厳格に規定することで、解釈型歴史学習が固定化するものとなり、実際の学校現場で用いられないのを避けた。先ほど言及した授業例「家康は、どんな思いで長男に切腹を命じたのか」においても、資料から検証することを保証していたため、他の解釈型歴史学習の重要なポイントが反映されていなくても、良

い実践と評価し、資料の検証を学校へ取り入れようとした。

　このように解釈型歴史学習は、完成された理論と実践を優先することよりも、実践の一部に焦点化して論を進めることで一視点だけでも学校現場で導入させ、まずは子どもに歴史を与えようとした、学校教育の実際に即した学習方法論改革研究とも言える。

　以上本稿では、レリバンスからみた解釈型歴史学習の再評価を試みてきた。これらは、実際の日本の子どものデータから実証したものではないため、日本の子どもが土屋氏の実践をどのように意味づけるかは定かではない。また、意味づけは、子どもの置かれた文脈や実践を受ける中で変化していくものであるが、本研究は、意味づけを構築されたものとして扱うことができなかった。さらには、紙幅の関係から、本稿の立論の妥当性を検証できる形で記述することができない上に、概括的な論証になってしまった。

　こうしたいくつかの課題はありながらも、従来指摘されてきた土屋氏の解釈型歴史学習の課題 ― 理論を貫いたカリキュラムや実践になり得ていない（提案されていない）という課題 ― は、レリバンスからみると、①あえて理論を貫いたカリキュラムや実践を提案・紹介しないという戦略をとった、②その理由は、まずは理論の一部だけ切り取った実践でも導入することをよしとし、すぐにでも子どもに歴史を解釈するチャンスを与えようと考えた土屋氏の戦略であった可能性について言及できたことが本稿の成果である。

‖‖ 注・参考文献 ‖‖

（1）以下の書評を整理した。
- 加藤公明「書評 土屋武志著『解釈型歴史学習のすすめ－対話を重視した社会科歴史－』」『学藝社会』28号、2012年、pp.108-111。
- 原田智仁「書評 土屋武志著『解釈型歴史学習のすすめ－対話を重視した社会科歴史－』」『社会科研究』76号、2012年、pp.73-74。
- 二井正浩「＜書評＞土屋武志著『解釈型歴史学習のすすめ－対話を重視した社会科歴史－』」『社会科教育研究』118号、2013年、pp.45-46。

・梅津正美「書評 土屋武志著『アジア共通歴史学習の可能性－解釈型歴史学習の史的研
　究－』」『社会科研究』81号、2014年、pp.63-64。

・舩尾日出志「書評 土屋武志著『アジア共通歴史学習の可能性－解釈型歴史学習の史的
　研究－』」『探究』25号、2014年、pp.61-62。

（2）以下の論文が該当する。

・星瑞希「生徒は教師の歴史授業をいかに意味づけるのか？－「習得」と「専有」の観点
　から－」『社会科研究』90号、2019年、pp.25-36。

・星瑞希「高校生は主権者育成を目標とする歴史授業をいかに意味づけるのか－学習文脈
　と生徒の特性に着目して－」『質的心理学研究』22号、2023年、pp.83-101。

・西村豊「学習文脈は高校生の歴史授業に対する意識にどのような影響を与えるか？－多
　様な進路に対応したクラスを設けるＸ高等学校を事例として－」『社会科研究』95号、
　2021年、pp.37-48。

（3）ブルーナー／平光昭久訳『教育の適切性』明治図書出版、1972年。

（4）同上、p.204。

（5）土屋武志『解釈型歴史学習のすすめ－対話を重視した社会科歴史－』梓出版社、2011年。

（6）同上、p.147。

（7）Nuttall, D. "What is the purpose of studying history? Developing Students'
　Perspectives on the Purposes and Value of history education" *History Education
　Research Journal*, 18(1), 2021, pp.89-108.

（8）Chapman, A., Burn, K. and Kitson, A. "What is school history for? British student-
　teachers' perspectives". *ARBOR Ciencia, Pensamientoy Cultura*, 194 (788), 2018,
　pp.1-13.

第 3 節

手続きとしての「対話」から原理としての対話へ
－ 解釈型歴史学習の批判的継承 －

岐阜大学　田中　伸

1　2100年からの手紙　－生産システムに基づく「測定評価」からの脱却－

　私の名前はカメリア。岐阜県に住む中学 3 年生である。今日は 2100 年 8 月 21 日 (1)。岐阜も暑いが、東京の最高気温は 43.3 度、名古屋 44.1 度。札幌 40.5 度。相変わらず地球温暖化が騒がれてはいるが、今年は昨年とほぼ同じ気温である。ただ、中学校の教科「Politics and Society（社会系関連科目）」で先生が説明してくれた 100 年前と比べると、地球の環境は大きく変わったらしい。

　当時と比べて、日本の年平均気温は 2 ～ 3 度上昇。現在、九州南部は亜熱帯気候だが、昔はもう少し涼しかった様だ。北極の永久凍土は当時の 1/10 の面積。海面水位は 88 センチ上昇。日本の米の収穫量は半分になっている。そういえば、海面上昇の影響で海岸沿いのゴルフコースは世界中で使えなくなっているし、米国サンフランシスコ国際空港の滑走路は半分が水没したと、祖父が言っていた。確かに、この前のニュースで世界の大都市は 2119 年に水没するらしく、海上都市 Green Float へ移住している人々が増えていると言っていたな。

　現在、日本の人口は 5000 万人を大きく下回り、明治初期の規模になっている。東京都の人口は 713 万人。私が住む岐阜県の人口は 63 万人。高齢化（2015 年 27％だった高齢化率は 2050 年に 38％、今はどれくらいだろう）による社会保障費（特に医療費、年金）の増加で、2012 年に 110 兆円だった社会保障費は 2040 年に 190 兆円に。現在はさらに財政を圧迫しているみたいだ。ただ、100 年前に流行ったらしい、国連の「持続可能な開発目標（SDGs）」は想定から 62 年遅れて 2092 年に達成。2075 年には GDP の上位 10 カ国のうち、7 カ国を

グローバルサウスが占めたことを見ても、社会は変わったのだろう。

　そういえば、教科「Politics and Society」のオンライン授業で、社会保障についての探究活動があった。テーマは、日本の社会保障制度の歴史を調べ、自身との関係を考える授業だった。私は100年前の社会保障制度を、年金制度、医療保険制度、雇用保険制度、児童手当、障害者支援の5点から調べ、当時の投票率とクロスさせて考えてみた。昔はシンギュラリティーとか言っていたらしいけど、2070年に人工知能（AI）が人間のあらゆる認知能力を超え、身体は機械と融合されつつある。今は生まれた時から腕にセットされている生成AIが生活をサポートしてくれるから、それを使って分析した。データの生成方法は各社異なるから、信頼度が低い米国のデータベースは使わず、インドを軸とした世界最大のシステムを利用したよ。

　私は、社会保障制度は政党政治と大きな関連があると考え、それについて自治体の行政職員、及び地元の議員（100年前と比べて1/5程度になったらしい）とアバター経由で議論し、その成果をまとめて授業で報告した。ただ、当時政権を担っていたらしい政党が掲げていた「全世代型社会保障費」という枠組みの解釈は難しかった。その理由は、投票率と重ねると「世代」のターゲットが自ずと絞られている気がしたけど、「令和4年版少子化対策白書」の報告とは異なる解釈も見られて、歴史を分析する難しさを感じたよ[2]。取り上げるデータ（史実）の違いで、複数の歴史が立ち現れてくるからね。リアル友達のルディーは、医療保険に絞って報告していたよ。

　授業は対話によって進むので、各々の報告の内容的な関係性を考えたり、各々がなぜその論点に着目したのか、仲間と共に議論したりした（プロセス評価）。また、新しい史実が発掘される可能性や、その後も考え続ける必要性を感じたから、定期的にリフレクションをすることになった。先生からはいつもの通り、「私はあなたの学びをどのようにサポートできるでしょうか」と質問もあったからね（リフレクティブ評価）。いつも思うけど、授業は評価の枠組みが先に示されるから、自分の立ち位置や不足している観点などがわかりやすいよね。

　小学校から積み重ねている「個人の学びの履歴」をみると、私は、「学びへの

意欲」が向上しているみたい。特に社会系のように正解の無い問題を考え、議論することが好きだし、得意みたいだ。確かに、温暖化による熱射の関係で 7 月から 10 月までリアル登校はないし、冬も学校の授業は午前で終わるから、それ以外はほぼ U15CPBLS [3] に参加している。もはや、U15CPBLS はサードプレイスどころか、私のファーストプレイスになっているよ（笑）。この経験を活かして高校進学へのエッセイを書こうと思っているからね。

　でも、昔の評価は計測が目的で、テストは「知識を覚えた、勉強の時間を確保できた、勉強に時間を使える恵まれた環境にいた、テスト勉強を上手くこなした」などが判断基準で、クラスや同学年の中で順位づけがなされることもあったらしい。まるで、出来・不出来という一つの観点からしか判断しない、工場での製品づくりみたい。たまたまその一瞬のテストが良かっただけなのにね。その時代、もし自分が「不可」という評価だったらどうしよう。きっと、自己肯定感なんか無くなってしまうだろうな。それこそ、「アウトレット」として、「給料 3 割引で働きます」といえば誰かが雇ってくれたのかな（笑）。

　上記は 2100 年時点の日記である。現時点から見ると、所謂「未来日記」的な位置付けとなるだろうか。この仮説を、以下のビースタの指摘 [4] と重ねて検討してみたい。

　　教育が機能しうる（少なくとも）三つの領域があり、これら三つの領域で
　　教育的な様々な目的は結びつくことができる。その領域の第一が、資格化 [5]
　　であり、それは知識、技能、価値、性向の獲得を意味する。第二は、社会化
　　の領域である。それは、教育を通じて、私たちが既存の伝統ややり方や考え
　　方を分け持つことを意味する。第三は、主体化の領域である。それは、私た
　　ちが教育する人の主体性（subjectivity）や「主体−性」（subject-ness「主
　　体であること」）に教育が関与することを意味する。（中略）こうした方向性
　　は、したがって、いかに私たちはこの世界を子どもたちや生徒たちに挿入で
　　きるか、に全く関与しない。それが ― おそらく何よりも ― 関与するのは、
　　いかに私たちは私たちの子どもたちや生徒たちがこの世界に結びつき、現出

することを支援できるか、である。

　上記は、教育が持つ３つの機能（資格化、社会化、主体化）が子どもを現実の世界へ繋げ、そこと結びつくことを支援することの重要性を指摘している。ビースタは、これを教育の責任と捉える意味で、以下のように指摘する [6]。

　　私の問いは、この新たな現実に対していかに学校が応えるべきか、というものである。それも、単に応答することによってではなく、責任ある応答を引き受けることによってである。したがって、この責任を伴う応答は、教育的かつ民主的である必要があるのだ。ここで問われているのは、学校と世界の関係についてのより大きなテーマである。学校と世界の関係は、学校が単に社会の一機能であり、社会のために機能を果たすというだけではけっしてない。学校はまた、社会との関係において、ある程度、非機能的である必要もある。なぜなら、フランスの教育学者のフィリップ・メリューが論じたように、教育はつねに「抵抗する義務」も伴うからである。

　つまり、学校の責任は教育的かつ民主的に、社会との関係において考えられるべきである。しかも、それは「抵抗する義務」をも踏まえる必要がある。つまり、教育の３つの機能は、その非機能的側面を前提としながら、子どもが世界とつながる様、社会との関係の中で資格化・社会化・主体化を行う場であると考えることが出来る。その上で、以下のようにも言及する。

　　教育の「働き」は、公共に関する命令や、公共による学習の促進といった形態をとらないが、より活動主義的で、より実験的で、より確証的である。それは、真のオルタナティブ、すなわちオルタナティブな存在と行為の仕方 ― 協調的な活動 ― の創造を目指すという意味でより活動主義的である。（中略）新たな（筆者注：オルタナティブな）存在と行為の仕方とは、例えば、利益の最大化と開発ではなく、結束や持続可能性に基づいた経済を「する」こと、また例えば、個人の優位性、競争、卓越ではなく、協力や、複数性と差異のうちに連帯して生きようとすることを思考し、協調した活動の公共的方法を取り戻そうとするために学校教育を「する」ことである [7]。

ビースタが指摘する活動主義的かつ実験的な教育という営みの目的地としての

「世界に結びつく」とは、協力や連帯を踏まえて生きようとする思考であり、これが公共的方法を取り戻すことになるとの指摘である。

　先の「日記」は、社会の様々な状況の変化を前提としながら、学びのモデルの一つを示した。カメリアの学びは、もはや学校にとどまるものでは無く、U15CPBLS を経由して世界との関係の中で展開されている。ただし、学校での学びに意味が無い訳では無く、授業は形成的評価を軸とし、自身の強みと弱みを自覚し、強みを伸ばしてゆく形で展開する。教師の役割は、子どもの自律的な学びを支援する伴走者であり、個々人そして社会の差異を認め、協調を生み出すためのファリシテーターである。なお、入試は現在も共通テストを中心に様々な改革が進んでいるが、エッセイと論述をベースとした高校入試として設定した。所謂、評価をエンジンとした学びの設計であり、それは必ずしも学校内でとどまるものではなく、子どもが自律的に社会の文脈と繋がってゆく。つまり、ビースタが論じる資格化・社会化を、主体化を軸に設計し、子どもが社会の中でこの 3 点を関係的に検証しつつ、学校と社会を繋げてゆく学びである。その学びは、形成的評価を軸にすることで、子どもと教師が協働的に行うシステムとした。これらはガーゲンの指摘[8]とも多分に重なる。

　　　従来の評価は、学習者がどれだけ学んだかを審査するものであり、学びと
　　　評価の間には大きな隔たりがあった。（中略）必要なのは、学びに対する評
　　　価ではなく、学びのプロセスの中で行われ、それに寄与するような評価への
　　　アプローチである。

　ガーゲンは、標準化されたカリキュラムで学ぶことで測定することを「管理された生産システム」とし、そこで行われる評価は「商品を測定（検査）出来ること」に価値を置く[9]ものであるとする。その上で、「何が現実であり、何が真理であり、何に価値があり、何をもって知識とするかは、関係の中で決定されている」と指摘し、関係は私たちが一人の人間として、家族の一員として、コミュニティや社会、世界、さらには宇宙の一員として存在するための中核となす。関係は、人間のウェルビーイングと豊かな人生にとって最も重要なものである」と論じる。そのため、「カリキュラムは『命令』ではなく、学びの旅に寄り添う『ガイド』や『コ

ンパス』」として考え、「カリキュラムはあらかじめ計画されるものではなく、時
間をかけて生まれる（エマージェントな）ものである」と論じてゆく(10)。先の「未
来日記」はこのガーゲンの指摘を多分に引用しながら示したが、2100年を待た
ずとも、学校・教育・学びは、現時点においても評価を含めて大きく変容してい
る。このような“関係に基づく学び”は、標準化、管理された生産システムに基
づいて測定された結果としての「アウトレット商品」を産むことはない。むしろ、
仮に歴史の授業を想定するのであれば、自身を商品として序列化してきた教育
システムの教育的・社会的・歴史的状況をも分析対象とする。本節では、この「未
来日記」が示す教育観を検討する補助線として、2つの歴史実践から考えてゆく。

2　コミュニケーションとしての歴史学習

（1）解釈の批判検討を行う歴史授業 −歴史学の思考・方法の活用−
本項では、以下で論じた歴史学習の考え方を示したい(11)。
- 田中伸・辻本諭・前田佳洋・矢島徳宗「教師・歴史学者・社会科教育学者
が協働した授業のゲートキーピング−歴史学の思考・方法を活用した解釈
を主体とする歴史教育実践−」『岐阜大学教育学部研究報告』、67巻第1号、
2018年、pp.41-53
- 辻本諭・田中伸・三浦寛之「教師・歴史学者・社会科教育学者が協働した
授業のゲートキーピング（2）− P4C を用いた歴史教育実践：移民を考
える−」『岐阜大学教育学部研究報告』69巻第2号、2021年、pp.23-32

両論文ともに、タイトルが示す通り3つの異なる主体が歴史授業を協働でデザ
イン・実施し、その評価を含めて論じたものである。テーマは、子どもによる歴
史の自律的な解釈を重視することである。第1の論文は以下3段階で展開した。
まず、最初に歴史学の思考・方法と教育の関係を示し、歴史学は過去に起こった
出来事（歴史的事実）を明らかにするとともに、その出来事がなぜ、どのように
起こったか、またいかなる結果をもたらしたか（事実の因果関係）を問う学問で
あることを踏まえ、歴史学では、しかるべき根拠（史料）に基づいて自ら過去を

分析し解釈することが求められることを論じた。ただし解釈であるから、どのような史料に着目するか、その史料に対していかなる分析視点に立つかなどによって異なる結果が導かれることは珍しくない。歴史学では、むしろ複数の解釈が存在しうることを前提に、そして各解釈に内包されるバイアス（主観性）を批判的に検討しつつ、より「事実立脚」的で「論理整合」的な解釈が追求され[12]、これは他者との批判的なコミュニケーションを通じて初めて可能となる。すなわち、まず自身の解釈とその根拠を他者に開示し批判・修正を受けることで、そして同様のプロセスを繰り返し行っていくことで、解釈の「（相対的な）確かさ／正しさ」を高めていくことが可能となることを論じ[13]、歴史学の営みを次のようにまとめた。

①過去の出来事を史料に基づき自ら解釈する。

②他者と批判的なコミュニケーションを行う。

③その上であらためて自ら解釈を行う。

次に、学習者が上記①〜③を実践できるものとして、近世アイルランドの歴史を題材とした授業を開発・実践し、分析した。アイルランドの歴史は、中世以来、隣国イギリス[14]による植民地化、植民者（在愛イギリス人）による統治と、それに対するアイルランド人の根強い抵抗によって特徴づけられる[15]。前二者と後者との間の対立は、16世紀の宗教改革を経て信仰する宗教の違いが生まれたことによりさらに激化する。つまり、近世アイルランドの歴史は、①イギリス政府、②プロテスタント植民者、③アイルランドの人びという三つのアクターによって形作られている。第1の論文はこの点に着目し、各アクターの視点から異なる歴史解釈を引き出すことを試みた。具体的な歴史事象としては、A「アルスター反乱」とB「統一アイルランド人協会の反乱」の二つの事件をテーマとし、アルスター反乱に際して、イギリス軍を率いてアイルランドの軍事征服を行ったオリヴァー・クロムウェルの発言と、反乱時のカトリック教徒によるプロテスタント虐殺を伝える版画を取り上げた。授業で用いる読み取り資料は、次の1〜4の方針に基づき作成した。

　1　A、B二つの事件について、アクター①〜③それぞれの視点から学習者

　　　自身が解釈を行えるよう、六種類の資料セット（A－①～③、B－①～③）
　　　を用意する。
　2　各資料セットは、同時代の史料を中心に（日本語訳し必要な説明を付し
　　　た上で）構成する。
　3　図像や数量データなど補完的な史資料も併せて取り上げる。
　4　各資料セットにおいて取り上げる史資料を一部重複させ、同一資料を異
　　　なる視点から分析する機会をもうける。

　結果的に本授業は二度実践を行なったが、初回は岐阜大学教育学部附属中学校
において、2018年度4月の社会科歴史的分野全体の導入単元として実施した。
その際は、第1時が歴史的背景を捉える時間、第2時が三つの立場による歴史解
釈の違いを検討する時間とし、合計2時間構成とした。

　しかし、社会科のオリエンテーションとして行った初回実践は、授業が「投げ入
れ単元」として作動してしまい、結果としてカリキュラム上の繋がりが見えづらく
なってしまった。そこで、2回目の授業は、本実践を歴史的分野と公民的分野を接
続する授業と位置付け、本単元自体に意味を持たせる構成とした。すなわち、次の
公民的分野で扱う社会問題についての考察の仕方（多面的・多角的な考察）へと繋
がるよう、歴史と公民を連携させるカリキュラムの一部として扱うこととした。ま
た、授業過程も変更した。特に初回実践は第1時の歴史的背景を教師が説明した結
果、授業者が最も回避することを望んでいた「事実とされる歴史解釈の伝達」とい
う様相を避けることができなかった。すなわち、歴史を所与のものとして伝える形
となってしまった。そこで、修正授業では、現在の北アイルランドの様子を写真や
地図、毎年7月に北アイルランドの町々で開催されるパレードであるオレンジ・マー
チや宗教の対立を象徴する隔壁ピース・ウォール、自己の思想を表す壁画ミューラ
ルなどを提示した。これらを分析する中で、現代社会で実際に起こっている北アイ
ルランド内部の対立を捉えた上で、このような対立が起きている背景を考える過程
を組み込むことで、事実に対して様々な見方・考え方が出来る可能性があること、
すなわち一つの解釈を所与のものとせず、それを自由に分析するという学習を設定
した。上記2点を踏まえた改善授業が**図1**である。

時刻	● 生徒の学習活動 / ・予想される生徒の反応	◆ 資料 / ●指導上の留意点
10:35	●現在の北アイルランドの様子について知り、対立構造があることに気づく。 ・北アイルランドの家に自分たちの信仰する宗派の旗が大きく描かれている。・街の中に壁が築かれている。 ・パレードに参加している人とそれに抗議をしている人がいる。 ●イギリスの国旗の成り立ちを知り、国が統合する仕組みに関心をもつ。 ・イギリスの正式名称は「グレートブリテン及び北(部)アイルランド連合王国」である。 ・イングランド、ウェールズ、スコットランド、北アイルランドの4つの国で構成される(連合王国)。 ・連合王国が成立する過程(特にイングランド、スコットランドとアイルランドの関係)において、「イギリス政府」「プロテスタント入植者」「アイルランドの人々」を取り巻く争いがみられた。	◆イギリスを構成する4つの地域と国旗 ◆アイルランドの分断された社会(ピース・ウォール)(オレンジ・マーチ)(壁画「ミュラル」) ●導入時は客観的な立場で事実を捉えられるようにプレゼン資料を提示する。
10:45	**3つの立場の人々は、連合王国に対してどのような思いをもっているのだろうか。** ●歴史年表を全体で確認し、概要を理解する。 ・アイルランド独自の言語や文化をもっていたが、12世紀以降、イギリスの征服、支配に対して抵抗してきた。 ・宗教改革によって、イギリスはプロテスタントとなったが、アイルランドはそのままだった。 ・17世紀にアルスター地方に植民が行われ、多くの現地住民が土地を奪われた。1641年にこの地方のアイルランド人が中心となって反乱を起こし、2000人のプロテスタントが殺害された。その後、クロムウェルの指揮するイギリス軍がアイルランドを征服し、土地を奪い、自分たちの兵士に分け与えた。【アルスター反乱期】 ・1689年、王位継承争いを機に、アイルランドの人々が立ち上がった。 ・アイルランドの統治は、イギリス政府の後ろ盾を得たプロテスタント入植者の手に委ねられた。 ・1798年、イギリスからの独立を求めて、「統一アイルランド人協会」が反乱を起こす。【統一アイルランド人協会反乱期】	◆アイルランドの歴史年表 ◆18世紀アイルランドの宗派と権利の大小 ・年代ごとに、3つの立場の人々がどのように関わっているのかを地図に示しながら説明する。 ・提示した資料がどの時期のどの立場のものであるかを明確にする。
11:10	●班内を3つのグループに分けて、それぞれの立場から資料を読み解く。(個人追究)	
11:35 11:40	●前時の復習をして本時の学習内容を確認する。 ●3つのグループで、それぞれの立場から3つの反乱期の心境を捉える。	【アルスター反乱期】 ◆クロムウェルのアイルランド侵攻と宣言(A-①) ◆クロムウェルのアイルランド侵攻と宣言(A-②) ◆アルスター反乱時の宣言(A-③) ◆カトリック聖職者会議による宣言(A-③) 【統一アイルランド人協会反乱期】 ◆イギリスにおける「統一アイルランド人協会」の表象(B-①) ◆イギリス側の合同推進の論理(B-①) ◆統一アイルランド人協会の設立宣言(B-②) ◆オレンジ結社のパレード(B-②) ◆統一アイルランド人協会の設立宣言(B-③) ◆アイルランドのカトリック教徒による土地所有の割合の変化(B-③) ※各資料の具体的内容は原著論文でご確認頂きたい。

		イギリス政府①	プロテスタント入植者②	アイルランドの人々③
反乱期	アルスター反乱期	私たちのイギリスとアイルランドは結合していき、それをアイルランド人が不当に壊した。イギリス政府の下、イギリスとアイルランドが結合すべきだった。	私たちがアイルランドに入植して以来、このアイルランドは私たちの土地となったのだ。それにもかかわらず、アイルランドの人々によって不当な扱いを受けている。	私たちは元来カトリックを信仰していたが、イギリス人によって、不当な制限を受けてきた。こんな状態に置いて受け入れられない。私たちの自由を取り戻したい。
	協会反乱期	アイルランドが別の国と結ばれてしまうと、国の中枢が乱れてしまう。フランス革命の影響もあり、アイルランドに住む他国と結びついたりしてしまう可能性も否定できない。	アイルランドの支配から解放され、プロテスタントとカトリックという対立ではなく、アイルランドに住むアイルランド人として結合していくべきだ。私たちも自由や平等を求めたい。(協会側)/イギリスとの繋がりを維持することこそ、既得権益を守るべきだ。(親イギリス側)	イギリスの法律がアイルランドの産業を抑制し、土地たちの不穏動を支配している。そんな中で、私たちはひどく苦しいものである。

| 12:05 | ●グループでまとめた意見を全体で交流し、連合王国に対する思いがどのようなものであったかまとめる。 |

	イギリス政府①	プロテスタント入植者②	アイルランドの人々③
思い	イギリスが主導権を握って連合王国になったことでアイルランドに繁栄がもたらされてきた。しかしその後は北アイルランド紛争もあり、一貫して結合にはなっていない。	アイルランドに移り住んだ祖先がこの地域を発展させてきたが、連合王国に自分たちの立場は侵害されたものではない。しかし、連合王国に受け入れられているわけではない。	アイルランド島全体が連合王国に縛られてきた。連合王国はイギリス本位で簡単に受け入れられるものではない。私たちが十分に尊重されているわけではないが連合王国には複雑な思いがある。

| 12:15
12:20 | ●現在の北アイルランドの対立を振り返り、本時の学習と繋げる。
●本時の学習を振り返る。
・同じ歴史的事実であっても、立場によって捉え方が違うので、歴史の見方は一つではない。様々な側面や立場からものごとを捉えることが大切だ。公民の学習でも、いろいろな見方や考え方があることを踏まえて学習していきたい。 | 【評価規準】
立場によって、歴史的事実の捉え方に違いがあることに気づき、多面的・多角的に捉えることを大切にしようとする意欲をもっている。
(関心・意欲・態度) |

図1 「歴史の捉え方」の授業概要

本論文では、最後に授業の結果や評価を検討した。紙幅の関係からそれらは省略するが、歴史解釈の複数性を捉えたことと合わせて、今回の歴史的分野で学んだことを、次に学ぶ公民的分野、及び自身の学びへ繋げた生徒も多数見られた。現行の歴史教育においては、歴史とは単に知識を暗記する科目、あるいはせいぜい「正しい」解釈を理解するだけの科目と誤解させることがある [16]。このような受け身の学習のもとでは、自ら歴史解釈を行う主体性(とそれに伴う責任意識)は育まれず、そこから生じる歴史観はきわめて固定的で他人任せのものになりかねない。戦後東アジアにおける歴史認識問題が端的に示すように、歴史を自身の問題として引き受け、他者との協働を通じよりよい理解を目指す姿勢は、現代の日本人にとって必須の素養であり、その育成は現在の歴史教育において喫緊の課題と言える [17]。第1の論文では、この課題を引き受け、歴史学の思考・方法の教育学への応用を試みた。

（2）生徒が自律的に歴史を解釈する授業 －問いを立て、対話する－

　次に、後段の論文を取り上げたい。本研究は、「耳を傾ける」実践と位置付けた。「耳を傾ける」とは、イングランドの社会学者レス・バックが仮説的に示した考え方である[18]。詳細は原著論文へ譲るが、これは、対象へ想像的に関心を向けることで、目前の事象において何が問題になっているのか、またその事象の中にある断片がどのように大きな問題へと繋がっているかを考えることである。「耳を傾ける」目的と方法を端的に示すと、目の前の事象へ想像的に向き合うことで、そこにみられる問題性を捉え、暴き、自らの立ち位置を反省的に捉えることである。バックは、これが現在求められている理由として「排除される人々、見過ごされる人々を受け入れること、すなわち、「場違い」だとされる人々に所属の感覚を与えること」の必要性を指摘する。

　教育実践における「耳を傾ける」とは、大きく2点である。第1に、扱う対象を自明視せず、その対象が持つ社会的な意味を考え抜くことである。例えば、地域社会におけるさまざまな伝統文化。これは、何者かが「文化」や「価値あるもの」とみなすことでそれは伝統文化となりえる。もちろん、そのものの実態にも価値があり、産業的に重要なものであろう。しかし、それが「伝統」や「文化」として成立するためには、そこに他者からの視点や評価が存在する。それが絡み合うことでその対象は社会的な意味が付与される。この相互関係を考える必要がある。

　第2は、その考えるプロセスにおいて、他者と対話をすることである。目前の事象と向き合い、その問題性を捉え、暴き、それにより自らの立ち位置（考え方、思想、見方・考え方・価値観等）を反省的に捉え直す場合は、そこに他者の存在が必要である。授業の中で様々なそれに触れることで、「排除される人々、見過ごされる人々を受け入れること」が可能となり、対象に新しい意味を吹き込むことが出来る。もちろん、ここで示す「他者」とは、子ども間はもちろん、教師と子どもの間にある認識や理解、捉え方のズレも含まれる。両者のズレを自覚し、それを授業へ応用させることで様々な見方や価値観、思想の対話を行う[19]。

　本授業のテーマは移民とした。歴史学界において、こうした近現代日本人移民への関心は高く、彼らが日本および定住先の国の歴史においてどのような意味を

持っていたのか、またその経験がいかなるものであったのかについて、政治、経済、国際関係、法、文化、教育、エスニシティ、ジェンダー、記憶・表象など多様な観点から研究が進められている [20]。また当事者／関係者の著作も多数出版されており [21]、これらの成果を利用し、移民をテーマとした授業を開発した。まず、日本人移民に注目することによって、日本史と世界史を接合する形での近現代史学習が可能となる。例えば、移民が海外に向かう理由と彼らの定住先での経験を説明するためには、日本国内と海外の状況を結びつけて理解する必要があり、また移民の処遇を巡って日本と移住先の国・地域との間にしばしば外交問題が発生した（日米関係のようにその後の歴史展開に重大な影響を及ぼす場合もあった）点に目を向ければ、日本と世界の関係史という視点が自ずと導かれることになる。日本人移民について学ぶことはまた、複眼的な視点で歴史を捉えることに繋がる。移民は国を越えて移動する越境者であるがゆえに、受入国・送出国のいずれにとっても「他者」とならざるをえず、双方との関係性がつねに問題となる。時代状況により移民に対する受入・排除の論理や彼らに対する処遇は変化し、またそれに応じて移民の経験も多様でありうるが、そこには少なくとも、移民当事者、受入国（社会）、送出国（社会）の 3 つの視点が存在するのである。学習においてはそれぞれの視点に目を向けることで、歴史が複数の主体によって作られること、そしてどの主体に着目するかによって歴史の語りが異なったものになることが確認されるはずである。

　同時に、移民の中の多様性にも目を向けることが可能となる。近年の研究では、移民の経験が、彼（女）らの出身地、社会層、教育・文化、年齢、性別などにより異なっていたこと、それゆえに日本人移民を一括りにして論じることの問題性が指摘されている。ここからも、歴史を語る上で主体を特定することの重要性を学ぶことができる。学習テーマとしての日本人移民はまた、学習者が共感をもって取り組みやすい（学びへのモチベーションを得やすい）という点に重要な意味がある。歴史（特に世界史）学習においては、学習者に異なる国・地域への関心をどう抱かせ、主体的な学びを実現するかが大きな課題であるが、海外に移住した日本人（その出身地は日本全国に広がり、各地に関連する事物や資料を

見出すことができる）の経験を取り上げることは一つの有効な手段となりうる
だろう。なお、用いた資料は①貴堂嘉之『移民国家アメリカの歴史』岩波新書、
2018年、第4章、②ジョン・オカダ（川井龍介訳）『ノーノー・ボーイ』旬報
社、2016年、16〜56頁、③TBS開局60周年5夜連続特別企画『99年の愛
〜JAPANESE AMERICANS〜』2010年、Ⓐ第2夜（1:40:40-1:47:15）と
Ⓑ第3夜（1:24:00-1:33:40）の3点である。

　本実践は、2019年2月に岐阜県立岐阜高等学校の2年次生日本史Bの授業に
て実施した。本実践では日系移民の歴史を題材とし、そこから生まれた問いに対
して生徒が持つ既存の知識や価値観を活用しながら対話を行うことで、生徒自身
の見方や考え方を広げることを目標とする授業を開発・実践した。実際に実施し
た指導案を示すと以下のようになる。

教科（科目）	地理歴史（日本史B）		単元名	日系移民の歴史	
本時の主題	対話を通して移民やアイデンティティについて考える。				
本時の目標	資料から移民やアイデンティティについて問いを作成し、他者と対話することを通して、現代社会の問題について考えることができる。				
過程	指導の内容	学習内容			指導上の留意点
導入	○資料の提示・確認　　○本時の活動の提示	○歴史資料を事前に読み日系移民についての知識を得る。　日系移民とはどのような存在だったのだろう？　○ビデオを視聴し日系移民の具体的なイメージを獲得する。　○本時の活動を提示する。　対話を通して移民やアイデンティティについて考えよう。			資料：①②③（本稿2（3）に要点を掲載した資料）・各自で資料の読み取り。・ワークシートの配布
展開	○問いの作成　○対話へのファシリテート	○移民やアイデンティティに関する問いを生徒自身で立てる。　移民やアイデンティティに関する問いをそれぞれ考えよう。　○グループで対話する問いを決定する　移民やアイデンティティに関する問いの中からグループで対話する問いを決めよう。			・問いの決定⇒グループ議論⇒全体議論を通してワークシート記入をする。

		○グループで決定した問いに対して個人で探究する	
		グループで決定した問いについて個人で考えてみよう	
		○問いに対してグループで対話する。	
		問いに対してグループで対話しよう。	
ま と め	○対話内容 の発表とま とめ	○グループでの対話内容を発表する。 それぞれのグループの対話の内容を発表しよう。	・ワークシート の記入

図2 「歴史の捉え方」の授業概要

　対話の実践で重要なことは、子どもが授業で検討するテーマや問いを決めることである。いわゆる、子どもが問いを立てることを重視する。本授業でも、授業のメインクエスチョンとしての課題は、生徒が自身で立てている。例えば、グループ対話で設定された問いは「○○人（国籍）とは何なのか？・少数への差別がなぜ起こるのか？」「戦時下における移民の処遇はどうあるべきか？」「血と生まれた場所が異なる移民はどう分類されるのか？」であった。例えば、問い「戦時下における移民の処遇はどうあるべきか？」に対する感想として、生徒は以下のように答えている。

　　私個人的には移民になったのは自分自身の意志によるものであるため、戦時下で収容されることが嫌、また忠誠心を誓うのが嫌であるのであればその人々は国に帰るほかないと思っていました。しかし、他のグループの人の意見を聞いてそもそも人を国籍で比べるものではない、また少人数のマイノリティを取り入れないのはよくないと意見を聞き、その国としても移民に取っても彼らにとっての人権を守るような対策を行うべきであると考えました。

　授業の結果や評価は、先の授業同様、原著をご確認頂きたい。生徒の記述からわかることを端的に指摘するならば、どのグループにおいても生徒は対話を通して他者の見方・考え方に触れることで、自身の見方・考え方を批判的に反省して

いることである。同時に、「だからといってどうして中間層（支配者と支配者が
見下す対象にした人の間）が下のほうへ流れていかないのか、少数も尊重できる
民主主義よりも優れた性質をもった政治体制はないのか、といった疑問も残って
います。これらについてもこれから話し合っていかなければならないのかなと思
いました」「日本人という集団はどう定義されて、いやそもそも定義する必要が
あるのかという問いはもっと考えていきたい」という記述から見えるように、生
徒の中には今回の授業での対話にとどまるのではなく、新たな問いを自身の中で
設定し、探究する態度が見てとれる。また、「話し合ったりするのは苦手だけど、
普段ぼーっと聞く授業よりもみんなで考えを深める方がたのしいと感じました。
「よく生きる」感じがしたので、普段から人と深い話をしたいです」「本来歴史は
過去の出来事を「どのような？」「なぜ？」のような視点からみることで現在に
も通ずる大切なことを学ぶ学問であると感じた」という記述からわかるように、
授業の中で歴史学習の意義をも自ら検討していた。

　2つの論文の論点をガーゲンの議論を用いて整理をするならば、「対象を社会
との関係の中で捉える」ことである。ビースタの言葉を用いれば「生徒たちがこ
の世界に結びつき、現出することを支援できるか」である。前者の授業は歴史学
的な手続きを用いて既存の歴史解釈への批判的検討を行う。これは、自身と歴史
の連帯とも捉えることが出来る。前者が想定している資質は、歴史を自身の問題
として引き受け、他者との協働を通じよりよい理解を目指す姿勢である。歴史解
釈に飲み込まれている個々人へ思いを馳せながら、検討を繰り返す。この点は後
者の論文では特に強調している。対話を用いること自体がその論拠でもあるが、
授業はエマージェントなカリキュラムとして展開する。また、対話は他者との積
極的な関わりを通して、題材の理解が適切かどうか、批判的かつ創造的なコメン
トができているか、そして他者と関わる技術をも検討してゆく。結果的に、後者
は自身が教育・学習の中における本単元の学びの意義を見出すまでに至っている。
つまり、今、目前で展開する学びを、社会との関係の中で自律的に解釈し、学び
の意味を検討する。これは、再帰性の捉え方に基づき、それが社会で相互に了解
される過程と結果、及び自身と社会との関係までをも含み込んだ学習、つまりコ

105

ミュニケーションとしての学びである ⁽²²⁾。

3 手続きとしての「対話」から原理としての対話へ
－ 解釈型歴史学習の批判的継承 －

　歴史学習において、解釈に焦点を当てた研究は数多い。その中でも、土屋氏が英国イングランドの歴史教育研究や歴史教育実践を参照しつつ、日本の歴史教育改革を具体的な授業と共に論じる解釈型歴史学習は、教育的、研究的に大きな意義がある。この意義の高さについては、社会科教育研究や歴史教育研究的なそれはもちろんだが、土屋ゼミを巣立った学生、研究者が全国で当該の実践を行っていること、そして土屋氏の人間的な魅力を共通了解としつつ、本書の刊行のために多くの門下生が再集結していることがその証左であろう。

　その上で、本節の最終項としては当該教育論を批判的に継承する観点から、若干の更新可能性を論じてみたい。それは、氏が論じる「対話」の扱い方である。氏は、歴史を歴史家のように読むことを推奨し、その際には科学性と論理性を重視する。また、その手段として教師と生徒、生徒同士、また生徒と歴史資料間の「対話」に着目する。そこで使用されている「対話」の含意は、科学的・論理的分析・解釈のための方法論であり、手段である ⁽²³⁾。

　しかしながら、例えば米国では、対話は方法論ではなく民主主義教育における討議的教育論に基づいた原理的な教育論として長く研究・実践が積み重ねられてきた ⁽²⁴⁾。また、対話を軸とした教育論である Philosophy for Children は、民主主義を実態的に機能させるために子どもと教師が学校で民主主義を体験する機会を持つべきとするデューイ思想に基づき ⁽²⁵⁾、民主的な社会形成へ積極的な役割を果たすための共通の対話へ実際的に参加するものである ⁽²⁶⁾。同時に対話は米国における学校改革の組織論としても用いられ、民主主義的な学校を構築するための一つの原理としても捉えられている ⁽²⁷⁾。リップマンはブーバーを引きながら対話を「参加者のおのおのは、目の前に存在する個別的存在者としての他者のことを真に考えている。そして、そうした他者と自分との間に生き生きとした

双方向の関係を築きたいと意図して、他者と向き合おう」[28] とするものである
と指摘する。その上で、教室を対話を軸とした探究の共同体として成立させる重
要な要素としての思考に焦点を当て、批判的思考、創造的思考、ケア的思考がそ
の重要な要素であると論じる [29]。さらに、「(多元的思考を教えるに当たって)
気をつけなければならないのは、批判的思考が思考全体とイコールであるという
印象を生徒たちに与えない様にすることだ。同じ様に、思考に関する三つの異なっ
たあり方が相互に連続的に関わっておらずここに独立したものだという印象を与
えない様にしなければならない」と指摘する [30]。対話は、自分と他者の関係性
を作り出しつつ、教室を探究の共同体として成立させる思想として位置付けられ
ている。

　また、ガーゲンはデューイ、ヴィゴツキー、フレイレ、バフチン、ガダマーら
を参照しながら「問いと答えという一般的な儀式にとどまらず、即興が絶えず求
められる。どんなタイミングでどのように互いをサポートすべきか、相手を傷つ
けることなく批判するにはどうすれば良いかを学ぶ。理想は、生成的な対話の技
術を身につけながら、新たなアイデアを共に創造してゆくことである」と、対話
を関係的な概念として論じる [31]。ビースタは「教育が特定の主体性の『生産』
に焦点をおくようになった」[32] と論じ、「教育学にとって、哲学的探求の共同体
が幅広い資質やコンピテンシー、スキルの発達を促すねらいをもつ過程として考
えられている」ことを批判し、これを「哲学の道具的使用」と定義した上で、以
下のように論究する [33]。

　　　私は哲学の単なる応用として教育理論を見ようとは考えたくないからだ。
　　私の研究では、『世界の中に到来すること／誕生すること』と『かけがえの
　　なさ／唯一生』という観念で捉えられる二つの考え方の組み合わせをとおし
　　て、この課題に応答してきた [34]。

彼は、「科学的探求が哲学的探求の共同体の実践に示している観念が、科学が
進歩すると考えられている方法の非常に限られた再構成におけるものである」と
指摘し、リップマンを参照しながら「リップマンはこの点について、探求の共同
体の考え方は『科学に代わる推論の試み』として理解されるべきではなく、むし

ろ『科学的探求を補う』努力として理解されるべきであると丁寧に述べている」と論じる[35]。これは、対話が主体の何らかの資質・能力を育成するために、教育のために道具的に使用される方法ではないとの指摘である。すなわち、対話は解釈の妥当性や科学性を検証するための手続きではなく、他者と向き合い、互いにケアをしながら、共に新しいアイデアを批判的かつ創造的につくりだす、探究の共同体としての思想であり、哲学である。すなわち、対話は社会を関係的に検討するための原理である。

土屋氏は、対話を用いた学習活動のポイントとして、「社会的関係性に気づかせる」「関係性を生む」ことを指摘する[36]。これは、歴史を解釈するための手段にとどまらず、歴史教育、社会科教育、ひいては教育全般の原理として昇華可能である。ビースタやガーゲンの指摘を踏まえた上で、対話は教室を探究の共同体へと変革する原理と位置付けることも可能ではないだろうか[37]。

2100年時点の教育のあり方は不明である。しかし、先の仮説の中で暗示的に示したが、学校や学びの役割は大きく変わってゆくだろう。それほど遠くない将来、人口減少は加速し社会の構造は大きく変化する。また、成長を続ける生成AIは、その社会的・教育的役割が増し、合わせて「学校（例えば対面を前提とした環境）でしかできない学びのありかた」の実験と検証がさらに進み、それに応じて学校や学びの役割の再検討が進むであろう。もしかすると教科の統合や再編が進む可能性もある。そのような中で、対話が編み直す学びの営みは、生産システムとしての「可・不可」という判断基準により個々人の関係を分断してゆく現在の教育論を、共に社会を創り出す様々な主体の連帯を基盤とした包摂の論理として組み直す。それこそ、教育とは関係的な領域であり、哲学である。その意味において、土屋氏の教科（歴史）学習の中で「関係性を生む」という指摘は重要である。様々な解釈を仲間と検討し、多様な社会とそこに生きる自身を関係的に、かつ創造的に描く場としての歴史教育は、主体的に民主主義社会を形成するための学びのコミュニティーを作り出す重要な領域の一つである。

||| 注・参考文献 |||

（ 1 ） 仮説的な設定は以下を参考にした。内閣府「第 3 節　今後どのように人口は推移する
のか」『平成 17 年少子化社会白書』https://www8.cao.go.jp/shoushi/shoushika/
whitepaper/measures/w-2005/17webgaiyoh/html/hg110300.html（2023 年 6 月
15 日参照）、環境省「2100 年未来の天気予報」https://www.env.go.jp/press/107008.
html（2023 年 6 月 15 日参照）、内閣府「資料 2　未来社会の姿と今後顕在化するであろ
う課題に関する考察（世界）」（第 1 回ムーンショット型研究開発に係るビジョナリー会議
資料）平成 31 年 3 月 https://www8.cao.go.jp/cstp/moon_visionary/1kai/siryo2.pdf
（2023 年 6 月 15 日参照）、博報堂生活総合研究所「未来年表」https://seikatsusoken.
jp/futuretimeline/　（2023 年 6 月 15 日参照）。

（ 2 ） 山田昌弘『日本の少子化対策はなぜ失敗したのか』光文社新書、2020。

（ 3 ） Under 15 Conference for Problem Based Learning Society の略。筆者の造語である。
15 歳以下の有志がオンラインで集まり、世界や国、地域の社会問題を議論する会議をイ
メージしている。アバターでの参加も承認されるため、そこでは国家・人種・ジェンダー・
様々な社会階層等といった所与の枠組みは一切関係無く、世界から様々な人がフラットな
立場で参加する。

（ 4 ） ガート・ビースタ著、田中智志／小玉重夫監訳『教育の美しい危うさ』東京大学出版会、
2021、pp.5-6。

（ 5 ） 原語は Qualification であるが、田中・小玉 (2021) はこれを「有能化」と訳し、上野は (2021)
「資格化」と訳している。本稿では、後者がより適切な訳語だと判断し、資格化と訳している。

（ 6 ） ガート・ビースタ著、上野正道監訳『教育にこだわるということ』東京大学出版会、
2021、pp.9-10。

（ 7 ） 同上、pp.181-182。

（ 8 ） ケネス・ガーゲン、シェルト・ギル著、東村知子ほか訳『何のためのテスト？』ナカニシヤ出
版、2023、p.56。

（ 9 ） 同上、p.8。

（10） 同上、pp.171-172。

（11） 本節については指摘した論文を引用し、説明をしている。ただし、紙幅の関係から全てを
論じることは出来ていない。詳細は原著論文をご参照願いたい。

（12） 歴史学の方法論について詳しくは、遅塚忠躬『史学概論』東京大学出版会、2010 年、と
くに 2 ～ 3 頁を参照。

（13） この点については、小田中直樹『歴史学ってなんだ？』PHP 新書、2004 年、77 ～ 82
頁を参照。

（14） 本論文および実践授業においては、とくに断りのない限り、「イギリス」は 1707 年まで

は「イングランド王国」を、1707 ~ 1800 年までは「グレートブリテン王国」を、1801 年以降は「連合王国」をそれぞれ指すものとする。

(15) アイルランドの歴史について標準的な概説は、山本正『図説アイルランドの歴史』河出書房新社、2017 年；上野格・森ありさ・勝田俊輔編『(世界歴史大系) アイルランド史』山川出版社、2018 年。

(16) 例えば、高校における歴史教育について鳥越靖彦は、「最大の問題は、生徒に対する教え込み、暗記強要の連続」にあり、「このような受け身ばかりの歴史学習が、生徒の歴史離れという問題を生んでいる」と指摘している（鳥越泰彦「高校世界史教育からの発信」『歴史学研究』915 号、2014 年、50、53 頁）。また、『提言「歴史総合」に期待されるもの』（日本学術会議史学委員会高校歴史教育に関する分科会、2016 年 5 月 16 日）、ii ~ iii、5 ~ 6 頁も参照。

(17) 歴史解釈の複数性と、それを前提として学習者自身が主体的な歴史解釈を行っていくことの重要性は、すでに最新の中学校・高等学校の学習指導要領において強調されている（『中学校学習指導要領解説 社会編』文部科学省、2017 年、とくに 83 ~ 87 頁；『高等学校学習指導要領解説 地理歴史編』文部科学省、2018 年、とくに 21 ~ 28、122 ~ 132、188 ~ 203、266 ~ 278 頁）。また、米山宏安「『歴史総合』－その批判的検討と授業づくりを考える－」『歴史地理教育』881 号、2018 年、10 ~ 15 頁も参照。解釈を重視した歴史授業の実践例として、鳥山孟郎・松本通孝編『歴史的思考力を伸ばす授業づくり』青木書店、2012 年を参照。

(18) レス・バック著、有元健訳『耳を傾ける技術』せりか書房、2014。

(19) 田中伸・Amber Strong Makaiau「探究学習における対話の原理」『社会科教育研究』日本社会科教育学会、2018 年、pp.72-85。

(20) 具体的な研究については、田澤晴子・辻本諭「満蒙開拓団の体験を学校教育でどう教えるか」『岐阜大学教育学部研究報告 (人文科学)』68 巻 2 号、2020 年、29 ~ 37 頁を参照。さらに、村川庸子『境界線上の市民権－日米戦争と日系アメリカ人－』御茶の水書房、2007 年；島田法子編『写真花嫁・戦争花嫁のたどった道－女性移民史の発掘－』明石書店、2009 年；日本移民学会編『日本人と海外移住－移民の歴史・現状・展望－』明石書店、2018 年；田辺明生ほか編『環太平洋地域の移動と人種－統治から管理へ、遭遇から連帯へ－』京都大学学術出版会、2020 年も参照されたい。

(21) アメリカ大陸への日本人移民に関する文献（当事者／関係者による著作を含む）は、アケミ・キクムラ＝ヤノ編（小原雅代ほか訳）『アメリカ大陸日系人百科事典－写真と絵で見る日系人の歴史－』明石書店、2002 年において網羅的に紹介されている。

(22) 社会科教育におけるコミュニケーションとは、コミュニケーションから生み出された現実社会の事象、及びその結果が作り出す新たな社会事象、すなわち再帰性概念の意味枠組みを「教えるべき内容 (知識)」として設定し、自らをその対象 (知識) の中に位置付けた上で、

自身と社会の関係を解釈することを指す。詳細は、田中伸「コミュニケーション理論に基づく社会科教育論－『社会と折り合いをつける力』の育成を目指した授業デザイン－」『社会科研究』第 83 号、2015、pp.1-12 参照。

(23) 主に、土屋武志『解釈型歴史学習のすすめ－対話を重視した社会科歴史－』梓出版社、2011、土屋武志「社会科における解釈型歴史学習の現代的意義」『愛知教育大学研究紀要』vol,61、2012、pp.183-189、土屋武志「解釈型歴史学習による高校『日本史』改善の視点」『探究』愛知教育大学社会科教育学会、25、2014 年、pp.40-47、土屋武志編『実践から学ぶ解釈型歴史学習』梓出版社、2015 年、参照。

(24) 詳細は別稿（前掲(19)）に譲るが、例えば Doherty, J. (2012). Deliberative pedagogy: An education that matters. In Barker, D. W. M. & Gilmore, M. (eds.). *Connections: Educating for Democracy*. Dayton, OH: The Kettering Foundation や Hess, D. & McAvoy, P. (2015). *The political classroom: Evidence and ethics in democratic education*. New York, NY: Routledge などがある。

(25) Dewey, J. (1916). *Democracy and education: An introduction to the philosophy of education*. New York: The Free Press.

(26) Sharp, A. M. & Reed, R. F. (1992). *Studies in philosophy for children: Harry stottlemeir's discovery*. Philadelphia: Temple University Press, p.343.

(27) Makaiau, A. S. (2017). A citizen's education: The philosophy for children Hawai'i approach to deliberative pedagogy. In M. Gregory, J. Haynes, and K. Murris (Eds.), *International Handbook of Philosophy for Children* (pp.19 - 26). Routledge.

(28) マシュー・リップマン著、河野哲也他訳『探求の共同体』玉川大学出版、2014 年、pp.130-131。

(29) 同上、pp.118-144。

(30) 同上、p.292。

(31) 前掲(8)、pp.102-103。

(32) 前掲(6)、p.99。

(33) 筆者は inquiry を探究と訳すが、引用元では表記が探究・探求と分かれている。其々は異なる意味を持つため、引用先が探求と訳している場合は、本節では訳者の意図を汲み、そのままの用語を使用している。

(34) 前掲(6)、pp.95-105。

(35) 同上、p.94。

(36) 土屋武志『解釈型歴史学習のすすめ－対話を重視した社会科歴史－』梓出版社、2011、pp.94-109。社会的関係性の具体像については、土屋武志「社会科授業における討論の重要性」『愛知教育大学教育実践総合センター紀要』第 10 号、2007 年、184 ～ 185 頁が詳しい。

(37) 対話を原理とした社会科教育論については、前掲(19)参照。

第3章

アジアにおける
解釈型歴史学習の展開

日韓歴史教育交流史の中の「解釈型歴史学習」
－ 山本典人の授業「日の丸抹消事件」の歴史的意義 －

愛知東邦大学　白井 克尚

1　1990年代における日韓の歴史教育をめぐる問題

　1990年代は、日本と韓国との間に、「従軍慰安婦」の問題をはじめ「強制連行」の戦後補償問題など、外交上の問題が噴出した時代であった。そうした中、1990年代半ばには、日韓の歴史教育をめぐる問題として、藤岡信勝が主張する「自由主義史観」に関する論争が注目を集めた。「自由主義史観」とは、従来の歴史教育が「東京裁判史観」と「コミンテルン史観」の影響を強く受けて行われたために日本の暗い面だけを浮上させる「自虐史観」に染まり自国の歴史に誇りを欠く子どもを育てている、そのためそうした歴史観から「自由」になるべきだとする考えであった。当時、日本で起きていたこの論争は、日韓の歴史認識の対立を煽る原因として作用することにもなっていた[1]。

　土屋武志は、藤岡の考えについて触れ、「彼の歴史教育論は、『日本人』・『自国』という語をその中心概念として用いることを特徴としている」として、「19世紀型の『ネーション』を生み出すことができても21世紀型の『ネーション』を生み出すことが果たして可能かという問題が残されている」[2]といった課題を指摘している。つまり、「自由主義史観」のような自国のナショナリズムを優先させる立場が、日本による韓国への植民地支配といった歴史的問題から目を背けさせることへの危惧を指摘するのである。

　そして、土屋は、歴史教科書を単なる暗記の対象ではなく、生徒の学習のためのツールボックスとしてとらえ、「そのツールの中に日本列島も含む東アジア地域の人々が経験した戦争や植民地支配による不幸の事例は、現在も緊密な関係を

もつ東アジアの一員(市民)としての立場から欠落させてはならない」⁽³⁾と論じる。土屋のいうアジア共通の歴史学習の在り方としての「解釈型歴史学習」の主張は、日本と韓国の歴史教師に対して、必然的に、日本による韓国の植民地支配をどうとらえさせるかといった問題とともに、そもそも日本と韓国の子どもたちに「何のために歴史を学ばせるのか」といった問題を投げかける点において注目される。

学校での歴史学習は、多様な「他者」との関係の中で、子どもたち自身が「歴史」をつくる場である。そのような理解に基づけば、日本と韓国の両国に共通する歴史学習の一つの在り方として「解釈型歴史学習」を位置付けることができる。わたしたちは、アジア共通の歴史学習をめざして、日韓歴史教育交流史の中に「解釈型歴史学習」の在り方を具体的に探る必要があるだろう。

2 日韓歴史教育交流史の中の教育実践

戦後における日韓歴史教育交流史は、1980年代からの歴史教科書をめぐる共同研究に始まっている⁽⁴⁾。ここでは、教育実践レベルでの交流について論じる。君島和彦は、2000年代までの日韓の共通の歴史認識を求める教育実践レベルでの交流に関して、以下のように述べている⁽⁵⁾。一つは、1993年に高校教員の石渡延男を代表として発足し、その後、中学校教員であった三橋広夫が進めてきた日韓教育実践研究会における交流である。その二は、1994年に善元幸夫が中心になって作った日韓合同授業研究会における交流である。その三は、1999年に早稲田大学名誉教授の大槻健を中心に発足した日韓教育フォーラムにおける交流である。その四は、筑波大学教授の谷川彰英と大学院生による日韓交流授業の実践である。

その中でも、1995〜2002年度までの8年にわたり継続して日韓交流授業に取り組んだ谷川の実践は注目される。谷川は、その実践のねらいに関して、「教科書の叙述レベルでは、所詮『侵略』か『進出』か、といった議論になってしまい、結局は『歴史認識』の問題に終始してしまう。たとえば、『竹島』問題ならば、竹島についてどのような認識をもっているのかが問われることになり、結局はイデオロギーの問題となってしまう。むしろ、大切なのは、授業レベルで歴史をど

のようにとらえさせていくのかといった問題なのではないか」[6] と述べている。つまり、ここで谷川のいうように、日韓の共通の歴史認識を求めるうえでは、教科書の叙述レベルだけではなく、日韓の子どもたちに、歴史授業を通じて、どのように歴史をとらえさせていくのかを考える必要がある。そのためにキーワードとなりうるものが「解釈型歴史学習」になろう[7]。

　そこで、日韓歴史教育交流史の中に「解釈型歴史学習」の取り組みを探った時、1990年代において取り組まれた山本典人[8]の授業「日の丸抹消事件」がその一つとして見出される。以下、山本実践が「解釈型歴史学習」の典型的な事例として位置づけられる理由とその歴史的意義について論じたい。

3　日本における山本典人の授業「孫基禎と消された日の丸」の概要

　山本は、1992年に、嘱託員として勤めていた東京都町田市立町田第六小学校において授業「孫基禎と消された日の丸」に取り組んだ。山本は、それ以前に、クラスに日本人名を名乗る韓国籍の少年がおり、「ぼくが韓国人だよ」と胸を張っていえるように育ってほしいと願い、『消えた国旗』（斎藤尚子著）をすすめたり、韓国併合の歴史授業に力をこめたりしていた[9]。そうした中で、「韓国併合」を教材化する難しさと課題について、「『植民地』とは何かを考えさせるうえでも朝鮮併合は欠かせぬ教材であろう。だが、伊藤博文の暗殺や民兵の抵抗を主教材にすることには疑問がある。武器のみに訴えた朝鮮人の抵抗のみが鋭く描かれ、植民地化された中でも、辛苦に耐えながら民族的自覚をもって生きぬいてきた朝鮮人の姿が描かれていないからである。新しい教材の検討を痛感している」[10] と考えていた。そこで思い至ったのが、「日の丸抹消事件」[11] の教材化であった。

　山本による「孫基禎と消された日の丸」を扱った授業の概要と子どもの作品は、**資料1・2・3**の通りである。

資料1　授業「孫基禎と消された日の丸」の概要

場所　東京都町田市立町田第六小学校6年生 日時　1992年 第1時　孫基禎とオリンピック（聖火ランナーになった76歳の孫選手）

第2・3時　日の丸を胸につけて走った孫基禎
(ベルリンオリンピックマラソンで優勝・調べ学習)
第4時　消された日の丸(日の丸を消した新聞『東亜日報』)
第5時　韓国・朝鮮ってどんな国(正しい国際理解のために)

資料2　授業「孫基禎と消された日の丸」の中のえんぴつ対談(一部)

　(そしてまた韓国)
日本　おい、お前ら、なぜこんな新聞を出した。日の丸がぬけているではないか。
韓国　…
日本　お前ら、こんなことをしてただですむと思っているのか。
韓国　…
日本　なんとかいったらどうだ。なぜ返事をしないんだ。
韓国　(心の中で一負けてたまるもんか。韓国は日本のものじゃない。孫は韓国人だぞ)
日本　あくまでしゃべらない気だな。よし、こっちにも考えがある。お前たちは首切
　　　りだ。新聞も発行禁止だ。
ナレーター：韓国人は最後まで意地をみせ、返事をしなかったと思います。韓国の人
　　　　　　たちはその新聞をみて、「日の丸がない」といって喜んだと思います。韓
　　　　　　国人としての誇りを捨てないでがんばったところがすごいと思いました。
　　　　　　孫選手はこの新聞をみて、どう思ったでしょうか。

資料3　授業「孫基禎と消された日の丸」の実践後の子どもの手紙

孫基禎さんへの手紙
〈前略〉わたしは孫さんがベルリン・オリンピックのときマラソンで優勝したと知っ
てすごい人だなあと思いました。わたしは体育が苦手なので、オリンピックで優勝す
るなんて高望みです。だから孫さんがうらやましいです。(中略)孫さんはオリンピッ
クのとき、日の丸をつけて走ったそうですね。表彰台に立ったとき、日の丸があがり、
君が代が流れたでしょう。あの時孫さんはきっと悲しかったと思います。わたしはそ
の時代の日本はきらいです。今の日本はそういうことはやらないと思います。(中略)
　孫さんのことを勉強した日の夜、わたしは夢をみました。孫さんがオリンピックで
走っているのを、山本先生や、第六小学校の生徒全員が「ふれ、ふれ、孫さん、がんばれ、

がんばれ、が、ん、ば、れ」と応援している夢です。朝、目が覚めたとき、がっかりしました。だけどわたしはこの夢が現実になるといいなあと思いました。孫さんが第六小学校の校庭でほんとうに走ってくれるとみんなうれしいだろうなあと思いました。学校で孫さんのことを勉強できてうれしいです。(中略)孫さん、お元気で、さようなら。

この授業は、山本が、「日の丸抹消事件」を教材化し、「孫基禎は、どうして日の丸をつけて走ったのでしょう」という問いをもとに構成したものである。これらの授業記録からは、教師が歴史的事実を丹念に教え与えたのではなく、子どもたちの意欲的な調べ学習の様子や、想像力をはたらかせて「えんぴつ対談」という作品を制作したり、他国の相手のことを考えて孫さんへの手紙を綴ったりした様子がわかる。

山本は、1992年10月10日から二日間にかけてソウルで開催された「第4次日韓合同歴史教科書研究会」[12]にも、ただ一人の現場教師として加わり、この実践をもとにした報告を行った。報告を聞いた元ソウル大学校師範大学学長・ソウル大学校名誉教授の李元淳(リ・ウォンスン)は、「日本の統治下、被支配民族としての朝鮮人の痛みに子どもたちの目を向けさせた小学校にふさわしい報告」だと「閉会の辞」の中で評価したという。

そして、山本の実践が、韓国の新聞『東亜日報』で報道されると、山本は、「韓国の教師たちは、孫基禎や日の丸抹消をどう教えているのだろうか。また、日本人教師のわたしが韓国で授業をした場合、子どもたちはどう反応するだろうか」という問題意識を抱くようになる。そのような中、李元淳と手紙や国際電話でやり取りをし、大韓民国大使館の協力を得て、韓国の小学校において、授業「日の丸抹消事件」の実践を行うことが可能となった。日本の教師が韓国の小学校で授業をするのは、山本がはじめてであったとされる。

4 韓国における山本典人の授業「日の丸抹消事件」の概要

1993年6月30日、山本は訪韓し、ソウル市の私立啓星(ケソン)国民学校において授業「日の丸抹消事件」を行った。この授業は、山本が、授業「孫基禎

と消された日の丸」と同様に、「1936年ベルリンオリンピックマラソンで金メダルを獲得した孫基禎（ソン・キジョン）選手の胸から日の丸ゼッケンが消されたのはなぜか」という問いをもとに構成して取り組んだものである。

　当日、参観を行った李元淳は、山本の授業実践について、「教育の仕方、真実に則しての授業が望ましき歴史認識を育てる基本であると確認しました」[13]と述べている。つまり、教師による授業の工夫次第で、日韓両国における望ましき歴史認識を育てることへの基本になると評価するのである。この授業記録は、『日の丸抹消事件を授業する』（岩波ブックレット、1994年）に掲載されており、後に「この実践は、その後の日韓歴史教育実践に大きな影響を与えた」[14]とも位置付けられている。

　授業「日の丸抹消事件」の概要と第1時の展開は、以下の**資料4・5**の通りである[15]。

資料4　授業「日の丸抹消事件」の概要

場所	ソウル市私立啓星国民学校
日時	1993年6月30日・13時10分～
学級	6年3組（48名）
協力者	孫基禎氏、梁今禎先生（担任）
通訳	李元淳氏（元ソウル大学校師範大学学長・ソウル大学校名誉教授）
参観者	校長先生他教職員多数・新聞記者
概況	創立1882年。児童数在籍852名。児童の半数は学区外通学バス送迎。

資料5　授業「日の丸抹消事件」（第1時）の展開

一日目

＜第一の流れ＞　孫選手優勝と日の丸・君が代

　教師が、孫基禎氏と親しい間柄であることを自己紹介した後、『バルセロナオリンピックの優勝者黄永祚（ファン・ヨンジョ）選手の胸には太極旗があった。ベルリンオリンピックのゴールドメダリスト孫基禎氏の胸には？』と問いかけ、「祖国なきマラソンランナー・ベルリンオリンピックの秘話」（1988年10月22日、「テレビ東京」放映）のビデオ（ナレーター・菅原文太）を流した。

その後、『孫基禎さんになったつもりでその時の"思い"を5分間で書きなさい』と指示した。児童から、「孫基禎おじいさんがおみえになっていらっしゃいますから、優勝したときのお気持ちをお聞きになったらよいと思います」という発言があり、孫氏より話を聞く。

<第二の流れ> 日の丸抹消事件

胸に日の丸をつけ今や世界のマラソン王になった孫基禎さんの写真は世界中に電送された。日本・韓国にも流れた。『東亜日報』は慎重に慎重を重ねた末、優勝して16日目、孫基禎さんの胸の日の丸をぬりつぶした写真をのせた。だが一時間後に発覚。日本の警察が津波のように押し寄せ、社員は根こそぎ逮捕、拷問。新聞は無期限停止—とかいつまんで話した。その後、「5分間感想文」を書かせる。

<えんぴつ対談> 「日の丸抹消事件」

授業の最後は、日本の学級の子どもたちの作品「孫選手が優勝したときの叫び」とえんぴつ対談「日の丸抹消事件」を李元淳先生に通訳していただいた。

このように韓国においても山本が子どもたちの表現を引き出そうとして授業に取り組んでいたことがわかる。しかし、この授業の一日目を終えたあとの懇談会では、6年2組の担任の女性教諭梁今禎（ヤン・クンジョン）先生より、「山本先生がどんなに巧みに授業をすすめても、日章旗抹消事件は、子どもたちの心に弱小民族としての祖国のみじめさと悲しさを刻み込む"重たい授業"になりました」[16]という感想を受けた。この授業は、子どもたちに、植民地下において朝鮮民衆が主体性をもたなかったという「重たさ」を感じさせる結果になったという課題が提出されたのである。

そうしたとき、自身が原爆の被害者であったことと、韓国人がゆえもなく差別されていたこととが結び付き、同情と怒りをもったという[17]。そこで、山本は、主体性をもって生きぬいていた朝鮮民衆の姿を教材化し、「友好の歴史の授業」を行うことを思い至った。二日目、教頭先生に「もう一度授業をさせてほしい」と懇願し、再び授業実践を行っている。

　その授業「日の丸抹消事件」（第2時）の展開および実践後の韓国の子どもの感想は、**資料6・7**の通りである。

資料6　授業「日の丸抹消事件」（第2時）の展開

二日目

<第一の流れ>　友好の歴史の授業

　黒板横いっぱいに「年表直線」を引き、「日の丸抹消事件」は日本が韓国を36年間植民地化していた不幸な時代に起きた。が、このほかは長い長い友好の歴史であったと話した。

　児童からは、「日本の先生、イムジンウエラン（壬辰倭乱）があります」という発言があり、教師が、『イムジンウエラン後の7年間と、韓国併合の36年間は日本側の侵略で不幸な関係がありました。しかし、世界的に有名な奈良の大仏は朝鮮からの渡来人の協力で造られたし、江戸時代には260年にわたって日本に学問や文化・芸術を贈り続けました。これからは韓国と日本の友好の歴史をつくらなければなりません。そのために私は韓国まで来たのです』と話す。

　子どもたちからは、「日本が過去のあやまりを認めたら仲よくします」「過去を謝罪し、二度と侵略しないと約束するなら仲よくすると、日本の先生や子どもたちに伝えてください」という発言があった。教師は、必ず伝えると、かたく約束した。

資料7　授業「日の丸抹消事件」の実践後の子どもの感想

　「日本の先生はやさしそうにいいました。だけど、わたしの心の中は冷たく動いていました。わたしは日本人をよく思っていません。信じていません。日本人の先祖はわたしたちの国を侵略して、併合して、勢力をひろめて、支配しました。人間としてやってはいけないことをしたのです。わたしたちの国の女の人を軍隊に連れていって従軍慰安婦にもしました。韓国ではそれを、テレビドラマでやっています。日本人にもみせたいです。世界の中でも日本人は、疑いもなく文明人です。経済的な先進国です。だけど日本人は、自分たちが侵略した歴史を知っているのでしょうか。知っているならあやまってください。二度と侵略しないと約束してください。わたしたちも日本人との友好を望んでいます。わたしは大きくなったら、日本に一度行きたいなあと思っ

> ています」
>
> 「わたしははじめ、日本の先生がくるというのでいやな感じがしました。日本はわたしたちの国を強制侵略し、わが民族に苦痛を与えたからです。だけど日本の先生は日本からわざわざやってきて、孫基禎おじいさんといっしょになってわたしたちに勉強を教えてくださいました。わたしはこんどのように奥深く考え、おもしろかった授業ははじめてでした。むかしの日本は壬辰倭乱をおこしたりしてやさしくなかったので、わたしは日本に敵対意識をもっていました。だけど日本の先生は、日本のいいところはいい、悪いところは悪いといいました。わたしは日本人に敵対意識をもつのはやめようと思いました」

　子どもたちは、一日目の授業を通じて、韓国の「国民」として日章旗抹消事件に対する「解釈」を行い、日本の韓国への支配に対する反感を感じ取っていた。しかし、山本が二日目の授業を行ったことにより、「個人」として日本と韓国の友好を望む姿を引き出すことができている。この点について山本も、「その国の歴史の歩みのなかで形成されたナショナリズムや、父母・祖父母たちに伝えられた感情や思想が色濃く反映しているように感じられた。と同時に正義感と自己主張がより鮮明だったように思われる。早いもので訪韓授業から８年たった。だが授業のなかで輝いていたあの子どもたちのきらきらしていた瞳が忘れられない。『日本の子どもと仲よくしたい』といった言葉も耳たぶに焼きついている」[18]と振り返っている。すなわち、授業「日の丸抹消事件」は、「国民」としての「解釈」と、「個人」としての「解釈」の両方を引き出すことに成功した実践として評価することができる。

5　山本典人の授業「日の丸抹消事件」の歴史的意義

　本節のまとめとして、山本典人の授業「日の丸抹消事件」の歴史的意義について、社会科歴史教育史の観点から以下の三点に整理できる。
　第一に、教師が、日本と韓国をめぐる歴史を「何のために教えるのか」といった問題に対して真摯に向き合い考えている点である。具体的には、山本が植民地

下でたくましく生き抜いた朝鮮民衆の姿を学ばせ、日本の子どもたちが韓国（アジア）の人々と共有できる歴史像を構築させようとしていた。山本による「日章旗抹消事件」の教材化に関して、坂井俊樹は、「一市民の日本人として、子どもたちも自己の生き方に投影させながら教材にせまる。こうした授業の追求の帰結が『消えた日章旗』のベルリンオリンピックマラソン優勝者、孫基禎選手の教材化であったと筆者はみるがどうだろうか」[19]と評価している。山本実践は、「なぜ歴史を教えなくてはならないか」といった歴史教育の本質的な目的をめぐる問題に教師として、真摯に向き合い考えることの重要性を示している。

　第二に、教師が、日本と韓国をめぐる歴史において「何を教えるべきか」といった点を踏まえて教材化や授業構成を行っている点である。山本は、「日韓併合」や「日の丸抹消事件」を教えるべき内容としてとらえ、自主的な教材編成を行っていた。先述した藤岡氏の「自由主義史観」の主張が、当時の学校現場において一定程度受け入れられた理由について、歴史学者の小熊英二は、「私は、その最大の理由は、教育現場の困難な状況ではないかと考える。生徒が授業を聞いてくれない。私語が多く、注意は無視され、宿題もやってこない。校則で締めつけてみても、生徒との溝が深まるばかり。こうした状況にあって、教員たちが何をどう教えたらよいか迷い、これまでとは違った教育方法を探し求めるのは当然である」[20]と述べている。つまり、そのような発言からは当時の学校現場の教員が、「何を教えるのか」よりも、「いかに」教えるのかに心を配らざるを得なかった歴史的状況も浮かび上がる。山本による「日韓併合」や「日の丸抹消事件」の教材化や授業構成は、彼の「独立単元論」の主張に代表されるように、歴史教育の内容について、教師として徹底的に考え抜いた成果に基づいていたといえる。

　第三に、学習者が、日本と韓国に共通する歴史的問題に対して、主体的・対話的な活動を通して深く考えている点である。山本実践に特徴的であったのは、「えんぴつ対談」といった「対話」を重視する学習過程や、学習者の様々な立場からの「解釈」による多様な表現が認められる様子であった。このような山本実践に対して、梅原利夫は、「私たちは、民族や国家によってかなり差異が大きくなりがちな歴史認識についても、その固有性を理解し認め合いながら、その事実の認

識でとどまるのではなく、同じ時代に違った立場で生きてきた民衆として、少しずつではあるが共有できる範囲を広げていきたいものである」[21]と評価している。このように学習者の多様な「解釈」が認められていた点においても、山本実践は、日韓歴史教育交流史の中の「解釈型歴史学習」であったと位置付けることができる。

　以上のような山本典人の授業「日の丸抹消事件」の歴史的意義が、今もなお、わたしたちに投げかける点は大きい。土屋は、「歴史教育で重要な点は、今後予想される多様で多重な市民社会にあって、『歴史』を多様性をもって解釈できる能力、そして、それら多様性の中から未来のために有効な視座を他者との対話を通じて選択する能力、それを市民的資質の本質的な要素として、その育成をめざした教育方法を開発することである」[22]と論じている。そのような「解釈型歴史学習」を実現するうえで必要な教育方法は、山本実践の中にこそ見出せる。

||| 注・参考文献 |||

（1）鄭在貞『日韓〈歴史対立〉と〈歴史対話〉－「歴史認識問題」和解の道を考える－』新泉社、2015年、p.50。

（2）土屋武志「歴史教育をとりまく「ナショナリズム」論－歴史教育内容の二つの方向性－」奈良歴史研究会編『戦後歴史学と「自由主義史観」』青木書店、1997年、p.179。

（3）土屋武志「歴史教育と教科書」歴史学研究会編『歴史研究の現在と教科書問題－「つくる会」教科書を問う－』青木書店、2005年、pp.201-204。

（4）加藤章『戦後歴史教育史論－日本から韓国へ－』東京書籍、2013年、pp.264-286。

（5）君島和彦『日韓歴史教科書の軌跡－歴史の共通認識を求めて－』すずさわ書店、2009年、pp.28-30。

（6）谷川彰英『日韓交流授業と社会科教育』明石書店、2005年、p.20。

（7）個人の「解釈」を尊重するという点に関わって、李明煕は、韓国の歴史教育においても「追体験的歴史学習」を通じて「自己観点の歴史認識」を育てるべきことを主張している（李明煕『自己観点の歴史認識を育てる歴史学習の理論＜上・下＞』NSK出版、2019年）。

（8）筆者は以前、山本典人による「自由民権、みんなでおどろうオッペケペー」の授業実践を、「解釈型歴史学習」実践として位置づけて論じたことがある。白井克尚「過去の解釈型歴

史学習実践に学ぶ－山本典人実践と加藤公明実践より－」土屋武志編著・岡崎社会科研究会著『実践から学ぶ解釈型歴史学習－子どもが考える歴史学習へのアプローチ－』梓出版社、2015 年、pp.26-38 を参照。

（9） 山本典人「小学 6 年生の授業（Ⅰ）「韓国併合と日の丸」－オリンピック・孫基禎選手を中心に－」歴史教育者協議会編『子どもとまなぶ日の丸・君が代－資料と授業』地歴社、1992 年、pp.27-38。

（10） 山本典人『小学生の歴史授業＜下＞明治維新から現代まで』あゆみ出版、1985 年、pp.87-88。

（11）「日の丸抹消事件」とは、1936 年 8 月、ベルリンオリンピックのマラソン競技に日本選手として出場し優勝した孫基禎の快挙を報道した『東亜日報』が、孫選手の胸の日の丸を黒々とぬりつぶした写真を掲載したという事件である。総督府は、これを口実に同紙を無期停刊処分にし、『朝鮮日報』も停刊処分とした。最近の研究では、孫基禎の報道をめぐる日本と植民地朝鮮それぞれの認識に齟齬があったことも明らかにされている（金誠『孫基禎－帝国日本の朝鮮人メダリスト－』中公新書、2020 年）。

（12） 日韓歴史教科書研究会編『教科書を日韓協力で考える』大月書店、1993 年。

（13） 李元淳「韓国と日本をつなぐ歴史学と歴史教育」二谷貞夫編『21 世紀の歴史認識と国際理解－韓国・中国・日本からの提言－』明石書店、2004 年、p.111。

（14） 釜田聡・許信恵「日韓相互理解のための歴史教育実践上の諸課題について－日韓歴史教育担当教師のアンケート調査結果を中心に－」『上越教育大学研究紀要』第 28 号、2009 年、p.18。

（15） 山本典人『子どもが育つ歴史学習－表現して力をつける 6 年生－』地歴社、2001 年、pp.104-117。

（16） 山本典人『日の丸抹消事件を授業する』岩波ブックレット、1994 年、p.50。

（17） 中野光・山本典人「対談・教師に求められる歴史認識」中野光『教師としていまを生きる－教育を探究する道－』ぎょうせい、2001 年、p.220。

（18） 山本典人『子どもが育つ歴史学習－表現して力をつける 6 年生－』地歴社、2001 年、p.113。

（19） 坂井俊樹「1950 年代後半以降の民族共生と歴史教育－山本典人の提起をめぐって－」『韓国・朝鮮と近現代史教育－共生・共存の視点から－』大月書店、1997 年、pp.218-231。

（20） 小熊英二「〈国民の歴史〉の制度疲労－歴史教育論争の心象風景－」『私たちはいまどこにいるのか－小熊英二時評集－』毎日新聞社、2011 年、pp.235-237。

（21） 梅原利夫「カリキュラムによる共通性と個性化の実現」梅原利夫編『教育への挑戦 2 カリキュラムをつくりかえる』国土社、1995 年、p.37。

（22） 土屋武志『アジア共通歴史学習の可能性－解釈型歴史学習の史的研究－』梓出版社、2013 年、p.187。

第2節

韓国の専門高校における「専攻分野の歴史」の試み

韓国 国立公州大学校　李 明煕

1　はじめに

　韓国では、日本の専門高校に相当する高校を「特性化高校」と呼ぶ。韓国で特性化高校（以下では、専門高校という）は「素質と適性及び能力が類似した学生を対象に特定分野の人材養成を目的とする教育又は現場実習など体験中心の教育を専門的に行う高等学校」（小・中等教育法施行令第90条1項、2001）と定義される。それは、2022年現在、韓国の全高校2,373校のうち487校（20.52％）を占める（教育部、2022、p.1）。専門高校の教育課程には、個々の学校が育成しようとする人材像と直接かかわる専門教科が存在するが、一般系高校で運営する普通教科も開設されている。 例えば、「韓国史」は、普通教科の中で必須科目として設定されている。

　本稿は「韓国史」とは違う科目、即ち、専門高校の専門教科領域の新しい科目、つまり「専攻分野の歴史」を提起しようとする。 この提起は、主に次の2つの診断に基づいている。 一つは、今の「韓国史」が、専門高校の生徒たちに興味を起こさないことである。多くの生徒が授業に参加せず居眠りする場合もよくある。その反面、専門教科に対しては、生徒たちの授業参加率が高いという診断である（キム・ウンスク、2014；チョ・ヨジン、2017；キム・ガヘ、2018）。これは、「専攻分野の歴史」が専門高校の生徒たちに歴史学習への興味を喚起する方案になり得ることを示唆する。

　二つは、第4次産業革命時代の技能・技術者には、実務能力だけではなく専攻分野における創造性や道徳性が重要になるという展望である（オ・インタク、

2017)。

　そこで注目されるのが人文学、特に「歴史」である。　周知のように、歴史は過去の人間生活を総体的に取り扱う。歴史で技能・技術を扱う際には、それを運営していく過程で現れる人間の多様な経験のすべてを含む。したがって、技能・技術者を目指す専門高校生にとって専攻分野の歴史は、その専攻分野の「経験的源泉」としての意味を持つ。　専攻分野の歴史学習は、「韓国史」と専攻関連内容要素との連携水準に止まらない。その専攻分野の「技術の歴史」を含め、「関連産業の歴史」を扱うことができ、その過程において技能・技術者が持つべき資質や徳目を学ぶ利点もある。要するに、専門分野の歴史は、第 4 次産業革命時代の技能・技術者にとって、実務能力を超えて専門と関連する創造性と倫理性の基礎を培う可能性を持っている。

　このような二つの問題意識を基に、本稿では専門高校の生徒を対象とした「専攻分野歴史教材」開発の必要性を提案しようとする。さらに、その教材を開発する際、どのように内容を編成・組織すべきかを「情報通信」分野を例に具体化し、実際の教材開発の方向性と単元の内容構成を提示しようとする。

2　専門高校生のための専攻分野歴史教材の必要性

（1）興味・関心の向上手段としての「専攻」と「歴史」の融合

　専攻分野の歴史を教材化する議論のためには、それがなぜ必要なのか、どのような意味があるのかという問題が議論されなければならない。　この項では、前述の 2 つの問題意識をより具体的に検討することにする。

　韓国の専門高校で専攻分野の歴史が注目されたのは、第二次（1963-1972）と第三次（1973-1980）の教育課程においてである。当時は、一般系高校とは異なる、実業系高校（専門高校）の教育課程が運営された。この時期の教科書を分析したホ・ウンチョルの研究は、当時を評価しながら、専門高校で歴史教育を難しくする条件に言及する。即ち、一般系高校に比べて生徒たちの学習意欲が比較的に低く、専門教科に比べて普通教科の授業時数が少なく編成されていると指摘する。そして、その制約を克服するための代替案として、「特性化された

生徒に適したカリキュラムと教科書の開発」を提案している（ホ・ウンチョル、2015、p.644)。これは本稿の問題意識ともかなり一致する。

　次に、キム・ガへの研究は、商業系専門高校生を対象に「韓国史」科目の「興宣大院君」の改革政治と「経営リーダーシップ」科目の「S-N-D-F モデル」[1]とを連携し、興宣大院君が発揮したリーダーシップの種類を分析する教授・学習活動を試みた。ここで注目すべき点は、歴史科目に対する生徒たちの「興味」のレベルが、商業科目よりも高い点である。また、歴史科目と商業科目との統合授業は、歴史科目だけではなく、商業科目への認識をも改善する結果となった点である（キム・ガへ、2018、pp.20-28)。

　これは、生徒たちが科目について感じる「興味」と「必要性」とが必ずしも正比例関係ではないこと、つまり面白いと感じる科目と学習動機や授業参加度の高い科目は異なる場合があることを確認し、物語的な要素を持つ歴史の内容要素との結びつきが専門分野の授業における生徒たちの興味と関心を高める方法であることも示している。

　もちろん、専門高校の生徒に適した教材の開発や、物語的な要素を持つ歴史の内容要素と専門分野の内容要素との結びつきが、必ずしも専門分野の内容要素の歴史を扱うべき理由にはならない。しかし、就職が重視される専門高校の教育課程の重点が、歴史などの一般科目よりも専門分野に合わせられている点、また上記で確認されたように、純粋な意味の「興味」・「関心」とは別に、学習動機や授業参加度が専門科目によって刺激される点を考慮すると、歴史と専門分野の内容との結びつきが生徒たちの「興味」・「関心」を引き出すことになる結論に至る。つまり、専門分野の歴史を教材化あるいは教科書化することが、学習動機や「興味」を向上させる効果的な手段であると言える。

（2）第４次産業革命時代に技能・技術者に求められる資質と歴史

　第４次産業革命時代における教育的課題を追求しているオ・インタクは、「第４次産業革命において、教育は社会の課題になっただけでなく、さらにコンピュータ化された社会が人間を教育する。社会はデジタル文化によって再構築され、情

報の獲得と処理の世界となった。社会自体が学びの場として機能している」と今日の教育的課題を指摘する（オ・インタク、2017、p.430）。

　オ・インタクによれば、第4次産業革命の時代にはコンピュータ化された社会が生涯にわたって人間を教育し、個人が教育の真の主体となる構造へと変化する。第4次産業革命時代の教育の主体は個人であり、そのために必要な核心的な資質は「生涯学習能力の基盤の上で創造性、共感能力、非線形的思考など」（オ・インタク、2017、p.431）を発揮することである。本稿では、こうした能力を包括的に経験し学習するために、歴史学習が最も適合していると主張する。その理由は次の幾つかである。

　第一に、「創造性」の基礎は、対象の歴史的な文脈を把握することによって育まれる。技能や技術の変遷とそれに関連する現象を歴史的な文脈と関連付けて学習することで、生徒たちは技能や技術の本質だけでなく、その技術によって生まれた現象や問題を探究する機会を持つ。そして、それを通じて、その技術の限界や問題点を理解し、新たな改善策を提案することもできる。

　第二に、「共感能力」は、共感経験の積み重ねによって培われ、促進されることができる。共感経験の持続的な積み重ねには歴史が最も適している。歴史学習をする時は、歴史的人物が置かれた状況や彼らの意図や目的を学習者が想像して、「共感」する過程が必須になるからである[2]。

　第三に、「非線形的思考」とは、因果関係の論理性と複雑性を探究する過程で生じる思考である。同じ原因でも同じ結果を保証しない人間関係である。その人間関係を探究する代表的な領域が歴史であるため、「非線形的思考」と歴史学習には深い相互関連性があると言える。

　最後に、本稿では、上の三つに加えて第4次産業革命時代の技術・技能人には職業倫理が求められると主張する。ところが、チャン・スンヒが指摘しているように、現在の専門高校現場では職業倫理教育が行われていない（チャン・スンヒ、2001、p.73）。したがって、職業倫理教育を実現するためには専攻分野の教育課程改編が必要である（チョン・ミンジョン、チョン・セハク、2017、p.73）。また、第4次産業革命の局面では、個別分野別の職業倫理が時空間の状況の中で

文脈的に把握される必要がある[3]。専攻分野の歴史で重要な業績を上げた人物と職業倫理を事例中心に学習することは、それを実現するための具体的な手段となり得る。

　要するに、専門高校生にとっては、専攻分野の歴史を学習することは、学習動機を向上させるだけではなく、第4次産業革命時代に技能・技術者に求められる資質を涵養する機会にもなる。

3　専門高校生のための専攻分野歴史教材の内容編成及び組織

（1）専攻分野歴史教材の内容編成

　韓国の職業教育は、個人の職業素養や職務能力の開発を通じて有能な職業人になり、自我を実現し国家・社会の発展に資することに目的がある（イ・ムグン、2006、p.55）。 しかし、実際、専門高校の専攻分野の教育課程を見ると、職業素養のための課程はほとんどなく、職務能力の開発に偏っている。 ここで職業素養とは職業道徳、職業意識、職業行為習慣、職業機能などを指す。ところが、このような職業素養を本格的に扱う教育課程はまだ試みられていない。 ただし、専門大学では、「職業基礎能力」のための教養教育が行われており、それは次の表1のようにまとめられる（ヤン・ヨングン、チョン・ウォンヒ、2014、p.51）。

　次頁の表1のNCS（National Competency Standards）職業基礎能力は、専門高校生を対象とする職業素養教材を開発する上でも有意な参考資料になる。つまり、職業基礎能力と職業素養は同一なカテゴリにまとめられるため、単元の編成において専攻基準の論理的基盤を設けることができる。

　韓国の専門高校の教育課程は、一般教科と専門共通科目、基礎科目、実務科目として編成される（ナ・ヒョンミ、2016、p.296）。もし、専攻分野の歴史が一つの科目に組み込まれる場合、一般教科や実務科目よりも、そして実務科目との関連性が強調される基礎科目よりも専門共通科目に組み込まれることが自然であると考えられる。

　その際、その専攻分野の歴史科目は、専門共通科目の一つとして表1の10の要素と直接的・間接的に関わり合いを持つことになる。

表1　NCS職業基礎能力の主な項目とサブ要素

1. 意思疎通能力	2. 数理能力	3. 問題解決能力	4. 自己開発能力	5. 資源管理能力
テキスト理解能力 テキスト作成能力 傾聴能力 意思表現能力 基礎外国語能力	基礎演算能力 基礎統計能力 図表分析能力 図表作成能力	思考力 問題処理能力	自我認識能力 自己管理能力 経歴開発能力	時間資源管理能力 予算資源管理能力 物的資源管理能力 人的資源管理能力
6. 対人関係能力	7. 情報能力	8. 技術能力	9. 組織理解能力	10. 職業倫理能力
チームワーク能力 リーダーシップ能力 葛藤管理能力 交渉能力 顧客サービス能力	コンピューター能力 情報処理能力	技術理解能力 技術選択能力 技術適応能力	国際感覚能力 組織体系理解能力 経営理解能力 業務理解能力	勤労倫理 共同体倫理

（2）専攻分野の歴史の内容組織と方法：発展線と追体験

　創造性・共感能力・非線形的思考・職業倫理などの涵養を目指す「専攻分野の歴史」を専門高校の教育課程に組み込む場合、その教材は実際にどのように実現されるのか？　この問いに対する直感的な回答は、歴史の属性から導かれる。各専攻分野で確立された特定の発想が創造的であるかを論じるためには、まずその発想が導かれた問題状況と、それが問題の解決に与えた影響についての把握が前提となる。しかし、これは歴史を考慮せずには成り立たない。

　非線形的思考の場合も同様である。即ち、特定の意図を持つ人間の特定の選択が常にその意図に適合する特定の結果を保証しないこと、つまり、先行の出来事と後続の出来事の間に単線的ではなく複合的に働くさまざまな要因が介在されている。これには、ケース・バイ・ケースでアプローチする歴史が適している。

　共感の場合、特定の問題状況に対する人間の思考活動を扱う点において歴史固有の方法である「追体験（re-enactment）」を適用することができる。職業倫理も天から落ちたのではなく、歴史的に形成されたものとしてアプローチするとき、その意義や価値を理解しやすい。

　要するに、「専攻分野の歴史」の内容組織は、基本的に歴史の原理、特に、時間の経過に沿って特定テーマの変遷を探究するのには、主題史学習によく使われる「発

展線（line of development）」アプローチが適している。発展線に基づいた陶磁器史の教材化方法を研究したアン・ウンホも、発展線の学習が過去と現在の相互関連性を把握する有意義な手段になることを究明した（アン・ウンホ、2018、p.131）。

　科学技術史の教材化を探究した研究によれば、特定の状況の中で人物が行動するまでの思考プロセスに関心を持つ追体験の方法は、科学技術史における発明や発見に至るまでの思考プロセスを探究するのに利点があると主張する（張世玉・李明熙、2004、pp.107-108）。実際、専門高校の専攻科目の中にも、科学技術と関連する内容が少なくない点を考慮すると、追体験の方法は「専攻分野の歴史」の教授学習方法として十分に適用できるであろう。

4　専攻分野歴史教材開発の方向及び内容要素構成：「情報通信の歴史」の場合

（1）「情報通信の歴史」教材開発の方向：ゲーム基盤学習との連携

　情報通信分野の歴史を扱う「専攻分野の歴史」教材は、実際にどのように具現されることができるか？ 本稿では、教育活動に積極的にゲームを取り入れる「ゲーム学習（Game Based Learning, GBL）」に注目する。実際、ヨーロッパやアメリカの歴史教育現場では、歴史をテーマにしたゲーム学習が活発に行われている（チョン・チャンヨン、2018、pp.31-33）。

　以下の2つの研究は、「専攻分野の歴史」を題材にしたゲーム学習の可能性を展望するために役立つ。1つ目は、実際の歴史をテーマにしたシミュレーションゲームを活用した体験的歴史教育の可能性を模索した研究である（チョン・ジェウク、2011）。この研究では、商業用にリリースされた歴史をテーマにしたシミュレーションゲームを事例として紹介し、それが持つ歴史教育上の利点を紹介する。具体的にはゲームが提供する、実在の人物についての豊富な描写、社会階層ごとの職業や身分関係の反映、地域ごとの交易や政治勢力の離合集散、主要な遺物に関する効果的な情報提供、そして現実感のある地図上で展開されるさまざまなイベントや人物の移動などが、当時の歴史を理解するのに非常に効果的な手段になり得ると評価する（チョン・ジェウク、2011、p.212）。

　もう一つは、AI 時代に求められる新しい歴史学である「コンピューター歴史学」
を提案するキム・ギボンの研究である（キム・ギボン、2020）。キム・ギボンは、
歴史は「人々がどのように生きるかを教える人生の羅針盤になるためには、過去
の知識よりも未来の情報を提供する観点に転換する必要がある」と主張する（キ
ム・ギボン、2020、p.249）。さらに、歴史研究と人工知能技術の結合によるシミュ
レーション歴史学を提案する。そのシミュレーション歴史学は、「過去を理解す
るストーリーテリングを超えて、未来を計画するストーリードゥイングの次元へ
進む能力を育成することができる」と主張する（キム・ギボン、2020、p.258）。

　「専攻分野の歴史」の内容要素は、他の専攻科目と同様に、体験を通じた学習
が必要である。ゲームベースの歴史学習は、過去の歴史的な状況の視覚的・聴覚
的な再現と、現在のユーザーが直接的に「体験」することの両方が可能であり、
体験的な歴史学習の効果的な手段へ発展することができる。

（2）「情報通信の歴史」教材の内容構成と単元別内容要素

　専攻分野の歴史としての「情報通信の歴史」の教材内容は、基本的に発展線に
基づいて構成することができる。そして、その教材内容の学習は追体験的方法や
ゲーム基盤学習によって支えられて、創造性など四つの力量を育むことができる。
さらに、その四つの力量は NCS の 10 の職業基礎能力と結びつくことによって、
専門共通基礎科目としての正当性を確保することができる。これらをまとめると、
以下の図 1 のようになる。

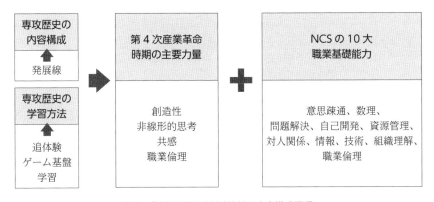

図1　「情報通信の歴史」教材の内容構成原理

　では、具体的に四つの力量と10の職業基礎能力を育むためにどのような内容要素をもって単元を構成すればいいのか。単元は大きく時間の流れによる情報通信の変遷とそれを取り巻く社会的文脈とを結合して構成することができる。情報通信に影響を及ぼす社会的文脈としては、まずは、情報通信を支える技術と情報通信産業とが取りあげられる。そして、情報通信の技術と産業を発展させた人たちを構想することができる。それに第4次産業革命時代に求められる職業倫理と時代の流れの最後の段階として現在の課題と未来展望を加えることで単元構成は成り立つであろう。

　時代の流れと社会的文脈とを結合して構成した単元は五つになり、それに内容要素を対応すれば、以下の表2になる。

表2　「情報通信の歴史」教材の単元名と単元別内容要素

単元名	単元別内容要素	備考
1. 情報通信技術の歴史	コンピューターの誕生、コンピューターとインターネットの結合、韓国最初のコンピューターとコンピューターネットワーク、現在と未来のコンピューターテクノロジーなど	追体験、ゲーム基盤学習
2. 情報通信産業の歴史	情報通信産業の時代区分・変遷、各時代の代表的企業、現在の産業生態系、未来の企業など	追体験、ゲーム基盤学習
3. 情報通信を発展させた人々	情報通信理論と技術に寄与した人物たち、情報通信産業を発展させた人々など	追体験、ゲーム基盤学習
4. 情報通信と職業倫理	職業倫理の意義、情報通信職業倫理の成立と定着、情報通信分野の技能・技術・企業人の倫理的役割、現代職業倫理の課題など	シミュレーション、役割劇
5. 情報通信の課題と未来	今日の世界と情報通信、情報通信の現況と課題、情報通信の未来展望など	歴史シミュレーション

　「1. 情報通信技術の歴史」は、今日の情報通信技術を左右するコンピューター誕生の歴史をはじめ、コンピューターとインターネットとの結合、韓国最初のコンピューターとコンピューターネットワーク、現在と未来のコンピューターテクノロジーなどが内容要素として挙げられる。

　「2. 情報通信産業の歴史」は、情報通信産業の時代区分と各時代別の代表的企業などで構成される。これをもって生徒たちは、情報通信の具体的な実態を学習することができ、非線形的思考の具体的な事例にも接することができる。

　「3. 情報通信を発展させた人々」は、情報通信技術を発展させた人物と関連産業を発展させた人物で構成することができる。ここで生徒たちは、該当人物への感情移入と問題解決過程の追体験を通じて共感能力を育むことができる。

　「4. 情報通信と職業倫理」は、情報通信技術者の職業倫理が実際の産業現場でどのように提起され、また定着されてきたのかなどの歴史的事例を中心に構成される。特に、情報通信分野の技能・技術・企業人の倫理的役割が問われる事件などをもって役割劇のような活動中心に実践する。

　「5. 情報通信の課題と未来」は、今日の世界と情報通信がどのよう結び付いて動いていることや現在の情報通信関連の研究や産業などが抱えている課題を探究し、情報通信関連のビッグデータを集めて、その未来を展望する学習活動などで構成される。

5　結び

　現在、韓国の専門高校の現場では「韓国史」が必修科目として教えられているが、生徒たちの学習動機や授業参加は低い傾向にある。また、現在進行中の第4次産業革命の専門高校や職業教育への影響は、職務能力以外の職業素養など他の能力に関心を持つよう求めている。

　本稿では、このような現実の中で「専攻分野の歴史」についての学習が、現代社会が要求する能力を育む有力な経路であると判断し、専門高校生を対象とする「専攻分野の歴史」の教材化を試みた。それに先立ち、第4次産業革命時代に必要な能力として創造性、共感、非線形的思考、職業倫理という四つの力量を提示

し、それが歴史と密接な関連性を持つことを示した。そして、「専攻分野の歴史」の学習は、追体験・ゲーム基盤学習・ロールプレイなどの直接・間接的な体験を重視する学習方法によって裏付けられる場合、専門共通基礎科目として確立することができ、さらに、NCSの職業基礎能力の育成にも役立つことを考察した。

　本稿のこのような試みは、従来の「講義型歴史学習」から脱却し、土屋武志教授が生涯を通じて研究・実践してきた「解釈型歴史学習」の異なるバージョンとして理解されていいと思われる。何よりもAIとグローバル化によって、人間生活のあらゆる領域で根本的な変革が一般化されている現代、歴史教育の内容に対する新しいアプローチとしても意義を持つものと思われる。

　従来の歴史学習が「講義型」から大きく逸脱できなかった理由は、歴史教育の内容が国家・民族史を中心に編成されたことと無関係ではあるまい。本稿はまだ実践とは結びついていないが、近いうちに韓国専門高校の教育現場で実現されると、韓国の歴史教育は「解釈型歴史学習」が急速に一般化していくと予想される。また、本稿が日本でも「解釈型歴史学習」に関する議論をさらに多様化する一助となることを期待する。

||| 注・参考文献 |||

（ 1 ）S-N-D-F（Seed-Need-Deed-Feed）モデルは、ベク・ギボクによって提唱された概念で、リーダーシップの行動を行う個人と他者、周囲の状況の相互作用を扱う。それによれば、人物の個人的特性（Seed）に基づくリーダーシップの行動（Deed）が行われた後、そのプロセスで状況的な必要性（Need 1）と周囲の人々の要求（Need 2）が作用し、リーダーシップの行動の結果に対する後続的なフィードバック（Feed）が行われることになる（キム・ガヘ、2018、p.17）。

（ 2 ）ここで「共感」は、「empathy」という言葉で表現される（オ・インタク、2017、p.423）。歴史教育の領域では、「empathy」は、通常、「感情移入」と訳される。最近の研究では、認知的な側面は「観点認識」として、感情的な側面は「ケア（caring）」として把握されて、成功した感情移入のためには両側面が並行される必要があると主張される（バン・ジウォン、2014、pp.27-34）。オ・インタクの議論は、人物の意図と状況に対する包括的なアプローチを伴う点から、感情移入や追体験などの活動に収束されると見受けられる。

（３）これに関連して、デュルケームの職業倫理についての歴史的分析を行ったグォン・オサン
の研究や、第４次産業革命時代に要求される職業倫理の方向性をイマヌエル・カントの倫
理学と結びつけて示したキム・ウンウ、ユ・ジェボンの研究が注目される。グォン・オサ
ンはデュルケームの職業倫理に関する説明が、それを取り巻く時代状況との関連性の中で
形成された側面があると指摘した（グォン・オサン、2021、pp.11-18）。

- 教育部（2001）「小・中等教育法施行令」、ソウル：教育部。
- 教育部（2022）「2022 年教育基本統計の主要内容」、セジョン：教育部。
- イ・ムグン（2006）『職業教育学原論』、ソウル：教育科学社。
- グォン・オサン（2021）「職業倫理の歴史的起源に関する考察－デュルケームの＜職業倫理と市民道徳＞を中心に－」『社会と哲学』42、pp.1-22。
- キム・ギボン（2020）「ポストコロナ文明の転換とコンピューター歴史学」『韓国史学史学報』42、pp.239-261。
- キム・ウンウ、ユ・ジェボン（2019）「第４次産業革命時代の職業倫理教育の方向：カント倫理学の立場から」『教育哲学研究』41(1)、pp.47-64。
- バン・ジウォン（2014）「歴史授業原理として「感情移入的歴史理解」の再概念化の必要性と方向性の模索」『歴史教育研究』20、pp.7-48。
- ヤン・ヨングン、チョン・ウォンヒ（2014）「NCS 職業基礎能力に基づく教養教科目の改編方向研究」『教養教育研究』8(4)、pp.45-68。
- オ・ギョンソク他（2018）「工業系列の 2009 と 2015 改訂教育課程の比較・分析：建設分野の専門制度と教科目を中心に」『芸術人文社会融合マルチメディア論文誌』8(5)、pp.925-934。
- オ・インタク（2017）「第４次産業革命と教育の課題」『基督教教育論叢』52、pp.417-445。
- チャン・スンヒ（2001）「「職人精神」の現代的活用による職業倫理教育方案」『倫理研究』48(1)、pp.63-84。
- チョン・ジェウク（2011）「追体験的歴史教育のためのシミュレーションゲーム」『デジタルデザイン学研究』11(3)、pp.203-213。
- チョン・チャンヨン（2018）「歴史教育へのゲーム活用の方案：機能性ゲーム開発事例を中心に」『韓国ゲーム学会論文誌』18(6)、pp.29-38。
- チョン・ミンジョン、チョン・セハク（2018）「第４次産業革命と労働市場の変化：会計税務職を中心に」『商業教育研究』32(2)、pp.59-76。
- ホ・ウンチョル（2015）「実業系高校国史教育課程および国定教科書の検討」『歴史と教育』21、pp.643-678。
- キム・ウンスク（2014）「特性化高校の歴史教育とテーマ学習指導方案：ソウルA高の事例」、西江大学教育大学院修士学位論文。

- キム・ガヘ（2018）「歴史教科と商業教科の統合授業が与える教育的効果：特性化高校生を中心に」、高麗大学教育大学院修士学位論文。
- アン・ウンホ（2018）「発展線論と歴史教材開発の実際」、公州大学博士学位論文。
- 張世玉・李明熙（2004）「歴史教育における『科学技術史』教育の意義と教材開発の方向」『社会科教育』43(1)、pp.87-112。
- チョ・ヨジン（2017）「特性化高校の生徒を対象とした効果的な歴史授業案の研究」、ソウル市立大学教育大学院修士学位論文。

第3節

台湾から解釈型歴史学習の可能性を考える

宇部工業高等専門学校講師　山下 大喜

1　はじめに

　「歴史」は「解釈」つまり「表象されたもの」としての性格を持つ。それを描く権利は市民自身にあり、その場合、市民には国民としての立場だけでなく多様な立場を描くことが保証される。したがって、歴史教育で重要な点は、今後予想される多様で多重な市民社会にあって、「歴史」を多様性をもって解釈できる能力、そして、それら多様性の中から未来のために有効な視座を他者との対話を通じて選択する能力、それを市民的資質の本質的な要素として、その育成を目指した教育方法を開発することである。それは、「歴史」の学習者である児童・生徒たちを、同時に「歴史」の描き手として育てることに他ならない。その方法として、本論で示した「歴史家体験学習」としての解釈型歴史学習がある。

土屋武志『アジア共通歴史学習の可能性－解釈型歴史学習の史的研究－』[1]

　自らの社会科経験を想起してみたとき、果たしてどのようなことを思い浮かべるであろうか。なかでも、歴史学習は試験制度と結びついた「暗記」学習そのものと想起した方も多いであろう。そうしたとらえ方では、歴史は「現実世界」と

隔絶した「過去」のものとなり、「なぜ歴史を学ぶのか」という学習意欲を見出すことも難しくなってしまう。このように「暗記」一辺倒と連想されやすい歴史学習と対極にあるのが冒頭に掲げた「『歴史家体験学習』としての解釈型歴史学習」である。土屋武志は、解釈型歴史学習を実践する際に「1）いくつかの立場に分かれて考える活動、2）学習者たちが互いに対話する活動、3）価値判断する活動」の三要素が重要になると論じている[2]。この解釈型歴史学習は「歴史学習を『歴史家が創った歴史を覚える』ことだと考える学習論の対極にある学習論」とも位置づけることができ、今次改訂の学習指導要領にある「主体的・対話的で深い学び」を歴史学習で体現する足場となるものである[3]。

　そこで、本節では、台湾の中学校歴史学習を取りあげ、解釈型歴史学習の可能性を展望する。なぜ台湾なのかについて、ここでは二つの理由をあげておきたい。第一に、台湾では 1950 年代から 1970 年代にかけて学校教育の量的拡大がみられたものの、知識偏重や進学競争の過熱化によって硬直化したカリキュラム政策が残存し続けた。いわば、台湾のカリキュラム史からは、どのように講義一辺倒の学習を乗り越え、子どもを主体とした学習へと至ったのかという視点を得ることができる。第二に、台湾における現行の「十二年国民基本教育課程綱要」では「核心素養」がコンピテンシー・ベースの鍵概念として明記されている点である。日本も今次改訂で「育成すべき資質・能力」が明記されたことから、台湾を取りあげることでコンピテンシー・ベースの比較となる参照軸を得ることができる。歴史の必要性にかかわる論点として、『歴史はなぜ必要なのか―「脱歴史時代」へのメッセージ―』では、「『わたしも社会も歴史的産物である』ということ」、「『歴史は逃れられないもの』であるということ」、「『現在は過去にも未来にもつながっている』ということ」の三つがあげられている[4]。磯田文雄は、「現在」をとらえ、「未来」を展望するための二軸として「歴史」と「他者」をあげている[5]。歴史的なパースペクティブを含めた比較研究によって、私たちは地平線に広がる「現在」をみつめ、そこから「未来」を展望することができる[6]。台湾の歴史的蓄積からは、比較カリキュラム論として「アジア内の相互関係」という点においても学ぶべきところは多いであろう。

2　台湾の学校教育とカリキュラム

　1945 年の終戦によって中華民国が台湾を接収し、国民党による統治が始まっ
た。国共内戦を経て 1949 年に大陸では中華人民共和国が成立し、蒋介石をはじ
めとする国民党政権の機能は台湾へと移転する。国民党政権からしてみれば、学
校教育の普及は喫緊の課題であったものの、下記の二点においてカリキュラム政
策としての課題が残存し続けた。

　第一に、1950 年代から 1970 年代にかけて学校数の量的拡大がみられたもの
の、知識偏重による進学競争の過熱化もともなっていた点である。学校教育の普
及を背景に 1968 年には九年一貫の義務教育も制度化されたものの、次の学校段
階への進学といった場合に生徒は「補習」に追われることになった [7]。こうし
た進学競争の過熱化は試験制度と結びついた「暗記」を中心とする知識偏重の学
習に拍車をかけ、カリキュラム政策に課題を残すことになった。

　第二に、九年一貫の義務教育が整備されたものの、戒厳令下を背景に教育内容
の政治化がみられた点である。国民党政権が台湾で統治機構を確立させるために、
まずは日本統治下の植民地時代を乗り越える形での「脱日本化」と「中国化」が
重要なテーゼとなった。国共内戦後は態勢を立て直して大陸を奪還するための「大
陸反攻」の準備が始まった [8]。台湾に移った中華民国が「大陸反攻」のもとで
大陸に成立した中華人民共和国と対峙する状況となったのである。学校教育は「国
民化」と密接に関連した装置でもある。このような状況での「国民化」とは、台
湾のみを統治する状態であったとしても、「中国化」の正統性を強調するもので
あった。そのために教育内容の政治化がなされ、戒厳令下ということもあって硬
直的な学校知の構造が残り続けた。

　これら二点の課題を克服し、カリキュラム政策を転換させていくきっかけと
なったのは 1980 年代後半以降の民主化であり、「本土化」の進行もともなって
いた。「本土化」とは、「大陸反攻」の終焉とともに効力を失った「中国化」強
調のオルタナティブをなすものであり、「台湾」アイデンティティに対する模
索そのものでもある。こうした民主化の流れを背景として、2000 年に暫定版、

2003 年に正式公布された「国民中小学九年一貫課程綱要」は台湾カリキュラム史の新たな基軸となった[9]。この「国民中小学九年一貫課程綱要」では生活経験がカリキュラム設計における原理の中心とされ、子どもが学習の主体であると位置づけられた。これらの編成原理を反映させたものとして新たに小学校の低学年へ生活科が導入され、「統合的カリキュラム」としての生活科を基礎に社会科は小学校中学年から開始される位置づけとなった[10]。

　現行の「十二年国民基本教育課程綱要」は 2014 年に公布、2019 年から順次実施されている[11]。基本的に「国民中小学九年一貫課程綱要」を引きつぎながら、高等学校段階を含めた「十二年」を射程に入れて編成作業が進められた。「十二年国民基本教育課程綱要」では、子どもが自発的で主体的な学習者であると位置づけられ、コンピテンシー・ベースの鍵概念として「核心素養」が新たに明記された。「核心素養」は国家教育研究院との共同で研究が重ねられ、国際的なカリキュラム研究、学力調査、能力論の動向をふまえた「本土化」によって結実したともいわれている[12]。最終的に、「核心素養」は、実践を通じた学習者の全人的な発達を目標として、「生涯にわたって学び続けること」を中核に「A：自律的な活動」、「B：相互作用的なコミュニケーション」、「C：社会的な参画」の三要素、それぞれの要素に三項目ずつ（合計九項目）の構造になった（**表1**）[13]。

表1　核心素養の構造

中核	要素	項目
終身学習者	A：自主行動	A-1：身心素質與自我精進
		A-2：系統思考與解決問題
		A-3：規画執行與創新応変
	B：溝通互動	B-1：符号運用與溝通表達
		B-2：科技資訊與媒体素養
		B-3：芸術涵養與美感素養
	C：社会参与	C-1：道徳実践與公民意識
		C-2：人際関係與団隊合作
		C-3：多元文化與国際理解

　「十二年国民基本教育課程綱要」では校種にそって小学校、中学校、高等学校の三段階に分けて、それぞれの段階に対応させる形で上記の九項目（A-1からC-3まで）の内容が明記されている。カリキュラム構造としては「部定課程」と「校訂課程」があり、「部定課程」では統一的な計画で基礎的な学力を育みながら、「校訂課程」では学校の地域や子どもの実際に合わせて特色ある教育活動を編成することができる。「国民中小学九年一貫課程綱要」によって「課程標準（Curriculum Standards）」から「課程綱要（Curriculum Guidelines）」へと大綱化され、カリキュラムの分権化の一環として編成主体は各学校が担うことになった [14]。これを引きつぐ「十二年国民基本教育課程綱要」では、「学校を基盤としたカリキュラム開発」を志向しながら、科目間での統合や垂直方向での接続が意識されている。さらに、人権教育、環境教育、安全教育、防災教育、国際教育など教育の重要テーマも例示されており、地域や子どもの実際に応じて取りいれることによって探究とも連動した「特色あるカリキュラム開発」を目指そうとしている。近年、台湾では文化の多元性が尊重され、民進党政権も多元性を重要視する文化政策を推し進めていることから、多文化教育の視点が現行の「十二年国民基本教育課程綱要」に含まれている [15]。表1の「C：社会的な参画」にある「C-3：多元文化と国際理解」はそうした多文化教育に対応する台湾ならではの項目であるともいえる。

3　台湾の中学校社会科歴史学習

　台湾の社会科は、前述したように、小学校低学年（第一学習段階）に生活科があるため、中学年（第二学習段階）から開始される位置づけになっている。「十二年国民基本教育課程綱要」の総綱をふまえて、社会科においても、子どもが学習の主体であること、学校がある地域や文化などを考慮して弾力的なカリキュラム開発をすること、実際の生活世界に根差した経験と思考を重要視することが強調された [16]。小学校社会科は、生活科からの接続を意識して、「互動と関連」、「差異と多元」、「変遷と因果」、「選択と責任」の四主題をもとに統合的なアプローチで進められる。中学校（第四学習段階）からは「歴史」、「地理」、「公民」の三分

表2　中学校歴史学習の内容と配置

学年	主題	項目
第七学年	A：歴史的基礎観念	
	B：早期台湾	a：史前文化與台湾原住民族
		b：大航海時代的台湾
	C：清帝国時期的台湾	a：政治経済的変遷
		b：社会文化的変遷
	D：歴史考察（一）	
	E：日本帝国時期的台湾	a：政治経済的変遷
		b：社会文化的変遷
	F：当代台湾	a：政治外交的変遷
		b：経済社会的変遷
	G：歴史考察（二）	
第八学年	H：従古典到伝統時代	a：政治、社会與文化的変遷、差異與互動
		b：区域内外的互動與交流
	I：従伝統到現代	a：東亜世界的延続與変遷
		b：政治上的挑戦與回応
		c：社会文化的調適與変遷
	J：歴史考察（三）	
	K：現代国家的興起	a：現代国家的追求
		b：現代国家的挑戦
	L：当代東亜的局勢	a：共産政権在中国
		b：不同陣営的互動
	M：歴史考察（四）	
第九学年	N：古代文化的遺産	a：多元並立的古代文化
		b：普世宗教的起源與発展
	O：近代世界的変革	a：近代欧洲的興起
		b：多元世界的互動
	P：歴史考察（五）	
	Q：現代世界的発展	a：現代国家的建立
		b：帝国主義的興起與影響
		c：戦争與現代社会
	R：歴史考察（六）	

野に分けて、各学年で並立する形となっている。以下では、解釈型歴史学習の可能性を展望するため、中学校歴史学習を取りあげていきたい。

　台湾の中学校社会科における歴史学習は、時間軸は過去から現在へ、空間認識は近いところから遠いところへという形でカリキュラムの配置がなされ、生徒が歴史学習を通じて現代世界が形づくられた過程の基本的認識を深められるようにしている。具体的にいえば、同心円型に時間軸と空間認識が広がっていくカリキュラム構造になっており、中学校1年生では地理分野での台湾地理に連動される形で台湾史を、2年生では東アジア史、3年生では世界史を学習する流れになっている（表2）[17]。

　以下では、中学校歴史学習のなかから三つの単元を取りあげ、実際の教科書をもとにどのような学習が展開されているのかを順に検討していく。

（1）中学1年「歴史の基礎概念」

　台湾の中学校歴史学習では、まず導入として歴史の基礎概念にかかわる単元が位置づけられている。日本の中学校歴史学習においても、導入「A：歴史との対話」では「（1）私たちと歴史」として史資料や時代区分の意味について学ぶ[18]。台湾の導入単元では、歴史の意味と時代区分について学ぶことになっている。「歴史とは何か」という問いに対して、教科書では「1）過去に発生した出来事そのもの、2）過去を記録した文字、遺跡、遺物など、3）2）の史資料を通じて過去を解釈すること」の三つの側面が取りあげられている[19]。例えば、康軒文教事業の教科書では、3）の史資料を媒介に過去を研究することが歴史学そのものの営みでもあると説明されている[20]。さらに、時代区分について、中国史的な区分（元代、明代、清代・・・）と世界史的な区分（古代、中世、近世・・・）を並立させながら、台湾では「有史以前」、「大航海時代」、「清帝国時代」、「日本統治時代」、「中華民国在台湾／戦後台湾」に分けることができるとされている。これら導入単元での基礎概念は、これから学んでいく歴史とは何か、なぜ歴史を学ぶのか、改めて歴史をどのように学んでいくのかを考えるうえで重要な土台になるものである。台湾の教科書では、史資料を通じて過去を解釈する研究姿勢は

歴史学の営みそのものとされている。この視点は、本論の冒頭にあげた「『歴史家体験学習』としての解釈型歴史学習」にも通じるものであるといえる。

（2）中学 1 年「台湾政治と民主化」

　中学校社会科は同心円型にカリキュラムの構造が成り立っていることから、1年生では台湾史を学習する。「本土化」にともなう「台湾」アイデンティティの模索のなかで、「民主」と「自由」は先人たちの努力と苦労によって結実した成果そのものであり、歴史からもその教訓を得られるものであるという位置づけになってきた。例えば、戦後台湾の政治史は戒厳令下での権威体制との相克において民主化を追求するプロセスをみてとることができる。当該の単元では、まず二・二八事件、白色テロを学習し、その背景や社会への影響について考察する。教科書では、実際の二・二八事件、白色テロの事例が史資料とともに掲載されている。これらの政治的な混乱は台湾社会の発展に「負」の大きな影響を与えたことから、心に刻むべき「過去」として記憶され、現在ではその「過去」と正対するため記念碑や記念館の整備、オーラル・ヒストリーの研究が進められている[21]。二・二八事件、白色テロの学習を経て、民主化プロセスの学習へと入っていく。ここで特筆すべきは、その起点として雑誌『自由中国』の編集に携わっていた雷震が位置づけられている点である。雷震は日本留学経験もあり、台湾の民主化を代表する人物の一人として多くの研究で論及されている[22]。国共内戦という政治状況から『自由中国』もはじめは「擁蒋反共」の態度をとっていたものの、台湾へ移った国民党が戒厳令下で権威的な体制をしいたことから次第に政府の姿勢に疑問を呈すようになる。なかでも、三選をひかえた蒋介石に対して多選を批判する特集を出し、さらには新たな政党の結成に向けた準備段階に入っていった。しかしながら、これらの動きが政府の目にとまり、1960 年に雷震は逮捕され、『自由中国』は停刊に追い込まれた。雷震には十年間の入獄という政治的な受難の歴史が含まれていることから、切実さをもって先人たちが追求してきた民主化のプロセスを学んでいくことができる。

（3）中学2年「伝統と新思潮」

　2年生では東アジア史を学習し、そのなかには中華民国の成立も学習事項に含まれている。中華民国の成立では辛亥革命、袁世凱政権の学習をふまえて、その次に「伝統と新思潮」と題して五四時期を学習していく。新文化運動を通じて伝統の批判、西洋思潮の受容がなされ、なかでも北京大学を拠点に蔡元培、陳独秀、胡適、魯迅が重要な役割を果たしたとされている。新思潮の受容が当時の社会にどのような影響を与えたのかについて、教科書では女性と子どもの表象がテーマに設定されている。例えば、康軒文教事業の教科書では、西洋思潮の影響によって自由恋愛、男女平等、女性の自主性、主体性が重要視され、当時の広告や女子学生のバスケットボール部の様子からも「新女性」の形象をみてとれるとされている[23]。さらに、「歴史探究」のコーナーでは、胡適の「美国的婦人」をもとに胡適が中国の「新女性」に期待していたこと、清末と民国期の画像資料を比較して「モダンガール」の特徴を書き出す活動が設定されている[24]。翰林出版の教科書では、当時の児童表象についての記述がある。具体的には、伝統社会で子どもは「小さな大人」とみなされていたが、五四時期では魯迅、周作人によって新しい子ども観が提示され、子どもも意志をもつ完全な「人」とみなされるようになったとある[25]。この新たな子ども観の確立を背景に、『小朋友』など児童向け雑誌の発行や児童文学の創作が相次いだと続いている[26]。これらの教材はジェンダー史や子どもの社会史を反映させたものであり、女性や子どもの表象を通じて新思潮が五四時期の社会にもたらした影響をより具体的に考察できる形になっている。

4　おわりに

　本節では、解釈型歴史学習の可能性を展望するため、台湾の中学校歴史学習を取りあげ、そのカリキュラム史からどのような学習が模索されてきたのかについて検討してきた。最後に、国際比較の参照軸として台湾の事例から見出せる二つの展望を記しておきたい。

　第一に、カリキュラム史からみることができる学校教育の役割と学習のあり方

についてである。国共内戦を経て台湾へと移った国民党政権にとって、学校教育の整備は統治機構の確立のためにも喫緊の課題であった。1968年には九年一貫の義務教育が制度化され、1970年代にかけて学校数の急速な拡大がみられた。その一方で、大陸中国と対峙しなければならない「大陸反攻」の政治状況にあったことから、教育内容の政治化として正統な「中国」を強調するための内容となっていた。さらには、進学競争の過熱化によって行き過ぎた知識偏重型の学習が横行した。1980年代後半からの民主化は、「台湾」アイデンティティを模索する「本土化」もともなっていたことから、先述した硬直的な学習のあり方を乗り越える契機にもなった。2000年に暫定版、2003年に正式公布された「国民中小学九年一貫課程綱要」ではカリキュラムの編成原理として生活経験と子どもの主体性が重要視されるようになり、社会科は小学校中学年から始まることになった。さらに、「国民中小学九年一貫課程綱要」を引きつぐ現行の「十二年国民基本教育課程綱要」ではコンピテンシー・ベースの鍵概念として「核心素養」が明記され、各学校を編成主体としながら「学校を基盤としたカリキュラム開発」と「特色あるカリキュラム開発」が目指されている。「現在」から「未来」を展望するためには時間軸としての歴史が必要になる。台湾の歴史的蓄積からは、子どもを主体としたカリキュラムおよび学習論の確立に向けたプロセスを見出すことができ、そうした地平線のもとで台湾社会での多様性と包摂性を体現する新たな模索が展開されようとしているのである。

　第二に、社会科のカリキュラム構造と歴史学習を通じた「過去」との向きあい方についてである。台湾の中学校社会科では時間軸と空間認識が同心円型に拡大していくカリキュラム構造になっており、歴史学習では1年生に台湾史、2年生に東アジア史、3年生に世界史がそれぞれ配置されている。そうした歴史学習の導入単元では、時代区分論とともに、歴史とは史資料を通じて過去を解釈することであると記されている。私たちが学び始めるにあたって、「どのように学ぶのか」、「なぜ学ぶのか」、「学ぶことで何が見通せるのか」といった前提となりうる問いとの出会いが重要になる。台湾の中学校歴史教科書に示されていた学習のあり方は「『歴史家体験学習』としての解釈型歴史学習」にも通じるものであり、

中学校で展開される歴史学習の重要な土台になっていくものでもある。この土台をもとに、1年生では台湾史を学習し、「台湾」に対する認識を深めていくことになる。ここで特筆すべきは、「台湾」への認識を深めていくにあたっての「過去」との向きあい方である。本節では政治の民主化プロセスを取りあげた。教科書には、二・二八事件、白色テロの具体的事例が史資料とともに掲載されている。1980年代以降の民主化にともなって、記念碑や記念館の整備が進められ、近年ではオーラル・ヒストリー研究も蓄積されている。心に刻むべき痛ましい「過去」とどのように向きあい、未来社会を展望すればよいか。歴史と正対する姿勢は今後も台湾社会で模索され続けるとともに、その姿勢から私たちも学ぶべき点が多くあるだろう。

||| 注・参考文献 |||

（1）土屋武志『アジア共通歴史学習の可能性－解釈型歴史学習の史的研究－』梓出版社、2013年、p.187。

（2）土屋武志編著『実践から学ぶ解釈型歴史学習－子どもが考える歴史学習へのアプローチ－』梓出版社、2015年、p.6。

（3）土屋武志編著『見方・考え方を育てる中学歴史授業モデル』明治図書出版、2019年、p.5。

（4）南塚信吾・小谷汪之・木畑洋一編『歴史はなぜ必要なのか－「脱歴史時代」へのメッセージ－』岩波書店、2022年、p.vi。

（5）磯田文雄『教育行政－分かち合う共同体をめざして－』ミネルヴァ書房、2014年、p.29。

（6）歴史教育について、直近では、近藤孝弘編『歴史教育の比較史』名古屋大学出版会、2020年がある。また、台湾におけるカリキュラムの国際比較研究として、黄政傑・謝金枝主編『中小学課綱之国際経験』五南図書出版、2020年がある。

（7）詳しくは、山﨑直也『戦後台湾教育とナショナル・アイデンティティ』東信堂、2009年を参照のこと。

（8）詳しくは、五十嵐隆幸『大陸反攻と台湾－中華民国による統一の構想と挫折－』名古屋大学出版会、2021年を参照のこと。

（9）『国民中小学九年一貫課程綱要 総綱』教育部、中華民国92年1月。

（10）現行の「十二年国民基本教育課程綱要」において生活科は、「社会」、「自然科学」、「芸術」、「総合活動」を横断する「統合的カリキュラム」として位置づいている。

（11）『十二年国民基本教育課程綱要 総綱』教育部、中華民国103年11月。

(12) 例えば、蔡清田『核心素養的課程與教学』五南図書出版、2020 年。

(13) **表 1** は、前注（11）、pp.5-6 をもとに作成（原文ママ）。

(14) Tzubin Lin, Liyi Wang, Jenyi Li and Chihming Chang, "Pursuing Quality Education: The Lessons from the Education Reform in Taiwan." *The Asia - Pacific Education Researcher*, 23 (4), 2014, pp.813-822.

(15) 台湾における多文化教育の理論と研究史については、劉美慧・游美惠・李淑菁編著『多元文化教育（四版）』高等教育出版社、2016 年を参照のこと。

(16) 『十二年国民基本教育課程綱要 社会領域』教育部、中華民国 107 年 10 月。

(17) **表 2** は、前注（16）、pp.18-19 をもとに作成（原文ママ）。カリキュラム構造にそくした台湾史、東アジア史、世界史の論文集として、陳鴻図主編『課綱中的台湾史』台湾商務印書館、2020 年、林桶法主編『課綱中的中国與東亜史』台湾商務印書館、2020 年、陳思仁・韓承樺主編『課綱中的世界史』台湾商務印書館、2021 年がある。

(18) 『中学校学習指導要領（平成 29 年告示）』東山書房、2018 年、p.48。

(19) 本論では、南一書局、翰林出版、康軒文教事業の三社の教科書を参照した。

(20) 『国民中学社会 1 上』康軒文教事業、中華民国 108 年 8 月、p.83。

(21) 二二八事件記念基金会のホームページ（https://www.228.org.tw/jp_index.php）から、オンライン展示や日本語の概要紹介もみることができる（最終閲覧：2023 年 2 月 9 日）。周婉窈は、「もし人類社会にいわゆる集団記憶があるとするならば、二・二八事件は本省人にとって悪夢のような出来事であり」、「私たちはまずその過去を正視し、分析し、客体化された共同認識にしていかなければならない」と論じている。周婉窈『台湾歴史図説（三版）』聯經出版、2016 年、p.242。「過去」との向きあい方といったときに私たちはドイツの歴史教育からも多くのことを学ぶことができる。詳しくは、川喜田敦子『ドイツの歴史教育（新装復刊）』白水社、2019 年を参照のこと。

(22) 直近では、評伝として、薛化元『民主的浪漫之路 雷震伝』遠流出版、2020 年がある。2019 年には、愛知県立大学で雷震の国際シンポジウムがあった。

(23) 『国民中学社会 2 下』康軒文教事業、中華民国 110 年 2 月、p.89。

(24) 『国民中学社会 2 下』康軒文教事業、中華民国 110 年 2 月、pp.90-91。

(25) 『国民中学社会 2 下』翰林出版、中華民国 110 年 2 月、p.95。

(26) 『国民中学社会 2 下』翰林出版、中華民国 110 年 2 月、p.95。オックスフォード大学で開催された BACS2022（イギリス中国学会 2022 年度年次大会）では、Henan Tang 氏から五四期の児童表象についての研究発表があった。アジア研究や中国研究を専門とする国際学会への参加は、筆者（山下）にとって「問い」の立て方や史資料へのアプローチなど貴重な研究交流の場になっている。日本の教育学研究において中国、台湾、香港を対象とする場合、依然として国内レベルの研究視座に留まる例が多く、中国語圏、英語圏の史資料、研究史にすらアプローチしていないものも散見される。こうした状況を乗り越

えるためには、中国語圏はもとより、アメリカやイギリスなど英語圏の研究者とも同じ水準にたって対話を重ね、世界的視野で自己の研究の立ち位置をとらえることがより重要になってくるであろう。

インドネシアの歴史学習における多角的視点の応用

インドネシア 国立スラバヤ大学　ナスティオン
インドネシア 国立スラバヤ大学　FX スリ・サデウォ
訳 ディチャ イサ アン・ナス(アジア共栄センター日本語コース)

1　インドネシアの歴史教育序論

　歴史を学ぶということは、過去を理解するということだ。過去から、人や国家はそのアイデンティティを認識することができる。アイデンティティを認識することで、人や国家は容易に未来へ旅立つことができる。歴史において、国家はその強みと弱みを認識することができる。 歴史は、国家が「うまく対応できなかった」ことを示す出来事を記録している。歴史はまた、国家が問題に直面したときに正しい戦略を用いたことを示す出来事も記録している。文明の遺物は、その時代の国家の頑強さと、将来達成できることを反映することができる。王家の谷のピラミッドはエジプト人の誇りであり、万里の長城は中国人の誇りであった(Beers, 1986)。しかし今日、世界文明の中心地のひとつに返り咲いたのは、現代中国だけである。それゆえ、どの国も歴史を記録し、加工し、歴史教育の教材として提示することには細心の注意を払っている。

　このことは、第二次世界大戦後の独立国の教育カリキュラム開発者によって認識されていた。文明の歴史において、どの国も同様に発展してきた。メソポタミア、エジプト、ギリシャ、ローマ、インダス川流域、中国、日本など、全体として文明のピークを経験した国も過去にはあった。そして、19世紀のヨーロッパ文明があり、数千年前の文明を簡単に覆してしまった（Beers, 1986）。新しい国民国家は、征服され植民地化されたという点で、古い国民国家とはやや異なる。植

民地化されたにもかかわらず、ベネディクト・アンダーソンは、植民地政府は部族を架空の社会に統合することに成功したと主張した。歴史的過去がその建築物の原型となったのである（Anderson, 1991）。インドネシアの歴史教育において、M. ヤミン博士は、第 2 回青年会議において、スリウィジャヤとマジャパヒトの栄光と新しいインドネシア国民国家の建設との間に関連性を持たせることができた歴史家の一人であった。一方、若きスカルノは、350 年間植民地とされてきた国家としての共通の運命を定式化した（Kahin, 1953; Surya & Fikriya, 2017）。

　このようなエリート主義的で知的な歴史理解は、独立運動（1930 年代）から今日に至るまで形成され、受け継がれてきた。当初、このような理解は、オランダ植民地政府によって確立された学校での歴史授業を否定し、「新しい」国民意識を構築するために必要だった。オランダ植民地政府時代の歴史の授業では、オランダ領東インドに対するオランダの正当性が強調された。ヨーロッパ文化とオランダの台頭は、イスラム教国マタラム王国の必要性に基づくオランダ東インド会社との協力によって始まったオランダ領東インドの支配であった。これを否定するために、オランダ領東インド（現在のインドネシア）の若い知識人たちは 2 つのチャンネルを通じてそれを行った。第一に、タマン・シスワーキ・ハジャル・デワンタラ（Ki Hajar Dewantara）の設立による教育機関を通じて、あるいは寄宿学校や宗教学校（ムハンマディアや NU）での教育を通じて。第二に、フォルクスラード（Volksraad）を通じてオランダ植民地政府にアクセスできる政党を設立することによる政治的な経路である。あるいは、地下運動としての政党として（Kusuma, 2020; Rulianto, 2019）。

　このような状況の中で、オランダ領東インド諸島の人々は、歴史上の出来事を見る際に 2 つの視点に直面した。官立学校では、オランダ植民地政府版の歴史教育。生徒たちは地元の文化よりもヨーロッパや世界の文化の歴史を記憶する。マジャパヒト王国やその他の地方王国は、タマン・シスワやその他の民族学校の教師によってのみ教えられた。にもかかわらず、オランダ植民地政府は、インドネシアの地元の人々の文明を真剣に探求した。歴史学者、言語学者、人類学者、古

人類学者、そして考古学者たちが、オランダ領東インドを研究対象とした。これらの専門家の発見は、学校で教えられるというよりは、学界で消費されるに過ぎなかった（Wiriatmadja, 2002）。

　政府の視点に立った歴史教育の学習過程は、改革政府（1998 年以降）まで続いた。 独立初期のスカルノ政権にとって、歴史教育は国民性の形成（新しい国民国家の建設）に不可欠なものとなった。スカルノ政権は、1945 年 8 月 17 日の独立が認められなかったために、オランダ政府からの再征服工作に直面しなければならなかった。さらに、スカルノ政権は、さまざまな反乱に対処しなければならなかった。歴史の記述と学習は、スカルノ政権の立場を強化するために策定された。同じことが、スハルト政府によって、ヌグロホ・ノトスサントのチームによって編纂されたインドネシア国史の執筆において、民族闘争史教育（PSPB）に従って行われた（Surbakti, 2016 年）。

　インドネシアの歴史家は、さまざまな観点から検討されるべき歴史的出来事を理解するプロセスを実際に経てきた。サルトノ・カルトディルジョは、歴史的出来事の再構築におけるさまざまな社会科学的アプローチの適用を提示している（Kartodirdjo, 1992）。これらのアプローチを用いることで、歴史的出来事はさまざまな観点や側面から解明される。その結果、歴史的出来事は国家からだけでなく、民衆や市場の側からも見ることができるようになる。彼は学位論文の中で、バンテンの反乱がオランダ領東インド植民地政府の視点ではなく、農民社会の視点からどのように捉えられていたかを示している（Kartodirdjo, 1966）。

2　バランスの取れたポスト・スハルトの歴史教育

　教材との関連では、スハルトの治世において、歴史の記述はスハルトの権力正当化の一環であった。スカルノ支配（1945-1966）からスハルト支配（1966-1998）への移行は、平坦なプロセスではなかったことに留意すべきである。スハルトに関するインドネシア人の証言はいくつかある。第一に、スカルノが計画した後継者の輪の中に含まれていないスハルトとは何者なのか、という疑問である。次に、9 月 30 日事件の明確さ。最後に、スーパーセマール（1966 年 3

月11日の命令）の明確さである。これら3つが彼の正統性の源泉の基礎となった。したがって、インドネシアの国史と民族闘争の歴史を書き換えるだけでなく、政府は大衆文化、すなわち映画などを利用した。具体的には、『黄色いヤシの葉1949年3月1日の総攻撃』（1979年）と『G-30-S PKI反逆の弾圧』（1984年）である。国営テレビで放送される前に、すべての国民はこの両作品を見ることが義務付けられていた。一方、映画『G-30-S PKI反逆の弾圧』は毎年9月30日に上映された（Vatikiotis, 1993）。

1998年以前の単視点的な歴史記述

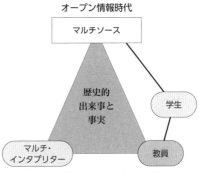

1998年以降の多角的な視点からの記述

図1　インドネシアにおける多角的な歴史記述と教育

　新秩序時代（スハルト時代）の終焉以降、歴史的出来事の見方が変わった。政府内外の歴史家、新聞社など、さまざまなグループによって歴史が書き換えられているようだ。さまざまな史料が読めるようになり、歴史的なアクターがどんどんオープンに発言するようになっている。例えば、1965年のジャカルタにおける将軍拉致事件から9月30日事件の出来事が検討されることはなくなり、1965年9月30日以降のさまざまな人権侵害行為が語られるようになった。残された加害者や被害者の家族が公にすることで人権侵害が明らかになり、『危険な生を生きる年』（1999年）、『シャドウ・オブ・プレイ』（2003年）、『殺しの行為（ジャガール）』（2012年）、『沈黙のまなざし』（2014年）のように映像化されたものもある。

　これは、スハルト政権時代にはありえなかったことだ。スハルト政権は国民へ
の情報を徹底的に統制した。政府は、映画とテレビについては映画検閲委員会
(LSF)、新聞については SIUPP（Surat Ijin Usaha Penerbitan Pers）の発行
を通じて情報局といった統制手段を開発した。このような厳しい管理によって、
社会で流通する情報の正しさは政府だけが握っている。政府の外では、情報は虚
偽とみなされ、新聞の発行停止や、公共の秩序を乱す者として流布者への法的制
裁につながる可能性があった。この政策の犠牲になった新聞はいくつもあり、そ
の中には『コンパス（Kompas）』『エディター（Editor）』『テンポ（Tempo）』
『デティック（Detik）』などがある。『コンパス』は、1978 年にスハルトの大統
領就任に対する学生の拒否反応を報じたため、発行を停止された。一方、『テン
ポ』、『エディター』、『デティック』は、1994 年に国防装備購入における汚職の
可能性を報じた（Andanwati & Wisnu, 2013; Hill, 1994）。
　この状態は、ベルリンの壁崩壊に象徴される世界的な変化とともに、1990 年
代までしか続かなかった。1996 年のサタデー・ケラブやクダトゥリ（7 月 27
日の暴動）の出来事について、政府はもはや情報を統制することができなかった。
その日、メガワティ・スカルノプトリ率いる PDI（インドネシア民主党）の事
務所は、政府の支援を受けた PDI 内の反メガワティ派であるソエルジャディの
支持者によって占拠され、死傷者が出た。当時の政府は、PDI のメガワティ支
持者が行った言論活動に極左集団が潜入していることが判明したとの噂を広め
た。オンラインメディアを通じて、政府の声明はすぐに反論された。そのひとつ
が、政府の統制を避けるためにオンラインに移行した印刷メディア（雑誌）の『テ
ンポ・インタラクティブ』である。『テンポ・インタラクティブ』や同様のオン
ラインメディアが行ったことは、スハルト政権下で暴動が起こるたびに続けられ、
スハルト大統領の正当性を損ない、1998 年 5 月の暴動で頂点に達した。その結
果、スハルト大統領は 1998 年 5 月 21 日に辞任した。
　情報がオープンになった今、過去と現在（現代）の出来事について歴史を書く
ことはますます複雑になっている。さまざまな情報源から、豊富な情報があふれ
ているからだ。歴史家の先見性と、この豊富な情報を使いこなす技術が執筆の鍵

である。さまざまな一次資料や二次資料の中から選択できなければならない。その選択は、歴史上の出来事を分析する際の理論的観点によって決まることが多い。たとえば1965年の「9月30日事件」の場合、今日では多くの書き手がその影響、とりわけスハルト政権が否定した1965年から67年にかけてのPKIに対する「弾圧」中の暴力に疑問を呈している。

このことは、サンバス・サンピット事件やマルク事件のような、スハルト後の暴動を見る場合には異なる。サンバス・サンピット暴動は2000年代に起こった。この暴動では、地元コミュニティ（ダヤック族とマレー系）と移民コミュニティ（マドゥレス族）という2つの濡れ衣を着せられた当事者がいた。一方、1998年から2001年にかけて、同じ状況が実際にマルクで起こった。マルクのケースは、もともとは先住民コミュニティと移住コミュニティ（ブトン人、ブギス人、マカサール人）の対立であったが、宗教的な祝日に発生したため、宗教コミュニティ間の暴動へと拡大し続けた。多くの著者は、この2つの事件を地域の政治構造の変化に起因するものとしているが、地域自治政策の結果であるとか、過激主義／テロリズム運動の産物であると解釈する者もいる。また、グローバルな政治経済構造の変化、特に国境を越えたファンダメンタリズム運動の結果だとする著者もいる。このような歴史的出来事の解釈は、単一の歴史的現実ではなく、複数の歴史的現実を形成している。これらの解釈は、信頼できるデータを持つ注意深い歴史家によってなされたものであるため、無視することはできない。これらの解釈は、グーグルなどの検索エンジンで検索すれば簡単に手に入る。インドネシア人は言う、"Mbah Googleにすべてがある"。googleの前のMbah（ムバ）という言葉は、ジャワ人が常人を越えて頭のいい人に与える称号である。グーグルは知識の源とされ、まず検索エンジンで検索して医師の代わりに夫が出産を担当した例さえある。

3　多角的教育におけるデジタルリテラシーの役割

ムバ・グーグルが存在し、ムバ・ユーチューブと相まって、教師と生徒の立場は実はあまり変わらない、つまり、どちらも情報を求める者である（図1参照）。

このことは、COVID-19 の大流行時にオンラインで学習する場合、さらに顕著
になる。オンライン教材を準備する時間的制約のため、教師は非常に短い時間で
教材を教えた後、生徒に課題を与えるだけである。問題は、生徒が得た知識をど
のように解釈するかにある。学生にとって、ムバ・グーグルで検索する努力は、
成績を得るための現実的な日常的義務である。一方、教師が検索に興味を持つの
は、それが学校での授業を充実させる知識を加えるからである。その知識とは、
教材、教授法、評価システムなどである。教材にはテキストと視聴覚教材がある。
テキストは、書籍や論文の形をしている。一方、視聴覚教材には、ドキュメンタ
リー映画、学習用ビデオ、非ドキュメンタリー映画などがある。

　豊富な歴史教材があるにもかかわらず、情報開放の時代に多視点的な歴史教育
を行おうと思えば、歴史教師や生徒が直面するいくつかの問題がある。まず、す
べての教師が歴史の素養を持っているわけではない。初等教育レベルでは、歴史
学を専門としない社会科の教師が歴史を教えている。高等学校では、歴史学の教
師は学士号（歴史学）を持っているだけである。教員資格教育が、こうした教員
の技能と知識の標準化に役立っている。第二に、社会と国家が歴史を別の視点か
ら見る準備がまだ整っていない。インドネシア社会は現在、権威主義的なスハル
ト政権を経て民主主義社会へと移行しつつある。第三に、スハルト政権以降、イ
ンターネットやその他のソーシャルメディアが普及したことで、家族、宗教団体、
社会集団など、学校以外の場所で宗教原理主義／急進主義運動の価値が培われて
いる（Abuza, 2007; Anderson, 2001）。

　情報があふれている状況で教える最も簡単な方法は、コンテクスチュアルラー
ニング（文脈学習）である。例えばインドネシアでは、初等教育の段階で、子ど
もたちは自分の歴史を知ることから始めて、自分自身を認識するように誘われる。
最も簡単なのは、生まれたときの出来事である（小学校1年生）。出生証明書ま
たは家族カードのコピーを持参するほか、子どもたちは父親と母親に別々に自分
の出生について尋ねるよう求められる。父親は、陣痛中に妻を失うことを心配し
た話や、出産費用を余分に稼いだ話などをする。一方、母親は、子供のためにい
かに命をかけなければならなかったかを語る。出生証明書のコピーと2つの異な

る話から、子どもたちは同じ出来事を異なる視点から見ることになる。その後、教師はこの出来事を通して、親への尊敬や神への愛など、子どもと親の関係についての普遍的な価値観を伝える。新聞やインターネットからの切り抜き、博物館への訪問、歴史上の人物へのインタビューなど、さまざまな素材を用いて、このパターンは学校のさまざまなレベルで応用される。

　このような状況において、教師の知識と教授スキルの質が多視点学習のキーワードとなる。教師のイデオロギーの罠は、多視点学習をしばしば彩る。教師がイデオロギー的なインターネットを情報源としているため、実際には誤解を招くような意見や行動をとるケースもある。例えば、生徒会長に同じ信仰を持つ者を選ぶというケースや、宗教に基づいた服装の統一を「押し付ける」ケースなどである。これは教師がやってはいけないことだ。まず、教師がASN（国家公務員）である場合、教師は国家の基盤への忠誠に関して、ASNに関する2014年法律第5号（第4条）に実際に拘束される（Kristiana et al., 2012）。1945年憲法と正当な政府市民として、インドネシア市民権に関する2016年法律第12号に拘束される（第9条d）。第二に、デワンタラによる教師の哲学に従えば、教師は模範であり、動機付けであり、促進者でなければならない（tut wuri handayani, ing madya mbangun karso, ing ngarso sung tulodho）（Fadli & Kumalasari, 2019）。もし教師がロールモデルでないなら、その思考や行動は社会や国家の調和のとれた生活を乱すので、教師としてふさわしくない。

　多角的な学習において、教材として適切な情報を選択する能力は、デジタルメディアにおける倫理的、安全、能力、教養（インドネシアのデジタルリテラシーの4本柱）という教師のデジタルリテラシーレベルによって決まる。教育を受けているにもかかわらず、現実はKominfo（通信情報省）が実施したデジタルリテラシー指数（2022年）と変わらない。インドネシアのデジタルリテラシー指数は、ASEAN諸国に比べてかなり低い3.62（1-5段階）であり、特にデジタルメディア文化について低い。デジタルリテラシーの教材が教師教育で提供されるようになってまだ10年も経っていない。デジタルリテラシーとは、正確にはICT（情報通信技術）／コンピュータと同じ意味であり、リテラシーの4つの柱

には関係ない（Gischa, 2021）。その結果、教師は優れたデジタル・スキルを持っていないため、情報を正しく検証することができない。

4　考察

インドネシアでは、多視点的な歴史を学ぶことは、通信と情報技術の結果としての情報の開放と実際に関係がある。このテクノロジーは、歴史的な出来事に関するさまざまな情報源を人々に提供する。国家（この場合は政府）はもはや情報を完全にコントロールすることはできない。このような状況において、教師の任務は、正しい情報を伝えるだけでなく、受け取った情報の真偽を選別し、分析することを生徒に教えなければならないということがますます重要になってくる。一方、教師は、多文化国家インドネシアの子供たちを団結させるために、すべての情報の背後にある意味を強調し、そこから共通の糸を引き出さなければならない。したがって、教師は高いレベルのデジタルリテラシーを持たなければならない。

このような多角的な歴史学習は、「新しい」多文化国家では特に必要とされる。まず、公式の歴史以外の視点を見ることで、学習者は歴史的な出来事の全体像を把握することができる。歴史上の出来事を一つの視点から見るのではなく、さまざまな視点から見ることができる。第二に、学習者は歴史上の行為者の行動を理解することができる。第三に、学習者は将来の状況において、少なくとも歴史を繰り返さないために、「正しい」人道的な態度や行動を賢くとることができる。

||| 注・参考文献 |||

Abuza, Z. (2007). *Political Islam and violence in Indonesia* (1st ed). Routledge.

Andanwati, Y., & Wisnu. (2013). Pembredelan Sinar Harapan Tahun 1986. *Avatara*, 1(3), pp.579-583.

Anderson, B. R. O. (1991). *Imagined Communities: Reflections on the origin and spread of nationalism*. Verso.

Anderson, B. R. O. (Ed.). (2001). *Violence and the state in Suharto's Indonesia*.

Southeast Asia Program Publications, Southeast Asia Program, Cornell University.

Beers, B. F. (1986). *World history: Patterns of civilization*. Prentice-Hall, Inc.

Fadli, M. R., & Kumalasari, D. (2019). Sistem Pendidikan Indonesia Pada Masa Orde Lama (Periode 1945-1966). *Agastya: Jurnal Sejarah dan Pembelajarannya*, 9(2), p.157. https://doi.org/10.25273/ajsp.v9i2.4168

Gischa, S. (2021). *Supporting Factors for National Development*. Compass.

Hill, D. T. (1994). *The Press in New Order Indonesia* (H. Bradbury, Ed.). Asia Research Centre on Social, Political and Economic Change.

Kahin, G. M. (1953). Nationalism and Revolution in Indonesia. *In Cornell University Press* (Vol. 6). Cornell University Press. https://doi.org/10.2307/443446

Kartodirdjo, S. (1966). *The Peasants' Revolt of Banten in 1888. Its Conditions, Course and Sequel. A Case Study of Social Movements in Indonesia* [Dissertation]. University of Amsterdam.

Kartodirdjo, S. (1992). *Pendekatan Ilmu Sosial dalam Metodologi Sejarah*. Gramedia Pustaka Utama.

Kristiana, L., Murwanto, T., Dwiningsih, S., Sapardi, H., & Kasnodiharjo. (2012). *Etnik Jawa Desa Gading Sari, Kecamatan Sanden Kabupaten Bantul, Provinsi Daerah Istimewa Yogyakarta* (Kasnodiharjo, Ed.). Badan Penelitian dan Pengembangan Kesehatan, Kementerian Kesehatan RI.

Kusuma, S. P. (2020). Perspektif Pengajaran Sejarah di Indonesia. *Jurnal Pattingalloang*, 7(1), p.110. https://doi.org/10.26858/pattingalloang.v7i1.13542

UU Nomor 12 Tahun 2006 tentang kewarganegaraan Indonesia.

Rulianto, R. (2019). Pendidikan Sejarah Sebagai Penguat Pendidikan Karakter. *Jurnal Ilmiah Ilmu Sosial*, 4(2). https://doi.org/10.23887/jiis.v4i2.16527

Surbakti, A. N. D. (2016). Analisis Buku Teks Pendidikan Sejarah Perjuangan Bangsa (PSPB). *Jurnal Criksetra*, 5(9), pp.16–24.

Surya, R. A., & Fikriya, R. (2017). History education to encourage nationalism interest towards young people amidst globalization. *Waskita: Jurnal Pendidikan Nilai Dan Pembangunan Karakter*, 5(1), pp.1-13. https://doi.org/10.21776/ub.waskita.2021.005.01.1

Vatikiotis, M. R. J. (1993). *Indonesian Politics Under Suharto* (M. R. J. Vatikiotis, Ed.; 1st ed.). Routledge.

Wiriatmadja, R. (2002). Idealitas Pendidikan Sejarah Di Indonesia. In *Pendidikan Sejarah di Indonesia: Perspektif Lokal, Nasional, dan Global*. Historia Utama Press.

第4章

欧米における
解釈型歴史学習の展開

米国における歴史家体験学習の再検討
－J.D.ノークスの歴史的リテラシー研究に着目して－

四天王寺大学　中村 洋樹

1　はじめに－歴史家体験学習への批判と再検討の必要性－

　本節では、米国における解釈型歴史学習を「歴史家体験学習」[1]と捉え、最近の研究動向（2010年代後半以降）を考察し、その意義を再検討する。

　日本の社会科教育学研究において、2010年代前半から、歴史家の史料読解に関する研究をベースにして開発された、スタンフォード大学歴史教育グループによる「歴史家のように読む」カリキュラム（Reading Like a Historian）に注目が集まり、その構造や実践事例に関する研究が進められてきた[2]。同グループにおいて中心的な役割を果たしているS.ワインバーグは、歴史家の史料読解技能として「出所の明確化」「確証」「文脈化」「精読」の4つを抽出し、これらの技能を生徒が身につけられるようなレッスンプランや教授方法を開発している[3]。

　他方で、このような歴史家体験学習を重視する動向に対しては、批判的な検討も行われてきている。米国においては、K.バートンとL.レブスティックによる批判が有名であるが、日本国内においても、インタビュー調査や質問紙調査を通して、歴史家のように考えることに意味を見出している高校生はほとんどいないことが明らかにされている[4]。その上で、生徒にとっての学ぶ意義・意味（レリバンス）を重視する研究や実用主義を軸にした授業づくりが注目を集めている。

　歴史家体験学習に対する批判に関して、原田智仁は、「日本の一部には社会科は小さな歴史学者を育てる教科ではないといった批判もあるが、それは全くの見当違いである。（中略）社会科をデジタル時代の市民形成に役立てるためにこそ、『歴史家のように読む』手法が着目されたわけである」と指摘している[5]。原田

の指摘は理解できるが、デジタル情報を読み解く力を育成するのであれば国語科や情報科で中心的に取り組まれて然るべきものであろう。歴史授業で育成するのは回りくどいやり方であり、その意義を生徒が納得できるとはあまり思えない。

スタンフォード大学歴史教育グループは、近年、「市民としてのオンライン推論能力」（civic online reasoning）に関する研究も進めている。同グループは、歴史家とファクトチェッカーにウェブサイトの情報の信頼性を判断させた結果、歴史家はその信頼性を十分に評価できなかったことを明らかにしている[6]。したがって、「歴史家のように読む」技能を学ぶことが、デジタル時代の市民形成に繋がるとは一概には言えない。以上の点を踏まえると、歴史家体験学習を提唱し続けるのであれば、どのような意義があるのかを再検討することが不可欠である。

そこで本節では、米国ブリガムヤング大学教授のJ.D.ノークスによる歴史的リテラシー研究に着目する。歴史家体験学習に関連する研究は、歴史的思考力の育成の観点から取り組まれてきたが、それだけでは生徒に学ぶ意義を実感させることは難しい。この点、ノークスによる歴史的リテラシー研究は、詳細は後述するが、歴史的思考力以外の要素を含む形で展開されている点が注目に値する。

ノークスの研究については、原田がノークスの著書『生徒の歴史的リテラシーの形成』（2012年）を取り上げ、歴史的リテラシーの教授方法を紹介している[7]。他方で、「ノークスの歴史的リテラシー論をそのまま生かすにはやや無理がある。歴史学習を通して歴史的リテラシーを獲得させるとしても、最終的に育成すべきは歴史家的資質ではなく市民的資質だからである」とも指摘している[8]。

しかし、ノークスが近年出版した『歴史を教える、シティズンシップを学ぶ—シビックエンゲージメントのためのツール—』（2019年）や『生徒の歴史的リテラシーの形成』第2版（2022年）の内容を踏まえるならば[9]、原田の意味づけは再検討が必要になる。なぜならば、ノークスの研究は、必ずしも歴史家的資質を育成しようとするものではなく、まさに原田のいう市民的資質を育成しようとするものだからである。本節では、『生徒の歴史的リテラシーの形成』初版刊行以降のノークスの研究を考察し、歴史家体験学習の意義を捉え直したい。

2　ノークスによる歴史的リテラシー概念の定義

（1）歴史的リテラシーの育成が求められる背景

　ノークスは歴史的リテラシーを、「多様な情報源から証拠を集めて検討し、分別のある意思決定を行い、歴史的な説明を用いて問題を解決し、そして説得力を持って過去に関する解釈を擁護することを含む、歴史上重要とされている様々なテクストと交渉する／を読解すると共に創造する／書く能力」と定義している[10]。

　この歴史的リテラシーの定義とその構成要素を詳しくみていく前に、まず歴史的リテラシーを育成する必要性をノークスがどう捉えているかを確認したい。

　改めて指摘するまでもなく、日本の歴史授業は教師による講義中心・暗記中心の授業であり、対して米国の歴史授業は生徒主体・活動中心の授業であると単純化することは適当ではない。ノークスは米国の伝統的な歴史授業を、「講義、教科書の読解、あるいは、ドキュメンタリービデオの視聴を通じて、歴史情報を伝達するよう設計された授業」と特徴づけている[11]。そして、全米学力テストの調査結果等を踏まえながら、こうした伝統的な歴史授業は「多くの生徒たちのための意義ある長期的な学習成果を生み出していない」と批判している[12]。

　その上でノークスは、米国の歴史教育に関する理論研究や自らの歴史授業の実践経験[13]を踏まえて、歴史家の読み方や書き方をモデルにして歴史授業のあり方を改革しようとしている。ノークスは、表1[14]のように、読解と論述に焦点を当てて、「従来型の授業」と「再概念化された授業」とを対比し、これからの歴史授業の目指すべき方向性を提示している。前者は、米国の伝統的な授業を指し、後者は、ノークスが目指している授業を指している。再概念化された授業を通して育成しようとするのが、歴史的リテラシーというわけである。

　このような問題意識は、ノークスに限らず米国の研究者に概ね共通するものであり、決して目新しいものではない。しかし、ノークスは、歴史的リテラシーは歴史授業のなかにとどまるものではなく、それを超えて拡張すると指摘している。すなわち、歴史的リテラシーは「わずかな調整を加えることで、インターネットを使って現代の諸問題を賢明に調査したり、責任を持ってソーシャルメディアを

表1　従来型の授業と再概念化された授業における読解と論述

	従来型の授業	再概念化された授業
歴史学習の性格	過去に何が起きたかに関する列聖化された物語の記憶にコミットする。その物語は、教師／テクストから生徒に伝達される。	生徒たちは証拠を用いて、批判、代わりとなる見方、そして再解釈に開かれている過去に関する解釈を構築し、共有し、擁護する。内容は調査の間に学ばれる。
指導目標	広大な歴史情報の保持と歴史的諸概念の理解。	歴史的諸概念とメタ概念の保持、歴史的な読解、論述、そして思考技能の形成、批判的な性向の発達。
テクストのタイプ	教科書と解説的なテクスト。一次資料は例として限定的に使用される。	複数の見方を表す一次資料や二次資料と人工物。教科書を慎重かつ批判的に使用する。
テクストの役割	情報の伝達。	歴史的な問いに答えるのに有益な証拠と／あるいは、解釈を共有する説明。
教師の役割	情報を提供する、生徒たちが情報を上手く扱うのを助ける、生徒たちによる情報の想起を評価する。	真正な問いの手本を示す、背景知識や証拠を提供する、歴史的思考技能を育てる、生徒たちの研究を導く、生徒たちの内容知識と歴史的思考技能を評価する。
生徒たちの役割	講義あるいは読解課題を通して情報を吸収する、情報を理解し上手く扱う、情報を保持する。	問いをたずねる、巧みに証拠を比較する、解釈を作り上げ、説明し、擁護する、他者のアイデアを批評する。概念的かつメタ概念的な理解を構築する。
書く／話す目的	歴史的内容知識を示し、時々、歴史的諸概念を現在の問題へと応用する。	証拠と内容知識を巧みに用いて主張を論証する、仲間の解釈をレビューする、そして、歴史的諸概念を現在の問題へと応用する。
評価の役割	生徒たちの指導目標（上述）の習熟度を測り、フィードバックを提供する。	生徒たちの指導目標（上述）の習熟度を測り、フィードバックを提供する。

使用したり、ニュース報道の伝達あるいは再伝達にみられる偏見を識別したりする能力もまた発展させることができる」という[15]。とはいえ、このような捉え方も特に目新しいものではない上に、スタンフォード大学歴史教育グループの近年の研究成果を踏まえるならば、必ずしも裏付けのある主張とは言えない。

　ここでより注目したいのは、ノークスが米国の民主主義と報道メディアの二極化の問題にも目を向けている点である。ノークスはその例として、2021年1月6日に起きた米国議会議事堂での暴動を取り上げている。具体的には「1月6日の議事堂での暴動は、歴史的な読解、思考、論述に関連する批判的なリテラシーを教えることの重要性を私に確信させた」と述べ、「歴史的に読み、考え、書くのに必要なリテラシーと、二極化され、精査されていない情報のはけ口を有する民主主義社会において、調査し、意思疎通を行い、そして行動を起こすのに必要なリテラシーとの間には重要な共通点が存在する」と指摘している[16]。

　この指摘を踏まえると、ノークスは、単にデジタル情報を批判的に読み解く力の育成を目指しているわけではなく（軽視してはいない）、民主主義社会の形成に資する歴史的リテラシーの育成を目指していることがわかる。

（2）歴史的リテラシーの定義とその構成要素

　ノークスによる歴史的リテラシーの定義は前述した通りであるが、より具体的には「複数のジャンルの印刷されたテクスト、印刷されていないテクスト、視覚的なテクスト、デジタルなテクスト、ビデオ、オーディオ、そして多様な形態の歴史的テクストを使って意味を構築する能力、歴史家たちがこれまで行ってきた研究の文脈のなかでテクストを批判的に評価する能力、テクストを証拠として用いて過去の出来事や状況に関する独自性のある解釈を作り上げる能力、そして学問のスタンダードを満たす多様なタイプのテクストを作り出す能力」のことを意味する[17]。この定義から、ノークスは文字資料だけではなく、様々なジャンルの資料をテクストと捉えていることや、テクストを批判的に読む力だけではなく、解釈を作り上げる力やテクストを作り出す力も重視していることがわかる。

　とはいえ、これらの定義だけであれば、「歴史家のように読む」カリキュラム

で育成が目指されているリテラシーとあまり相違がなく、結局のところ、歴史家的資質の育成を目指しているようにもみえる。ここで注目したいのは、表２[18]に示したように、ノークスが歴史的リテラシーを「方略」と「精神の習慣」から成るものとして捉え、それぞれをより具体的に提示している点である。

表２　歴史的リテラシー概念を構成する「方略」と「精神の習慣」

方略	精神の習慣
・出所の明確化（sourcing） ・確証（corroboration） ・文脈化（contextualization） ・見方の認識（perspective recognition） ・過去に関する不利な見方 　（deficit view of the past） ・歴史的エンパシー（historical empathy） ・歴史的想像（historical imagination）	・認識のスタンス（epistemic stance） ・健全な懐疑主義（healthy skepticism） ・学問的な謙虚さ（academic humility）

　表２に示した方略のうち、「出所の明確化」「確証」「文脈化」は、「歴史家のように読む」カリキュラムで重視されている史料読解の技能であり、「見方の認識」と「歴史的エンパシー」は、バートンとレブスティックなどによって研究が進められてきたものである。この点だけを切り取れば、これまでの研究を整理しただけのようにもみえるが、もう一方の精神の習慣は、これまでの研究において十分に焦点が当てられてきたものではない。次に、歴史的リテラシーの育成を歴史家的資質ではなく市民的資質の育成へと繋げる上で、この精神の習慣がどのような役割を果たすものであるのかを詳しく検討していきたい。

（3）歴史的リテラシー概念における精神の習慣の概要

　ノークスが歴史的リテラシー概念に精神の習慣を位置づけた背景には、歴史を教える教師たちに対する問題意識がある。例えば、「歴史教師たちは、かれらが技能の教授を強調してきたことと比べると、シビックエンゲージメントのための性向（disposition）を育てることをほとんど強調さえしてきていない」と述べ、

精神の習慣と同義の性向の育成を主張している⁽¹⁹⁾。シビックエンゲージメント
とは、市民が自分たちの所属するコミュニティ、学校、国、あるいは、世界にお
ける問題または必要性を、かれらが特定し是正することを指している。このとき、
知識や技能を持っているだけでは不十分であり、適当な方法で行動する構えが必
要であるという⁽²⁰⁾。この指摘から、歴史的リテラシーの育成を市民的資質の育
成に繋げようとするノークスの意図を明確に読み取ることができる。

　表2に示した精神の習慣のうち、「認識のスタンス」は、簡潔にまとめれば歴
史の構築性を理解することであり、具体的には「歴史は過去ではなく、その代わ
りに、残された不完全で不十分な記録に基づく過去に関する研究であることを理
解している」「単一の歴史物語は存在せず複数の解釈が可能であることを認識し
ている」「必ずしも全ての解釈が等しく妥当なわけではないことを理解し、証拠
の使われ方に基づいて判定を下す」ことが含まれる⁽²¹⁾。この例をみる限り、認
識のスタンスは、歴史家的資質そのものであるように思われる。

　「健全な懐疑主義」については、「歴史家は、かれらが受け取る証拠に対して穏
やかに抵抗する。かれらは、まず選別のプロセスを通して情報を操作することな
しにこれを受け入れることはないだろう。優れた歴史家は、かれらが信じたいと
願う証拠にさえ懐疑的である。インターネットで調べる者やソーシャルメディア
のユーザーも同じように、かれらが見つけるアイデアに — かれらが信じたいと
願うアイデアにさえ — 穏やかに抵抗し、それらに基づいて行動する、あるいは、
それらを共有する前に批判的に評価すべきである」とノークスは述べている⁽²²⁾。

　このようにノークスが主張する背景には、生徒たちが歴史的なテクスト（特に
教科書）の内容を額面通りに受け入れる傾向があることに加え、自分が見つけた
情報や信じたいと思う情報に対して人々が懐疑的になることは稀であるというデ
ジタル時代の人々の傾向性を挙げている。つまり、ソーシャルメディアの文脈へ
の転移を見据えて、健全な懐疑主義の必要性や意義を主張しているのである。

　「学問的な謙虚さ」については、「歴史家の健全な懐疑主義は、かれらがそれぞ
れの証拠を公平にレビューすることを妨げない。対照的に、歴史家は、いくつか
の相反する仮説的な解釈を同時に熟考する能力を備えることでオープンマインド

を維持している」とノークスは指摘し、「歴史家たちは、全ての解釈について懐疑的であるけれども、新しい、証拠に基づく理論には開かれたままである」とまとめている (23)。ノークスは「民主主義に必要な全ての特徴のうち、自身の立場を再考しようとすることはもしかすると最も重要である」けれども (24)、「しばしば見落とされる批判的思考の一つの要素」であると主張している (25)。

　以上の説明から、歴史的リテラシーの育成を、歴史家的資質ではなく市民的資質の育成へと繋げる上で注目すべき精神の習慣は、健全な懐疑主義と学問的な謙虚さと言えるだろう。とはいえ、それぞれの意味は概ね理解できるものの、どのような場面で発揮されるものなのか、もう少し説明が必要だろう。ここで注目したいのは、ノークスが学問的な謙虚さの例として、「かれら（歴史家たち：筆者註）はその正確さを疑うときでさえ、頻繁に同僚のアイデアの妥当性を認識していた」こと (26) や、「かれら（歴史家たち：筆者註）は仲間のアイデアに対して異論を述べるのと同じ頻度で自身のアイデアに対しても異論を述べている」こと (27) を挙げている点である。これらの例から、ノークスは、精神の習慣を、複数の歴史家のやり取りのなかで発揮されるものとして捉えていることがわかる。

　そもそもノークスは、「歴史家たちの読解と論述は、歴史家たちのディスコースコミュニティにおける対話への参加の一例である」といったように、歴史家の研究プロセスを他の歴史家たちとの対話的なプロセスとして捉えている点が重要である (28)。この点を踏まえるならば、これまでの研究は、主に歴史家個人の史料読解の方法に焦点を当ててきたために、十分に歴史家体験を捉えることができていなかったと言えるだろう。次に、やや遠回りとなるが、ノークスがこのような精神の習慣を導き出す契機となった研究を検討することで歴史家体験を捉え直し、その上でそれを学ぶことにどのような意義があるのかをみていきたい。

3　歴史家たちの対話にみられる社会的リテラシー

（1）歴史家たちの社会的リテラシーを明らかにするための方法

　ノークスは A.ケスラー・ルンドとともに、歴史家たちの社会的リテラシーを明らかにするために（ケスラー・ルンドとの研究では精神の習慣と表現されてい

ないため、本項では社会的リテラシーと表現する）、ブリガムヤング大学歴史学部の歴史家8名の協力を得て、かれらに文書を基礎にした課題に取り組ませた。

　具体的には、8名の歴史家を2～3名のチームに分け、1863年に南アイダホで起きた米国陸軍によるショショーニ族の虐殺（ベア川の虐殺）に関するモニュメントを作成するという課題を与えた。この出来事が起きた地には既にモニュメントが2つあり、1つはこの出来事を「戦い」、もう1つは「虐殺」と説明している。ノークスらは、歴史家たちに、立場や作成された時期が異なる5点の文書をチームで分析し、現存するモニュメントに代わる新たなモニュメントを設計する（出来事のタイトル、出来事に関する説明、写真を含める）ことを求めた[29]。

　このような課題は、必ずしも歴史家の研究過程を忠実に再現したものとは言えないけれども、ノークスらは、チームで活動している最中の歴史家たちのやり取りに着目することで、社会的リテラシーを明らかにしようとしたのである。

（2）歴史家たちの社会的リテラシーの特徴とその意義

　ノークスらによれば、歴史家たちのやり取りのなかで最も共通して観察されたものは、「擁護する」（affirming）、「異議を唱える」（challenging）、「談笑する」（chatting）の3つであった。それぞれの特徴をみていきたい[30]。

　「擁護する」は、新しい仮説を提案して批判を求める、別の人（または自分自身）が提案した仮説を精巧にする、あるいは、それを裏付けるために証拠を提供する、まとめをわかりやすくしたり、まとめに同意したりすることなどを意味する。ノークスらは、「特に歴史家たちが、あり得る仮説、あるいは、思索的な推論を行うときに、かれらは自分たちの同僚に擁護を求めた」ことや「その事実の正確さよりも解釈のもっともらしさに基づいていた」ことを強調している。

　「異議を唱える」は、同僚（または自分自身）の解釈や提案された文章に異議を唱える、あるいは、それを正したり、反対したりすることを意味する。ノークスらは、異議を唱えることは擁護することに比べ頻繁には起こらなかったものの、「歴史家たちは、同僚たちによって慎重かつ批判的に吟味されたアイデアを持つことを有難く思っているようにみえた」と述べ、「仮説や解釈をめぐる歴史家た

ちのやり取りを構成する重要な部分であった」と指摘している。

「談笑する」は、出来事の内容や課題の内容についてのジョークを言ったり、自分自身や自分たちをからかったりすることなどを意味する。ノークスらは、「一見したところ、談笑は歴史家が取り組む社会的プロセスと関連性がないと思われるかもしれないが、振り返ると、談笑はチームの構築プロセスを構成する中核的な部分であるように思われた」と述べている。

ノークスらは、これらの特徴に加えて、この課題の活動の後半にみられた「可能性の検討」（exploring possibility）と「解釈への到達」（arriving at an interpretation）に注目し、これらは「シビックエンゲージメントに向けて若い人々を教育するのに最も見込みがある」と評価している[31]。それぞれの特徴を簡潔に整理すると、可能性の検討は、あり得る説明を提案すること（それを受け入れるかどうかは議論せずに）や、主張は仮説であると限定をかける、あるいは、主張は仮説であると表現することを意味する。解釈への到達は、特定の解釈を除外することや、最も擁護可能な解釈を特定することなどを意味する。

以上の特徴を踏まえ、ノークスらは歴史家たちの社会的リテラシーを、（ a ）談笑や擁護を含む礼儀正しい討論、（ b ）異議を唱えることや証拠を使って解釈を擁護することを含む粘り強さ、（ c ）可能性の検討のプロセスを通じた熟議（多くのあり得るオルタナティブな解釈が同時に主張されているときに）の３点に整理している。その上で、生徒たちがこれらの方略を用いることで、「現在の問題を協働的かつ熟慮的に探究し、適当な解決に到達するために、仲間の市民たちと関わるようより良く教育されるかもしれない」と主張している[32]。

このような社会的リテラシーは、市民形成の観点からみて興味深いものではあるものの、歴史家体験学習の結果として見出されたものではない。そのため、直ちに「歴史家体験学習にはこのような社会的リテラシーを学べる点に意義がある」とは言えない。しかし、歴史的思考力の育成に傾きがちで、生徒が学ぶ意味・意義を実感しにくい歴史家体験学習をアップデートするためには、社会的リテラシー、あるいは、精神の習慣を育成する視点が不可欠であるとは言えるだろう。

4 おわりに

　本節では、ノークスによる歴史的リテラシー研究を検討してきた。歴史家体験学習がノークスのいう歴史的リテラシー（特に精神の習慣、あるいは、社会的リテラシー）を育成するものとなるかどうかは今後の研究にかかっている。

　ところで、日本国内に目を向ければ、歴史的リテラシー形成の好事例とみなし得る実践事例も蓄積されてきている[(33)]。この点を踏まえるならば、米国の歴史家体験学習や歴史的リテラシーに関する研究から学ぶことは重要ではあるものの、今後は、それが日本国内で既に実践されている歴史授業を価値づけ、発展させるための手がかりとなり得るか否かを、より批判的に検討することが必要である。

||| 注・参考文献 |||

（1）本節では、米国の歴史教育研究の特徴を明確にするために、「解釈型歴史学習」ではなく、土屋武志も用いている「歴史家体験学習」という表現で統一した。土屋武志「『歴史家体験学習』のすすめ」、『社会科教育』明治図書、第 54 巻第 12 号、2017 年、pp.8-11。

（2）Wineburg, S., Martin, D., Monte-Sano, C., *Reading Like a Historian: Teaching Literacy in Middle and High School History Classrooms*, Teachers College Press, 2011. 日本国内の研究については、次の文献を参照されたい。中村洋樹「歴史実践（Doing History）としての歴史学習の論理と意義－『歴史家の様に読む』アプローチを手がかりにして－」『社会科研究』第 79 号、2013 年、pp.49-60。原田智仁「米国における"歴史家のように読む"教授方略の事例研究－ V.ジーグラーの『レキシントンの戦い』の授業分析を手がかりに－」『兵庫教育大学研究紀要』第 46 号、2015 年、pp.63-73。田尻信壹『探究的歴史授業の構図－理論・方法・臨床からのアプローチ－』三恵社、2022 年。

（3）ワインバーグの研究については次の文献を参照されたい。Wineburg, S., *Historical Thinking and Other Unnatural Acts*, Temple University Press, 2001.（＝渡部竜也監訳『歴史的思考－その不自然な行為－』春風社、2017 年）Wineburg, S., *Why Learn History (When It's Already on Your Phone)*, University of Chicago Press, 2018.

（4）バートンとレブスティックによる批判については、次の文献を参照されたい。Barton, K.C., Levstik, L.S., *Teaching History for the Common Good*, Lawrence Erlbaum

Associates, 2004.（＝渡部竜也ほか訳『コモン・グッドのための歴史教育－社会文化的アプローチ－』春風社、2015 年）日本国内の批判については、次の文献を参照されたい。星瑞希「生徒は教師の歴史授業をいかに意味づけるのか？－『習得』と『専有』の観点から－」『社会科研究』第 90 号、2019 年、pp.25-36.西村豊「学習文脈は高校生の歴史授業に対する意識にどのような影響を与えるか？－多様な進路に対応したクラスを設ける X 高等学校を事例として－」『社会科研究』第 95 号、2021 年、pp.37-48。

（5）原田智仁『高等学校 新学習指導要領 社会の授業づくり』明治図書、2022 年、p.36。

（6）Wineburg, *op.cit.*, 2018, pp.139-159.

（7）Nokes, J.D., *Building Students' Historical Literacies: Learning to Read and Reason with Historical Texts and Evidence*, Routledge, 2012. 原田智仁「歴史的リテラシーの概念と学習指導」『これからの時代に求められる資質・能力を育成するための社会科学習指導の研究－社会科リテラシーの系統的育成－』日本教材文化研究財団調査研究シリーズ No.76、2018 年、pp.102-110。

（8）原田智仁「コンピテンシー・ベース・カリキュラムのための歴史的リテラシーの指導と評価－『歴史家のように思考する』フレームワークを手がかりにして－」『兵庫教育大学研究紀要』第 49 号、2016 年、p.110。

（9）Nokes, J.D., Teaching History, *Learning Citizenship: Tools for Civic Engagement*, Teachers College Press, 2019. Nokes, J.D., *Building Students' Historical Literacies: Learning to Read and Reason with Historical Texts and Evidence* (Second edition), Routledge, 2022. ノークスの研究については、次の文献も参照されたい。中村洋樹「シビックエンゲージメントの視点に基づく歴史教育改革論－J・D・ノークスの理論と米国史カリキュラムを事例に－」二井正浩編著『レリバンスを構築する歴史授業の論理と実践－諸外国および日本の事例研究－』風間書房、2023 年、pp.95-119。

（10）Nokes, *op.cit.*, 2022, p.5.

（11）*Ibid.*, p.19.

（12）*Ibid.*, p.25.

（13）ノークスは、1991 年から 2006 年までユタ州内のミドルスクール、ハイスクールに勤務しており、ワインバーグの研究から示唆を得て、文書を基礎にした授業を展開していた。

（14）Nokes, J.D., Historical Reading and Writing in Secondary School Classrooms, Mario Carretero, Stefan Berger, & Maria Grever.(eds). , *Palgrave Handbook of Research in Historical Culture and Education*, Palgrave Macmillan, 2017, p.561, Table 29.1.

（15）Nokes, *op.cit.*, 2022, p.4.

（16）*Ibid.*, p.10.

（17）*Ibid.*, p.43.

（18）*Ibid.*, pp.47-53 の内容を筆者が整理した。

（19）Nokes, *op.cit.*, 2019, p.2.

（20）詳細は、注（9）の中村の文献を参照されたい。

（21）Nokes, *op.cit.*, 2022, p.52.

（22）*Ibid.*, p.10.

（23）*Ibid.*, pp.52-53.

（24）*Ibid.*, p.11.

（25）*Ibid.*, p.225

（26）*Ibid.*, p.52.

（27）*Ibid.*, p.225.

（28）Nokes, *op.cit.*, 2017,p.560.

（29）Nokes, J.D., Kesler-Lund, A., Historians' social literacies: How historians collaborate and write during a document-based activity, *The History Teacher*, 52(3), 2019, pp.373-377.

（30）*Ibid.*, pp.378-380.

（31）*Ibid.*, p.397.

（32）*Ibid.*, p.400.

（33）例えば、次の文献を参照されたい。前川修一・梨子田喬・皆川雅樹編著『歴史教育「再」入門－歴史総合・日本史探究・世界史探究への"挑戦"－』清水書院、2019 年。金子勇太・梨子田喬・皆川雅樹編著『歴史総合の授業と評価－高校歴史教育コトハジメ－』清水書院、2023 年。

【付記】本節は、JSPS 科研費 JP19H01683 と JP22K02245 による研究成果の一部である。

第2節

米国における解釈型歴史学習の実証的研究アプローチ
− A.リーズマンによる歴史議論学習の教室調査を手がかりに −

伊勢崎市立四ツ葉学園中等教育学校　植原　督詞

1　解釈型歴史学習の特質 ー学習における「解釈」「立場」「対話」ー

　土屋武志氏の提唱する解釈型歴史学習の特質は、次の3点にまとめることがで
きる [1]。第一に、資料の読解によって子どもが歴史を主体的に構築する学習で
あること。氏は、従来の歴史学習を既製の歴史を理解させる学習であったと指摘
し、この手の学習では、歴史が "解釈としての歴史" ではなく "唯一絶対の歴史"
として教えられていることを批判する。そして、"唯一絶対の歴史" を理解させ
る学習は、歴史の解釈性に対する子どもの認識を閉ざし、ひいては他国との歴史
認識をめぐる外交摩擦・軋轢を引き起こす（引き起こしてきた）と指摘する。そ
こで、英国の歴史教材を手がかりに、「既製の歴史を理解する学習」から「解釈
として歴史を構築する学習」への転換を訴え、歴史家のように資料を読解するこ
とによって子ども自身が歴史を構築する解釈型歴史学習の提唱に至る。

　第二に、過去の人々の「立場」とそれを解釈する現在の人々の「立場」を意
識した学習であること。過去の人々の行為は、現代を生きる我々にとって奇
妙で不自然で非合理的とすら思えるものもあるが、しかし、当時の人々の価値
観や社会状況をふまえると、自然で合理的で当たり前だということも少なくな
い。そのため、現代の価値基準や価値観から過去を理解することは、「現在主義
(presentism)」と呼ばれ、歴史学習では避けるべき行為とされてきた。加えて、
たとえ現代であっても、国や地域、扱う資料が異なれば、同一の歴史事象でも異
なった解釈が成り立ち得る。土屋氏は、歴史を解釈する際に意識しなければなら
ない、このような「視点」や「文脈」を、「立場」という言葉でまとめ、「『歴史は、

異なる立場から異なる根拠があり、異なる見方ができる』ということを前提とし、それをむしろ自覚させるための意図的な学習活動」[2] として、解釈型歴史学習を構想する。

　第三に、異なる解釈をもつ他者との「対話」を重視した学習であること。氏は歴史学習における対話は「多様な解釈を知り、それをふまえたより確かな解釈に導く手段であったり、解釈に用いた情報の信憑性をめぐって批判的思考を深める機会」[3] であると述べる。歴史解釈を吟味・検討する対話を通して、「歴史は多様な解釈が成り立つ」という歴史の解釈性に子どもたちは気づき、その合意を巡る議論を展開することとなる。すなわち、解釈型歴史学習における対話は、多様な歴史解釈のなかから妥当な解釈を探究し、共有可能な歴史解釈の合意を図る役割を担っているのである。

　先に述べた解釈型歴史学習の特質は、これまで日本に紹介されてきた欧米圏の解釈学習(Document Based Learning：DBL)にも共通するものである。例えば、米国スタンフォード大学のサム・ワインバーグ (Sam Wineburg) が開発した「歴史家のように読む（Reading Like a Historian：RLH)」学習では、歴史的思考スキルとして「出所を明らかにすること（sourcing)」、「文脈に位置づけること (contextualizing)」、「丁寧に読むこと（close reading)」、「確証あるものにすること（corroborating)」[4] が挙げられ、解釈型歴史学習の特質と共通していることに気づく。事実、土屋氏は、英国の歴史学習を分析した原田智仁氏の「解釈学習」[5] と自身の解釈型歴史学習との類似性を認めており[6]、また米国のRLH の授業を歴史的思考力を育む授業として高く評価している[7]。そのため本稿では、これまで日本に紹介されてきた欧米圏の歴史学習論を含め、前述の３つの特質を有する学習を、解釈型歴史学習として論を進めることとする。

2　解釈型歴史学習に関する国内先行研究の課題

　では、欧米圏の歴史学習論を含め、わが国の解釈型歴史学習に関する研究は、どのように進められてきたのだろうか。わが国におけるこれまでの解釈型歴史学習に関する研究をふり返ると、大きく次の２つの研究アプローチがあった。ひと

つは、解釈型歴史学習の目標（ねらい）と教授方略の理論的背景を明らかにする理論的アプローチである。例えば、原田氏は、英国のマカレヴィとバナムの歴史学習論を手がかりに、歴史の解釈学習のねらいと具体的な学習指導の方略を明らかにしている[8]。また中村洋樹氏は、米国で注目されるディシプリナリ・リテラシーの研究動向を整理し、RLHでめざされる授業目標と4つの歴史的思考スキルを明らかにしている[9]。もちろん土屋氏も、英国の歴史教材から解釈型歴史学習の理念と具体的な教授方略を明らかにし、それを著書にまとめている[10]。

もうひとつは、理論的アプローチを発展させ、解釈型歴史学習の具体的な授業単元を開発・実践する開発的アプローチである。例えば、虫本隆一氏は、RLHの授業方略を用いて、トルーマンの原爆投下の決断の背景を明らかにする授業を実践している[11]。また土屋氏は、解釈型歴史学習の理論書をもとに授業を実践している教師の実践事例をまとめ、編著者として書籍を出版している[12]。

これまでの解釈型歴史学習に関する研究は、子どもが主体的に歴史を構築する学習の理論的背景を明らかにし、教師の実践に寄与することを目的に解釈型歴史学習の授業を開発・実践する研究が重ねられてきたことがわかる。

しかし、実際の学校現場を見てみると、解釈型歴史学習が広く普及したとは言いがたい。その理由について中村氏は、高校生の歴史学習の意味づけを調査した星瑞希氏[13]や西村豊氏[14]の研究を参照しながら、資料から歴史解釈を構築する「歴史家のように読む」学習が「高校生だけでなく、高校教員にとっても、ほとんどレリバンス（学びの意味や意義）を感じられないものになっている」[15]からと指摘する。そうであれば、なぜ教師や子どもに解釈型歴史学習が受け入れられないのか、また解釈型歴史学習を実践する教師はいかにして授業を成立させているのか、その実践にあたっていかなる課題や障壁がみられるのかといった解釈型歴史学習の実践や教室の実態を巡る疑問に応えていく必要があるだろう。そして、これらの疑問に応えるには、これまでの2つの研究アプローチとは異なるアプローチが求められるのではないだろうか。それはすなわち、解釈型歴史学習を実践する教師の授業や教室での子どもたちの実態の調査から、解釈型歴史学習の成立要件と留保条件を明らかにする実証的アプローチである。

　では、実証的アプローチを用いた解釈型歴史学習の研究とは、いかなるものだろうか。本稿では、解釈型歴史学習に関する実証的アプローチの具体を明らかにするため、米国の社会科教育研究に着目したい。米国の社会科教育研究に着目する理由は、渡部竜也氏[16] が明らかにしているように、米国の社会科教育では、実証的アプローチを用いた研究が先進的に進められており、研究の方法論を学ぶ上でも示唆的な事例が多く存在するからである。とりわけ本稿では、ペンシルヴァニア大学の歴史教育研究者アビー・リーズマン（Abby Reisman）の研究[17] を事例として取り上げる。リーズマンは、RLH の開発者であるワインバーグに師事し、RLH カリキュラムの開発協力者であるとともに、資料にもとづく解釈学習（Document Based Learning：DBL）に関する実証研究を精力的に進めている人物である。そのため、リーズマンの研究に着目することで、解釈型歴史学習に関する新たな知見と研究の方法論の示唆を得ることができると考える。

3　実証的アプローチを用いた解釈型歴史学習に関する研究
―アビー・リーズマンの場合―

（1）リーズマンの問題関心

　リーズマンは、議論学習に関するこれまでの研究を分析し、資料にもとづく建設的議論には、次の3つの特徴があることを明らかにしている[18]。第一に真正の問いと子どもの考えを取り入れる教師の働きかけがあること、第二に学問的な思考とレリバンスのある知識が用いられること、第三に大きな問い（big question）もしくはジレンマに対処する協働的探究であること。なかでも、リーズマンが注目したのが、そのような建設的議論をサポートする教師の役割であった。教師が時たま声かけをするグループでの議論とは対照的に、クラス全体の議論では、教師がファシリテーターとして重要な役割を担っていることを、先行研究の分析から明らかにしている[19]。その上で、解釈型歴史学習の議論活動における教師の働きかけを調査した研究がないことを指摘し[20]、教師のいかなる働きかけが子どもの議論を活性化するのか明らかにするため、RLH カリキュラムを実践する教師の調査を実施している。

（2）調査の方法

　リーズマンは、RLH カリキュラムを実践する教師 5 名の歴史クラス（11 学年：日本では高校 2 年生相当）を約 6 ヶ月間にわたって調査した。調査対象とした 5 名の教師は、RLH カリキュラムに関心を示し、一次資料を用いた探究法ワークショップ（4 日間の夏季研修と 3 回のフォローアップ研修）の参加者である。表 1 は、調査対象の教師の教師歴、学士号、所属校全校生徒数、ELA（英語授業）の学年成績優秀者率、在籍生徒の経済指標となる昼食の無償者・減額者率である。

表 1　調査対象者の情報

教師	教師歴	学士号	全校生徒数	ELA 成績優秀者率	昼食無償者／減額者率
アダムズ（女性）	5 年	米国研究	666 人	11.5%	62%
スミス（女性）	7 年	米国史	2,400 人	43.9%	44.8%
クレイ（女性）	17 年	経営学	2,500 人	42.1%	47.5%
ピーター（男性）	9 年	米国史	939 人	29.9%	53.2%
ハドソン（女性）	24 年	芸術史	637 人	35.2%	57.4%

(Reisman, A. Entering the historical problem space: Whole-class, text-based discussion in history class. *Teachers College Record*, 117(2), p.7 より筆者作成)

　表 1 をみると、年齢、経験年数、専門等のバックグラウンドが異なる教師が調査対象となっており、異なる文脈（規模、学力層、経済状況）の学校を対象としていることがわかる。

　これらの調査対象のクラスを週 2 回観察し、うち 1 回でビデオ撮影を行い、教師 1 人あたり計 20 時間（5 名で合計 100 時間）の映像記録を残している。そして、すべての映像記録を文字に起こし、そこからクラス全体の議論とみなすことのできる事例を以下の 4 つの基準から抽出する [21]。基準❶：教師が議論の冒頭に歴史解釈に関する中心的な問い（メイン・クエスチョン）を提示していること、基準❷：生徒は議論前に 2 つ以上のテキスト資料を読んでいること、基準❸：議論過程にはメイン・クエスチョンに応答する 3 名以上の生徒の発話が含まれていること、基準❹：議論は 4 分以上続いていること、である。リーズマンによれば、「これらの基準は、教室での議論活動に関する先行研究で用いられた基準に比べ遥か

に厳しいものであった」[(22)] という。しかし、この厳しい基準によって、解釈に
もとづく議論事例の特定は、より明確になったと述べている。

（3）調査結果

　調査の結果、4つの基準を満たす議論として9つの事例が特定された。しかし、
4つの基準を満たす事例は、対象とした5名の教師のうち3名の教師（アダムズ
教諭・スミス教諭・クレイ教諭）のクラスでしか確認できなかったという。表2
は、9つの事例のメイン・クエスチョン、ディスカッション時間（分）、参加し
た生徒の割合、発話の生徒1人当たりの平均単語数を示したものである。

表2　抽出された議論事例の概要

メイン・クエスチョン	時間	参加生徒の割合	1人あたりの平均単語数
○アダムズ教諭			
・ルイスとクラークは、旅先で出会ったネイティブアメリカンを尊重していたか？	9分	39%	15
・リンカーンは、人種差別主義者だったのか？	11.5分	70%	7
・ウィルソン大統領は、第一次世界大戦に参戦する正当な理由をもっていたか？	9.5分	35%	23.2
○スミス教諭			
・テキサスの人々がメキシコからの独立を宣言したのは、正当か？	23分	44%	35.7
・リンカーンは、人種差別主義者だったのか？	14分	34%	53.8
・フィリピン戦争でアメリカ兵は命令に従う必要があったのか？	11.5分	38%	17.6
○クレイ教諭			
・テキサスの人々がメキシコからの独立を宣言したのは、正当か？	21分	42%	28.4
・ウィルソン大統領は、第一次世界大戦に参戦する正当な理由をもっていたか？	24分	71%	21.9
・ニューディール政策は成功だったか、失敗だったか？	8.5分	32%	29.7

(Reisman, A. Entering the historical problem space: Whole-class, text-based discussion in history class. *Teachers College Record*, 117(2), p.12 より筆者作成)

　なお、この表の「参加生徒の割合」に関連していえば、母数となる各クラスの人数は、アダムズ教諭のクラスが23人、スミス教諭のクラスが29人、クレイ教諭のクラスが33人であった。また、スミス教諭の実践における「フィリピン戦争でアメリカ兵は命令に従う必要があったのか」という質問は、オリジナルの授業では、「フィリピン戦争におけるアメリカの残虐行為にはどのような理由があったのか」という解釈的な問いでデザインされていた。

　抽出された事例を分析した結果、教師のファシリテート行為として大きく次の2つの働きかけがあった[23]。ひとつは「汎用的働きかけ（generic moves）」、すなわち、生徒に議論参加を促したり、論点を明確にすることを促したりするなどの歴史の議論に特化しない汎用的な教師の働きかけである。「汎用的働きかけ」は、以下の3つの下位カテゴリーに分類される（表3）。

表3　「汎用的働きかけ（generic moves）」のカテゴリー

カテゴリー	説明
プレス（Press）	生徒に主張の根拠を詳しく説明するように求める発話
放送（Broadcasting）	生徒の発言を大きな声で言い直す発話
参加（Participation）	生徒に参加を促したり、呼びかけたりする発話

(Reisman, A. Entering the historical problem space: Whole-class, text-based discussion in history class. *Teachers College Record*, 117(2), p.8 より筆者作成)

　「汎用的働きかけ」は、どの教科の議論でもみられる教師のファシリテート行為である。では、歴史の議論に特化した教師の働きかけには、どのようなものがみられたのか。それがもうひとつの働きかけである「歴史的働きかけ（historical moves）」である。これは、以下の7つの下位カテゴリーに分類される（表4）[24]。

　リーズマンによると、教師たちの議論への介入度合いとスタイルには違いがみられたという[25]。例えば、スミス教諭は、他の2名に比べ生徒の議論に介入することは少なく、生徒に主張の根拠を明確にするよう求めたり、特定の資料について質問をしたりすることもなかった。一方で、クレイ教諭とアダムズ教諭は、ディスカッションに度々介入し、積極的なファシリテート行為を行っていた。2名の教師の違いは、クレイ教諭が生徒の解釈の根拠について言及していたのに対

表 4 「歴史的働きかけ (historical moves)」のカテゴリー

カテゴリー	説明
モデリング (Modeling)	歴史解釈の主張を裏づけるような資料の使い方やクラスメイトの解釈に対する賛成や反対の仕方を示す発話 (例:「反対するときは、『文書〇〇に関する誰々の解釈に反対だ』と言って下さい」)
リヴォイシング (Revoicing)	生徒の主張を修正し、主張と根拠の関係を強調するもしくは明確にする発話 (例:「つまり、より多くの人が雇用されたからニューディールは成功だったと主張しているの?」)
アップテイク (Uptake)	生徒の資料への言及を質問で補足したり(「リンカーンの演説に対するスザンヌの解釈をどう思う?」)、反論を要求もしくは提供したり(「ニューディールは成功したというデボンの主張に反対する人はいる?」)、生徒の考えを明示的に関連づけたりするような発話
マーキングテキスト (Marking Text)	生徒の注意を特定の資料に向けさせ、それについて解釈的な質問をする発話
テキストプレス (Textual Press)	生徒に資料上の証拠で主張を立証するように求める発話
内容の安定化 (Stabilize Content)	教師が厳然と(多くの場合は I-R-E 連鎖を通して)、今行われている議論に関連する内容知識を確認する発話(「ミズーリ協定では何が規定されていたか、そして、テキサスはどこに位置するか?」「では合衆国に加盟したら自由州となるか奴隷州となるか?」等)
現在主義者の問い (Presentist Question)	非歴史的な発問をしたり、生徒が資料から目を逸らすような仮定の世界を議論に持ち込むように促したりする発話(「もし警官が民間人を撃つように言ったら、あなたはどうする?」)

(Reisman, A. Entering the historical problem space: Whole-class, text-based discussion in history class. *Teachers College Record*, 117(2), pp.8-9 より筆者作成)

し、アダムズ教諭はそれに加えて、歴史的文脈にも注目させていたという。とはいえ、これらは、ディスカッションにおける教師の行為を分析したものであり、リーズマンが述べているように「例えば、(議論にほとんど介入していなかった)

スミス教諭の生徒たちであっても、演習では資料を根拠に自分の主張を立証するように奨励されていた」[26] という。事実、スミス教諭の議論事例をみると、スミス教諭が生徒の主張の根拠に言及しなくとも、その役割は、他の生徒が担っていた。そのため、リーズマンは、3名の教諭のファシリテート行為の違いが生徒たちの議論の質に違いを生み出したとは単純に結論づけてはいない。むしろ、リーズマンは、教師の働きかけ前後の生徒の発話を分析することで、「教師の働きかけが、（子どもたちの）より深い歴史理解への扉を開いたり閉じたりする可能性がある」[27] と主張している。このことは、次の小項で検討する。

（4）総合考察

リーズマンは、「3名の教師を単純に比較できない」とし「特定の教師の働きかけが必ずしも生徒の発話や思考を引き出すとはいえない」[28] と述べながらも、議論事例の分析を通して、歴史の解釈学習における次の3つの留意点を指摘している。

第一に、歴史授業において、資料にもとづく議論活動が驚くべきほど少ないという事実である。教師1名につき約1,400分（5名で計7,000分以上）の授業を収録したにも関わらず、議論時間は僅か132分程度しかなかったのである。このことは、米国におけるこれまでの歴史教育の改革努力にも関わらず、歴史の授業が暗唱と講義によって特徴づけられていることの表れだと述べている。特にリーズマンが問題とするのは、調査対象の教師たちが、RLHカリキュラムに関心が高く、一次資料を用いた探究法ワークショップにも参加しているにも関わらず、5名中3名しか議論活動を実施していなかったという実態であった。この実態からリーズマンは、カリキュラム教材の開発だけでは教師に指導上の変化をもたらすには不十分であると指摘し、カリキュラム開発者が「カリキュラムスタンダード対応」や「大学への準備」、「ディシプリナリー・リテラシー」などのラベル付けしたパッケージ教材を生み出している今日の状況に警鐘を鳴らしている[29]。

第二に、議論を促す教師の手立てが、場合によっては子どもの適切な歴史解釈を阻害する恐れがあるということである。例えば、アダムズ教諭は、生徒が主張

の根拠を明確にできるように「引用サンドイッチ（Quote Sandwich）」と呼ばれる議論のテンプレートを用いていたが、これによって資料の批判的読解が阻害されていたということが指摘されている [30]。「引用サンドイッチ」において生徒は、まず自身の主張を作り、次にそれを裏づける資料を探し出すという手順をふむことから、歴史的文脈をふまえた資料読解や資料それ自体の批判を困難にする可能性があるという [31]。

　また、抽出された議論事例（表 2）のメイン・クエスチョンをみると、「解釈的な問い（interpretive question）」（資料や歴史解釈を吟味させる問い）ではなく、すべてが「評価的な問い（evaluative question）」（歴史上の人物や出来事を評価させる問い）となっている。このことについてリーズマンは、「評価的な問い」は議論を活性化するかもしれないが、そこには危険も伴うと指摘する。すなわち、「評価的な問い」は、歴史上の人物・出来事に自由な評価を下すことができるため、議論参加のハードルを下げる一方、生徒は自身の信条・信念から評価を下すことで、資料を批判的に扱う可能性が低くなるという [32]。例えば、「トルーマンが広島に原爆を投下したことは正しかったか？」という「評価的な問い」を授業で問うたとき、生徒たちは、トルーマンの言葉や声明文をもとに自分の主張を形成しても、トルーマンの言葉自体の信頼性を考慮しない傾向にあるというのである。そのため、リーズマンは、「評価的な問い」を授業のメイン・クエスチョンとするときには、一定の注意を払わねばならないと指摘し、例えば「なぜトルーマンは広島に原爆を落とす決定を下したのか？」「アンドリュー・ジャクソンは、ネイティブアメリカンの強制移住を、どのように正当化したのか？」といった補助発問で問いを調整し、当時の状況や資料の信頼性に生徒の意識を向けさせる必要があると述べている [33]。

　第三に、9 つのいずれの議論事例でも教師が積極的な働きかけをしており、教師のファシリテート行為が議論活動には不可欠であるということである。例えば、クレイ教諭は、資料読解において生徒が困惑している様子に即座に反応して議論を一時中断し、次の 2 つの働きかけを実践していた。第一に、資料の著者が誰であり、何を重視していたのかを問い、資料読解の着眼点を示す「モデリング」で

ある。第二に、当時の歴史的文脈と地理的背景を確認する「内容の安定化」である。その結果、生徒たちは、資料の内容の妥当性を正当に評価でき、歴史的・地理的背景を議論に効果的に盛り込むことができていたという[34]。クレイ教諭の場合、議論における教師の介入が、特定の資料の理解と、メイン・クエスチョンと背景知識を結びつける足場かけとして機能していたのである。このような働きかけは、介入度合いの差こそあれ、3名の教師に共通するものであったという。これをふまえてリーズマンは、教師の積極的介入は、子ども中心の学習観では「強引で子どもの主体性を奪う行為」とみなされてきたが、教師の積極的な介入・ファシリテート行為こそ、活発かつ質の高い議論を可能にすると指摘する[35]。議論学習は、構成主義的な学習観に根ざした子ども中心の指導法であるが、一方で「子ども中心の学習を支持し、教師の介入指導を権威的として嘲笑し実質的な学びを犠牲にしている現代の教室規範」[36] は、子どもたちの議論への教師の介入・ファシリテート行為を、ややもすれば否定する恐れがあることをリーズマンは危惧しているのである。

4　おわりに

　本稿では、解釈型歴史学習の実証的アプローチの具体を示すため、アビー・リーズマンの研究を事例として取り上げた。本稿のリーズマンの研究は、わが国の解釈型歴史学習にも多様な示唆を与えてくれるのではないだろうか。例えば、近年、わが国でも思考ツールや対話型論証[37] といった議論の構造を分析・創造する手立てが提唱されているが、それらを用いる際には、適切な資料批判が行われるように留意する必要があることを、リーズマンの研究から学ぶことができる。また、近年、「困難な歴史（difficult history）」[38] に注目が寄せられ、歴史論争問題学習の重要性が指摘される[39] なか、そこでみられる問いは「評価的な問い」（正しかったか、許されるか、正当であったかなど）である場合が多い。たしかに「評価的な問い」は、歴史論争問題学習では不可欠であり、より活発な子どもの議論（論争）を引き起こす問いかもしれないが、そのことによって、歴史的文脈の理解がなおざりになる可能性があることには留意しなければならない。解釈型歴史学習

において「評価的な問い（歴史事象を評価させる問い）」と「解釈的な問い（資料や解釈を吟味させる問い）」は、相互補完的に用いられる必要がある。加えて、解釈型歴史学習の授業事例集やパッケージ教材を開発したとしても、それが教師の実践の変革に必ずしも寄与しないことがリーズマンの調査研究から示唆される。

　解釈型歴史学習に関する実証的研究は、その必要性が提起されるに留まり、まだ緒に就いたばかりである [40]。論争のある歴史問題の和解に向けて子どもたちが主体的に歴史の解釈を議論する学習を実現するためにも、教室における子どもや教師の実態を明らかにするような解釈型歴史学習の研究が、今後一層、求められるだろう。

||| 注・参考文献 |||

（1）本稿では、次の文献をもとに土屋氏の解釈型歴史学習の特質をまとめた。
　　　・土屋武志『解釈型歴史学習のすすめ』梓出版社、2011 年。
　　　・土屋武志『アジア共通歴史学習の可能性』梓出版社、2013 年。
　　　・土屋武志編『実践から学ぶ解釈型歴史学習』梓出版社、2015 年。
（2）土屋武志前掲書、2011 年、p.68。
（3）土屋武志前掲書、2013 年、p.156。
（4）Wineburg, S., Martin, D., Monte-Sano, C., *READING LIKE A Historian*, Teachers College Press, 2011.
（5）原田智仁「中等歴史教育における解釈学習の可能性」『社会科研究』第 70 号、2009 年、pp.1-10。
（6）土屋武志前掲書、2011 年、p.15。
（7）土屋武志前掲書、2013 年、pp.179-181。
（8）原田智仁前掲論文、2009 年、pp.1-10。
（9）中村洋樹「歴史実践（Doing History）としての歴史学習の論理と意義」『社会科研究』第 79 号、2013 年、pp.49-60。
（10）土屋武志前掲書、2011 年及び 2013 年。
（11）虫本隆一「高等学校における歴史リテラシー育成の試み」原田智仁・關浩和・二井正浩編著『教科教育学研究の可能性を求めて』風間書房、2017 年、pp.33-42。
（12）土屋武志前掲書、2015 年。

(13) 星瑞希「生徒は教師の歴史授業をいかに意味づけるのか？」『社会科研究』第 90 号、2019 年、pp.25-36。

(14) 西村豊「学習文脈は高校生の歴史授業に対する意識にどのような影響を与えるか？」『社会科研究』第 95 号、2021 年、pp.37-48。

(15) 中村洋樹「シビックエンゲージメントの視点に基づく歴史教育改革論」二井正浩編『レリバンスを構築する歴史授業の理論と実践』風間書房、2023 年、pp.97。なお、（学びの意味や意義）は筆者によるものである。

(16) 渡部氏によると、米国では 1990 年代頃から子どもたちの学びや教師の実践の実態などを丁寧に記録し、そこでみられる規則性や傾向など解き明かしていこうとする質的調査研究が増加し、近年では米国の社会科教育学会 NCSS の機関紙 TRSE に掲載される論文のほとんどが、実証的研究を占めているという。渡部氏は、子どもが埋め込まれた社会的文脈と学習の関係を明らかにする「社会文化的アプローチ」を用いた米国の調査研究を事例に、RLH 型授業の可能性と限界を子どもの実態から明らかにすることの必要性を指摘している（渡部竜也「社会文化的アプローチで日本の社会科研究を変革する試み」梅津正美編『協働・対話による社会科授業の創造』東信堂、2019 年、pp.228-255/ 渡部竜也「社会文化的アプローチは社会科教育研究を変えるか？」『社会科教育研究』141 号、2020 年、pp.19-30）。

(17) Reisman, A. Entering the historical problem space: Whole-class, text-based discussion in history class. *Teachers College Record*, 117(2), 2015, pp.1-44.

(18) *Ibid*., p.3.

(19) *Ibid*., p.4.

(20) *Ibid*., p.4.

(21) *Ibid*., p.7.

(22) *Ibid*., p.7. なお、リーズマンが先行研究として挙げている Nystrand らの研究では、議論を「生徒間または少なくとも 3 人の生徒と教師の間で、30 分以上続く自由な情報交換」と定義している（Nystrand, M., Gamoran, A., Kachur, R., & Prendergast, C., *Opening Dialogue*, Teachers College Press, 1997, p.36）。

(23) Reisman, A., *Ibid*., pp.8-9.

(24) リーズマンは、「歴史的働きかけ」のカテゴリーの作成にあたって、議論学習に関する先行研究を参照したと説明している。それらは数学や英語の議論に関する研究であるが、指導の「共通技術用語」の開発という観点から、意図的に既存の言語を使用するように努めたという（Reisman, A. Entering the historical problem space: Whole-class, text-based discussion in history class. *Teachers College Record*, 2015, 117(2), p.8）。

(25) *Ibid*., p.11.

(26) *Ibid*., p.12.

(27) *Ibid*., p.14.

(28) *Ibid*., p.14.

(29) *Ibid*., pp.35-36.

(30) *Ibid*., pp.20-21.

(31) *Ibid*., p.36.

(32) *Ibid*., p.37.

(33) Reisman, A. Document-Based Discussions in History：Orienting Students to the Disciple, In Jane, C.Lo(eds.), *Making Classroom Discussions Work: METHODS FOR QUALITY DIALOGUE in the SOCIAL STUDIES*, 2022, pp.106-123.

(34) Reisman, A., *op.cit*., 2015, p.35, 37.

(35) *Ibid*., p.37.

(36) *Ibid*., p.37.

(37) 松下佳代『対話型論証による学びのデザイン』勁草書房、2021 年。

(38) 空健太「困難な歴史」棚橋健治・木村博一編著『社会科重要用語事典』明治図書出版、2022 年、p.68 ／金鍾成・小野創太「「困難な歴史」の教育的価値の探究」『教育学研究』第 3 号、2022 年、pp.52-60。

(39) 星瑞希「歴史論争問題学習の指導と評価の方略」『社会系教科教育学研究』第 34 号、2022 年、pp.21-30。

(40) 例えば、註（16）の渡部氏の論考は、解釈型歴史学習の実証的研究の必要性を提起するものと言える。また、拙稿では、リーズマンの調査研究と同様に、解釈型歴史学習を実践する教師の授業内の発話分析を通して、教師の実践的知識とその形成要因を明らかにしている（植原督詞「対話的な歴史学習を成立させる教師の実践的知識とその形成要因」『中等社会科教育研究』第 38 号、2019 年、pp.19-32）。

過去を想起するメディア空間と「解釈型歴史学習」の接続可能性
−ドイツのハウス・バスティアン「Politische Bildung in Museen」プロジェクトを事例として−

兵庫教育大学連合大学院／愛知県立春日井高等学校　中山 智貴

1　メディア空間における想起の問題化

　2020 年、世界的にユーザー層の多いソーシャルメディアの一つである TikTok [1] において「#HolocaustChallenge」というタグが物議を醸した。このタグは、主にヨーロッパ圏で問題視され、公開後すぐにマスコミや利用者から「歴史の矮小化」という批判を受けた。「#HolocaustChallenge」とは、動画投稿者がホロコースト犠牲者に扮し、犠牲者達の物語と死亡時の様子について視聴者に直接訴えかけるという形をとる POV [2] 動画をシェアした際に用いたタグである。ここでは、TikTok のフィルター機能を使ってナチスによってユダヤ人に着用が義務付けられていた服装を表現したり、暴行等による打撲痕を映し出したりすることで動画の視覚効果を高める方法がとられていた。このため、「#HolocaustChallenge」は、ナチスの強制収容所に収容されたユダヤ人の過去を中傷し、辱めるものとして厳しく批判された [4]。

　「#HolocaustChallenge」は、ソーシャルメディアというメディア空間における過去の想起や記憶の取り扱いが社会問題化したものの一つである。ホロコーストという、ドイツ・ナチズムの時代を象徴する残酷で悲惨な過去が「いいね」獲得のためのツールとなってしまう背景には、人々が持つ過去をめぐる様々な動機が取り巻いている。この出来事について、アウシュビッツ・ビルケナウ博物館は批判するのではなく、むしろ取り組むべき「教育的挑戦（educational challenge)」として捉えることを促した [5]。この事例に留まらず、メディア空間における過去の想起が問題化することはこれまでもあった。同じホロコースト

について言えば、2017 年ごろにイスラエルのアーティストであるシャハク・シャピラ（Shahak Shapira）が「Yolocaust」というアートプロジェクト[6]を立ち上げた。このプロジェクトは、多くの観光客がベルリン・ユダヤ博物館の記念碑前で撮影した自撮り画像を加工し、かつてホロコーストによって積み上げられたユダヤ人の遺体や収容所の写真と組み合わせることで、記念碑の観光地化を批判したものである。

このように、メディア空間における過去の想起や記憶の取り扱いは、特にソーシャルメディアが発展した現代社会において、歴史教育が取り組むべき重要課題となっている。歴史教育における代表的なメディア空間には、歴史教科書や新聞などの印刷・刊行された紙媒体、博物館や美術館、郷土資料館といった地域社会における実体的なミュージアムなどの社会的空間がある。これらもまた過去・記憶の取り扱いをめぐる政治的・文化的対立のなかにあると言える[7]。こうしたメディア空間における過去の想起や記憶の取り扱いは、人々の社会・歴史・文化的なアイデンティティ形成に深く関わってゆくものである。それでは、歴史教育は、これらのメディア空間とどのように関わっていけばよいのか。この問いは、アウトリーチ活動が広く展開されるミュージアムとの連携や、デジタル社会におけるソーシャルメディアと歴史の関係性といった、メディア空間と歴史学習との関係性を問い直し、学校における市民性育成のための歴史学習を軸としたカリキュラムにおける協働のあり方を検討しようとするものである。

そこで本節では、過去を想起するメディア空間と「解釈型歴史学習」の接続可能性を検討するために、地域協働による歴史実践[8]が幅広く展開されているドイツに着目し、学校や文化施設、地域社会と協働する歴史実践がメディア空間をどのように歴史学習との接続を図っているかを明らかにし、協働のあり方について解明する。具体的には、ドイツのベルリン美術館島にあるハウス・バスティアン文化教育センターの「Politische Bildung in Museen」プロジェクトを事例として、分析を進めてゆく。

2　メディア空間と歴史学習の関係性、なぜドイツなのか？

　学校での歴史学習と、博物館や美術館といったミュージアムなどのメディア空間における学習活動とは、何が異なるのか。本節では、この違いについて、①歴史は人によってつくられ描かれたものであるという前提に立っているか、②民主社会における基本的な技能として、多様な解釈を知り、より確かな解釈を導くための対話を学習活動に位置付けているか、の2つを措定する。この2つは、どちらも土屋武志が唱えた「解釈型歴史学習」[9]における重要な要素である。

　本来、多様である解釈が混淆し、再構成され続ける場であるメディア空間が歴史学習という場面では、学習者に対して「既成の歴史を覚えるための」ものを提示する空間として機能するに留まる場合が多くみられる。例えば、日本の博学連携においては、土器・石器など歴史的な史料のハンズ・オンや人々の暮らし体験といった体験学習などの実物教授の場をミュージアムに求める教育的役割として捉えていることが多い[10]。これは実体的なメディア空間として、ミュージアムに関わる学芸員の専門性に依拠することで教育効果を高めようとするものである。しかしながら、こうしたメディア空間における学習活動では、子どもは展示の解釈に関与することができず、あくまでも学芸員の解釈やミュージアムによる解釈を無批判的に受け止めることしかできない。この現状を改善するためには、メディア空間が「解釈」によって構成されていることを捉え直したり[11]、空間そのものを批判的に捉える学習活動を行ったりすることが想定できる。

　それではなぜ、ドイツにおける歴史実践に着目するのか。上記で述べた違いを乗り越え、ミュージアムなどのメディア空間が積極的に学習者の対話活動や「解釈」を認めていこうとする動きがあるからである。これまでドイツでは、ナチズムの反省やホロコーストの記憶文化といったような困難な歴史との関わりのなかで、学校・文化施設・地域社会が相互に連携することによって、移民や難民、ポピュリズムの進展といった文化的、政治的な社会課題に積極的に取り組むことを可能にしてきた背景がある。ドイツの政治教育（politische Bildung）を専門とする近藤孝弘も「かつて反民主主義のために利用された歴史教育を、いかにして

民主的な方向に転換するかが戦後ドイツの政治・歴史教育にとって重要なテーマであった」[12] と述べているように、ドイツではナチズムの反省という民主的要求のもとで、狭義の歴史教育に限らず、文化・政治教育との連携が大きく作用しながら多様な歴史実践が蓄積されてきたことが特徴だと言える。そこで、ドイツの文化・政治教育における歴史実践がどのようなものかについて概説してゆく。

（1）政治教育における歴史実践とメディア空間

　ドイツにおいて、政治教育とは「民主的市民性教育（education for democratic citizenship）」と英訳され、世界各地で展開されている市民性教育の一部のことを指している。政治教育という用語には、ヴァイマール共和国からナチズム、東西ドイツ分断から統一へと歩んできたドイツ現代史の経験をもとに、個々の市民の政治的能力の獲得を通して民主主義を確固たるものにするというドイツ社会の認識が存在する[13]。このように、政治教育はナチズムやホロコーストといったトピックを通じて歴史教育と緊密に連携をとっている。

　例えば、連邦政治教育センター（BpB; Bundeszentrale für politische Bildung）のウェブサイトでは、「歴史・政治教育（Historisch-politische Bildung）」という内容項目を設定している[14]。そこでは、国家社会主義とホロコーストに関する教材やワークシートを公開したり、記念碑やミュージアムにおける記憶文化に関する学習方略を示したりすることで、子ども・若者が学校内外においてナチズムへの反省を含む様々な政治課題に取り組むことを可能にする。この項目のうち、「記念碑への訪問（Besuch einer Gedenkstätte）」という項目では、歴史授業カリキュラムに組み込まれている記念碑への訪問に焦点を当てている[15]。この項目は、記念碑訪問における学習者の立ち位置について論じており、再構築された「過去」である展示について、どのような姿勢で取り組むべきか、施設職員との対話をどのように進めるべきかについて述べている。そこでは、学習者と（記念碑の解説を担当する）施設職員との間の「対話」を学習原則とし、双方のパートナーシップ構築がなされることで学習者のアイデンティティ形成にも寄与できるとしている。

　このように、政治教育における歴史実践は、学校外のミュージアム・記念碑施設、映画、音楽といった様々なメディア空間を使用しながら、歴史における現代的な課題や過去の想起などを事例として取り上げ、民主社会の市民として関与することを目指していることに特徴がある。

（2）文化教育における歴史実践とメディア空間

　次に、文化教育（Kulturelle Bildung）とは、芸術・文化的な生活への参加である「文化的参加」を目的とした、学校、美術館、青少年教育施設、都市空間からインターネット空間に至るまで、様々な場所における芸術的、文化的な教育実践のことである[16]。ドイツ社会において、文化教育は個人の文化的人格形成を担う文化・教育政策として位置付いており、ナチズムの時代への反省を通して単なる教養主義的なアートエデュケーションではなく、教育・文化の統合的要素として領域横断的に取り組まれている[17]。

　例えば、ドイツ・ハンブルク州で実施されている文化教育プロジェクト「ヒストリーマシン」では、ユダヤ教に関する偏見への対処と反ユダヤ主義の防止を目的として、ハンブルク州におけるユダヤ人の歴史・文化に関する記念碑についてデジタルマップの作成を行う[18]。プロジェクトのなかで、子どもは地域における歴史上の人物や出来事、場所、記念碑などを調査し、メディア教育などの専門家によるサポートを受けながら、当事者へのインタビューやミュージアムへの訪問調査などを実施してゆく。そして、学習グループごとに動画を撮影・編集し、完成した動画作品を「ヒストリーマシン」のウェブサイト上に公開して、活動の評価や発表を行う。ここでいうメディア空間は、プロジェクトのウェブサイトであり、プロジェクトを通して参加した学習者の作品が蓄積され続けていくものとなっている。この「ヒストリーマシン」プロジェクトでは、「プロジェクト全体がユダヤ人とそれに関連する歴史を記念する空間を用いながら、デジタルメディアを紐帯とした子どもと地域との関係性についての実験場」[19]を構築している。

　このように、文化教育における歴史実践は、子どもの「文化的参加」を軸としながら、様々な芸術的文化的表現形式を通して、学校や美術館、ミュージアム、

インターネット空間などを結びつけることに特徴がある。

3　ハウス・バスティアン文化教育センター「PB in Museen」プロジェクトの分析

　これまで、ドイツの歴史実践では、歴史教育のほかに政治教育や文化教育といった異なる教育領域・文化政策などが複層的に連携することによって、多様なアプローチに基づく歴史実践を可能にする土壌があることをみてきた。そこで、こうした歴史実践がミュージアムなどのメディア空間とどのように歴史学習の接続を試みているのかについて、具体的な事例をもとに分析していきたい。

（1）プロジェクトの概要

　ドイツの首都ベルリンにある博物館島（Museumsinsel）のうち、ベルリン美術館（Staatliche Museen zu Berlin）では「Gemainsame Vergangenheit – Gemeinsame Zukunft II（共通過去－共通未来 II、以下 GeZu II と表記する）」という教育プロジェクトを実施している。「GeZu II」プロジェクトでは、ヨーロッパおよびイスラーム圏の社会が文化的・社会的に相互依存関係であったことに着目し、学校・青少年施設・教会コミュニティ等の多様な社会集団における異文化教育を促進する教材開発や特別展の運営、教育プログラムを企画・実施している。このうち、ハウス・バスティアン文化教育センター（Haus Bastian Zentrum für kulturelle Bildung）が中心となって開発・実践した教育プロジェクトが「Politische Bildung in Museen（以下、PB in Museen と表記する）」である。「PB in Museen」プロジェクトは、「GeZu II」プロジェクトの一環として開発され、連邦政府文化・メディア委員会からの助成を受けて実施された。

　「PB in Museen」プロジェクトは、2019 ～ 2022 年までベルリン・博物館島で実施された文化・政治教育のパイロットプロジェクト[20]であり、同博物館島にあるイスラム美術館（Museum für Islamische Kunst）との協働により開発されたものである。プロジェクトは、博物館の展示や学習者用ワークシートを用いて行われ、参加者は 180 分～ 4 時間ほどの時数で取り組むこととなる。こ

のプロジェクトは、博物館展示を通して過去と現在のつながりを探究する「博物館とマッチングしよう（It's a match!)」や、「植民地主義－身体、芸術、文化（Kolonialismus – Körper, Kunst und Kultur)」、古代ギリシアの奴隷制を事例に、民主主義的要求と奴隷化について議論する「古代奴隷制－当時の取り組みと現代への影響（Skaverei in der Antike. Annäherungen an damals, Auswirkungen auf heute)」、の３つが用意されている。また、イスラム美術館との協働で開発した「右派ポピュリズムの痕跡の可能性（Kann Spuren von Rechts (populismus) enthalten. Zwischen modernen Mythen und radikalen Vereinnahmungen)」がウェブサイト上で公開されている。

　そこで本項では、「PB in Museen」プロジェクトが歴史実践として、博物館というメディア空間を教育活動の中にどのように位置付け、子どもの歴史学習をデザインしているかについて分析を行っていく。そのために、「PB in Museen」で公開されている学習者用ワークシートを分析対象とし、ウェブサイト上で公開されている「博物館とマッチングしよう」および「右派ポピュリズムの痕跡の可能性」の２つのプロジェクトを分析した。

（２）プロジェクト「博物館とマッチングしよう」の場合

　まず、「博物館とマッチングしよう」プロジェクトは、ドイツの前期・中期中等教育段階の学生を対象としたものである。ベルリン美術館の展示および収蔵品とのあいだに有意味性を持ちえない子ども・若者に対して、グローバリゼーションや移民といった現代社会の課題が収蔵品からも読解できることを示し、過去と現在の繋がりについて着目させることを目的としている。ここでは、学習者用ワークシートを通して、子ども・若者が日常生活からどのような視点を援用して、博物館の展示や収蔵品と向き合うかを自身で考察できるようにすることを目指している。

　例えば、「博物館とマッチングしよう」の学習者用ワークシートでは、学習者に対してまず自身の考える探究テーマについて書き出すことを促す。書き出したテーマについて、クラスメートと共に「（選んだテーマに）誰が関心を持つか」や「社

会的意義があるか」などを対話しながら、自身が選んだテーマについて探究することを目指している。このとき、ワークシートではテーマに対する学習者の考えや背景を深める問いを設け、博物館で扱っている収蔵品や作品への関心にも繋げる。例えば、**資料1**で示した通り探究テーマを決定する際に「テーマに関する政治的・歴史的事実」について考えさせたり、「テーマに関するイメージ」を想起させたりすることによって、収蔵品といった具体的事物を扱う博物館での学習における視点の獲得を目指していると言える。

資料1 「博物館とマッチングしよう」ワークシートにおける問いの例[21]

[テーマを決定する]：テーマを2つ選び、書き出そう
－どちらのテーマが面白いと思うか？
－選択したテーマに関する政治的・歴史的事実を知りたいと思うか？
－選択したテーマに関するイメージはあなたの頭の中にありますか？またこのテーマの
　イメージを持っていますか？
－選択したテーマは、将来どのような役割を果たしますか？

　このように、「博物館とマッチングしよう」プロジェクトでは、ベルリン美術館の収蔵品と学習者との関係性を構築するために、学習者自身の日常的な問題関心や対話を促すアプローチをとっている。これは、プロジェクトにおいて学習者が「対象（Objekt）との繋がりを築けるかどうか」を重視し、「ピンとくる（Klick）」ことの重要性をワークシート内に位置付けている[22]のである。このプロジェクトは、単にベルリン美術館の（特定の）収蔵品に関する関心を高めることを目的とするのではなく、子ども・若者の日常的な関心を通して、過去と現在との繋がりを気付き対話する空間として、博物館を位置付けていることが分かる。これは、博物館を子ども・若者が対話する一つのメディア空間として捉えるための導入用教材なのであり、日常生活という視点から過去に取り組むための歴史実践であると言える。

（3）プロジェクト「右派ポピュリズムの痕跡の可能性」の場合

　次に、「PB in Museen」プロジェクトのうち、同博物館島に所在するイスラム美術館との協働で開発された「右派ポピュリズムの痕跡の可能性」を分析する。

　「右派ポピュリズムの痕跡の可能性」プロジェクトは、イスラム美術館の展覧会「ゲルマン民族：考古学的調査（2020.9.18-2021.3.14開催）」の開催に合わせて開発されたものであり、ゲルマン民族に関する考古学的史料を用いながら「ゲルマン民族と右派ポピュリズム」の関係性について探究することを目的とした。

　このプロジェクトは、中等教育段階（9年生）を対象とし、①歴史イメージと歴史意識（国家社会主義と1945年以降の極右）、②議論と省察、③社会問題に対する判断の育成（危機的な状況の民主主義、反ユダヤ主義、ステレオタイプ、民主主義の擁護）、という3つを学習目標としている[23]。この学習目標を達成するために、プロジェクトでは5つのワークシートが用いられている。

　本プロジェクトにおけるワークシートはそれぞれ、A「極右によるゲルマン民族を示すものとしてのシンボルとコード：宗教・神話・イデオロギー」、B「極右によるゲルマン民族を示すものとしてのシンボルとコード：考古学・政治・独占」、C「ゲルマン民族とは誰が、どのように、何を？」、D・E「歴史的なイメージはどのようにして制作されるのか？（1）・（2）」の5つで構成されている。

　まずワークシートA・Bでは、ゲルマン民族のイメージをめぐるイデオロギー的背景や政治との関わりについて探究する。ここでは、考古学的資料が少ないゲルマン民族のイメージが政治利用され、反民主主義・国家社会主義的主張のために用いられたことを学習する。次に、ワークシートCでは、ゲルマン民族に関するイメージについて確認しながら、考古学的史料から判明したゲルマン民族の生活について学習する。そして、ワークシートD・Eでは、出土した史料や復元図をもとにしながら、史料の解釈批判を行う。

　例えば、ワークシートAでは、ドイツ極右支持者がシンボルとして使用する「オーディンによって、我々は異教徒のままである（bei Odin, wir bleiben Heiden!）」マークを史料として取り上げ、**資料2**に示した学習課題の問いを設定している。

資料2　ワークシートAの学習課題

[学習課題]
1. 史料1*にあるオーディンの描写について説明し、神話に出てくる武器や従者の名前と意味について調査しなさい。
2. 史料1について、あなたが知っている他の神々の描写と比較し、観察したことをグループもしくはクラスで対話しなさい。
3. 史料2*について、史料1のモチーフと似通った点があるかどうか、調べなさい。
4. 史料2のシンボルにある魚の意味について調べ、オーディン・カラス・魚がどのような関係性か対話しなさい。
*…史料1ではオーディンを描いた絵画、史料2では極右青年のタトゥーの写真が掲載されている

　この学習課題では、絵画などに描かれた神話や伝説に関する考古学的史料をもとにしながら、古代の神話を「極右支持者がなぜシンボルとして使用しているのか」という現在的な視点から歴史を解釈することを可能にしている。ここで、ミュージアムは考古学的な第一次史料を学習者に提供する場として機能するとともに、現代的な社会問題 ― ここでいう、右派ポピュリズムによるシンボルの利用 ― と収蔵品を結びつけることによって、社会問題を対話する実体的な空間として成立させることを指していると言える。

　このように「右派ポピュリズムの痕跡の可能性」プロジェクトでは、ゲルマン民族という一つの社会的・文化的・歴史的に作られた構築物としての「民族」をテーマとすることで、学習者がミュージアムにおいて過去と現在を行き来し、解釈をおこなうことのできる対話空間の創出を図っている。これは、ミュージアムを市民性育成のための学習空間として捉え、社会的な課題と考古学的史料を媒介するミュージアムによって歴史実践を作り出そうとする動きをみることができると言える。

（4）「PB in Museen」プロジェクトにおける歴史実践の特徴

　「PB in Museen」プロジェクトでは、そのアジェンダとしてミュージアムに

おける政治教育を以下のように定義している [24]。

　　　ミュージアムがその社会的使命を果たすためには、政治教育の場（Orten
　　Politischer Bildung）となることが必要である。現在、ICOM はミュージ
　　アムの社会的使命を「ミュージアムは公共的であり、誰もがアクセス可能で
　　あり、包括的で多様性と持続可能性を促進させながら、観客を惹きつけるも
　　のでなければならない」と定義している。政治的な状況を分析し、自らの関
　　心をもとに社会変革のためのアイデアを生み出し、人々を批判的市民へと導
　　くことは政治教育の中心的な目標である。

　　　したがって、ミュージアムにおける政治教育の確立は、積極的な社会形成
　　を意味する。そのためには、政治教育を教育プログラム開発の道具として考
　　えるだけでは不十分であり、ミュージアムを文化的、教育的、社会政治的ア
　　クターとして理解することが前提となる。前述の目的を達成する過程に関与
　　することに携わっているのは、美術館における教育と媒介（Bildung und
　　Vermittlung）だけではない。これはミュージアム全体に関わることなので
　　ある。

　このプロジェクトにおいて、政治教育という用語は狭義の政治学習とは異なる
ことを改めて確認しなければならない。政治教育とは、民主社会における市民性
育成のための教育であり、上述の通り「積極的な社会形成」のための空間として
ミュージアムを位置付けようとしている点に「PB in Museen」プロジェクトの
特徴があると言える。近年、ミュージアムの教育的機能に関する関心が高まって
いるものの、ミュージアム本来の機能は「調査・研究」、「収集・保存」、「展示」、「普
及・啓発」の 4 点である。こうした基本的機能のもと、多くのミュージアムが一
部を特化させたり、幅広く展開したりして運営されている。このことからも、「PB
in Museen」プロジェクトにおけるミュージアムが自身のメディア空間として
の機能に着目し、学校・地域社会との協働による教育プロジェクトの開発、プロ
ジェクトの実践における対話空間の創出を目指すことによって、学校における歴
史学習との接続を図ろうとしていることが分かる。

4　過去を想起するメディア空間と「解釈型歴史学習」の接続可能性

　本節では、ドイツ・ベルリン美術館にあるハウス・バスティアン文化教育セン
ターの文化・政治教育プロジェクト「Politische Bildung in Museen」を事例
として、学校や文化施設、地域社会と協働する歴史実践におけるメディア空間と
歴史学習の関係性について分析してきた。この分析を通して、過去を想起するメ
ディア空間としてのミュージアムと「解釈型歴史学習」の接続可能性について、
2つの示唆を得ることができる。

　第一に、地域社会における実体的な対話空間としてのミュージアムの利活用で
ある。このことは、従来論じられてきたような博学連携における専門的知見を学
ぶ場としてミュージアムを位置付けることとは異なる。これは、一人一人が「解
釈」の主体である子どもがミュージアムという社会的な空間に参加し、歴史制作
に関与することを目指すものである。日本のミュージアムをめぐる状況は、地域
ごとの社会的文化的な文脈によって大きく異なる。例えば、地方の郷土資料館と
都市部の総合博物館とでは、教育普及活動において直面する課題も異なるし、取
り組むべき課題も異なる。しかし、いずれも地域社会をミュージアムの視点から
捉え、展示によって地域社会を再構成する点は共通している。そのため、ミュー
ジアムでは、学芸員が歴史制作者として展示の構成にあたっているのである。こ
の意味において、「解釈型歴史学習」の学習活動に位置付けられてきた対話の原
理をミュージアムというメディア空間に拡張することが重要だと言える。子ども
が教室空間で問いを持って取り組んだ歴史解釈を地域における実体的なメディア
空間に持ち込み、学芸員と対話する。子どもが問いを持ち込むことはミュージア
ム自体が自身の役割理解を更新することに繋がり、新たなミュージアムの利活用
の方略を生み出すことになるだろう。

　第二に、「解釈型歴史学習」を中心とした民主的な市民による対話空間と新た
な想起の形の創出である。これは、上記したミュージアムを対話空間として利活
用することで、ミュージアム自体の考え方をほぐし、新たな地域協働の体制を創
出することを可能にするものである。「解釈型歴史学習」により、ミュージアム

の展示そのものを歴史解釈として対象化することは、子どもとともに取り組む地域社会の住民（学芸員や地域住民、ミュージアムの訪問者など）をも「解釈」を通じた対話空間に参入させることに繋がる。さらに、歴史解釈を通して子どもが地域社会の住民と共に協働したという経験は、ミュージアムという実体的なメディア空間における過去の想起の形を変化させてゆく。ミュージアムの展示にみられる過去が子どもにとって有意味性のない、「過去の出来事」から自身が地域と共に取り組んだ「記憶」として新たに記銘されてゆくのである。このことは、「解釈型歴史学習」が市民の対話による歴史の制作へと繋がり、学校における歴史学習と地域における歴史実践を接続する契機となるだろう。学校という枠を越境し、公共的な対話空間を地域社会との協働により創出する上で「解釈型歴史学習」は大きな意義を持つと言える。

||| 注・参考文献 |||

（1）TikTokとは、世界で最も利用者数の多いソーシャルメディアのひとつであり、主に15秒や60秒といった短尺動画を作成・共有するアプリである。ユーザーは、様々なフィルターやBGMを用いて動画を作成し、オンライン上の視聴者コミュニティと繋がることができる。

（2）POVとは、「Point of view（一人称視点）」の略である。POV形式で撮影された動画は、登場人物の主観視点で撮られていることに特徴があり、視聴者に映像世界を疑似体験させるような効果がある。

（3）「#HolocaustChallenge」の動きは、ユーザーが非犠牲者としての特権的地位を利用し、ホロコースト犠牲者を単なる風刺として自身の「影響力のために」従属させたものと評価された（Matamoros-Fernández, 2023）。これに対して、参加した一部の若者はメディアの取材に対して、動画が「いいね」の獲得や「ウケ狙い（Shock value）」のためのコンテンツに留まっていることに問題意識を持ち、「（自身の祖先であるユダヤ人の）物語を共有して認識を広め、収容所の背景にある現実について伝えたかった」と反論している。詳しくは、以下を参照。Matamoros-Fernández, A.(2023).Taking Humor Seriously on TikTok, *Social Media + society*, Vol.9(1).https://doi.org/10.1177/20563051231157609。WIRED（2020.August.21）「We asked TikTokers why they're pretending to be Holocaust victims」、（2023年8月18日参照）。

（4）「#HolocaustChallenge」をめぐる経緯については、以下が詳しい。BBC(2020.Augst.27)「TikTok Holocaust trend "hurtful and offensive"」,https://www.bbc.

com/news/news beat-53934500（2023 年 7 月 30 日 参 照 ）。Digital Holocaust
Memory(2020.September.10)「TikTok #HolocaustChallenge」https://reframe.
sussex.ac.uk/digitalholocaustmemory/2020/09/10/tiktok-holocaustchallenge/
（2023 年 8 月 18 日参照）。

（ 5 ）前掲（4）、BBC「TikTok Holocaust trend "hurtful and offensive"」。

（ 6 ）Yolocaust、https://yolocaust.de/（2023 年 8 月 25 日参照）。

（ 7 ）過去の想起や記憶の取り扱いが問題化された事例はいくつかあるが、近年では国立アイヌ
民族博物館などが挙げられる。詳しくは、村田麻里子 (2021)「ミュージアムの展示にお
ける脱植民地化」『社会学部紀要』53(1)、pp.141-167、を参照。

（ 8 ）本節では、歴史実践を「学校や文化・教育施設、地域社会など多様な社会的文脈において
歴史をテーマとして取り組まれる、過去との対話を通じて現在の現実世界を創造する行為」
と定義する。詳しくは、以下を参照。岡本充弘 (2020)「パブリックヒストリー研究所論」『東
洋大学人間科学総合研究所紀要』22、pp.67-88。

（ 9 ）土屋武志『アジア共通歴史学習の可能性－解釈型歴史学習の史的研究－』梓出版社。

（10）博学連携の効果について，北俊夫は次の 3 点にまとめている。①ミュージアムの利活用に
よる教育活動の充実（実物を用いた説明や専門家による解説），②生涯に渡ってミュージ
アムを利活用しようとする意欲や態度，能力の育成，③学校と地域による一体的な子ども
の教育機会の醸成。詳しくは，北俊夫 (2014)「『博学連携』は進んでいるか」ぶんけい教
育研究所編『ぶんけい教育ほっとにゅーす かわら版 教育の小径』64。

（11）Nakayama, T. (2022). Social Studies Lessons collaborate with Museum Curators?:
A Case Study of Curator's Perceptions for School-museum Partnership in Japan.
The Journal of Social Studies Education in Asia.11,pp.63-75.

（12）近藤孝弘 (2005)『ドイツの政治教育－成熟した民主社会への課題－』岩波オンデマンド
ブックス、p.165。

（13）近藤孝弘 (2009)「ドイツにおける若者の政治教育－民主主義社会の教育的基盤－」『学術
の動向』14(10)、pp.10-21。

（14）BpB「Historisch-politische Bildung」https://www.bpb.de/lernen/historisch-
politische-bildung/（2023 年 8 月 20 日参照）。

（15）BpB「Besuch einer Gedenkstätte」https://www.bpb.de/lernen/historisch-
politische-bildung/geschichte-begreifen/42327/besuch-einer-gedenkstaette/（2023
年 8 月 20 日参照）。

（16）中山智貴 (2022)「ドイツ市民性教育における『文化的参加』の位置－連邦国家・州レ
ベルでの文化教育（Kulturelle Bildung）の展開に着目して－」『日本教科教育学会誌』
45(1)、pp.51-62。

（17）藤野一夫／秋野有紀／マティアス・テーオドア・フォークト編『地域主権の国ドイツの文

化政策－人格の自由な発展と地方創生のために－』美学出版、pp.253-273。

(18) Geschichtomat「Idee」https://www.geschichtomat.de/projekt/idee（2023 年 8 月 20 日参照。）

(19) 前掲（16）、p.58。

(20) Haus Bastian「Politische Bildung in Museen」https://www.smb.museum/museen-einrichtungen/haus-bastian-zentrum-fuer-kulturelle-bildung/projekte/politische-bildung-in-museen/（2023 年 8 月 22 日参照）。

(21) Haus Bastian「Arbeitsblatt Projekttag online_Its a match!」https://www.smb.museum/museen-einrichtungen/haus-bastian-zentrum-fuer-kulturelle-bildung/public-oeffentliche-angebote/schuelerinnen/detailansicht-angebote-fuer-schulen/its-a-match/（2023 年 8 月 22 日参照）。

(22) 前掲（21）。

(23) Museum für Islamische Kunst「Kann spuren von Rechts (populismus) enthalten. zwischen modernen mythen und radikalen Vereinnahmungen」https://islamic-art.smb.museum/digitales-lernen/rechtspopulismus/（2023 年 8 月 22 日参照）。

(24) Museum für Islamische Kunst「Agenda zur Eta blierung Politischer Bildung in Museen: 7 Thesen」https://islamic-art.smb.museum/wp-content/uploads/2023/05/Agenda_HBA_final_klein.pdf（2023 年 8 月 22 日参照）。

第5章

グローバル社会における
解釈型歴史学習の実践

真珠湾攻撃を後世にどう伝えるか？

－高等学校日本史探究を例に－

伊勢崎市立あずま中学校　小林 大悟

1　真珠湾攻撃を追究する意義

（1）未だ解釈の定まらない真珠湾攻撃

　中学校社会科の課程を終えた生徒に、日本の歴史の画期となる事象は何かと質問すると、大化改新や鎌倉幕府の成立、明治維新、日露戦争、第二次世界大戦など多様な答えが返ってくる。次に、その中で現代の日本にとって最も重要な事象を順番に並べさせると、多くの生徒が第二次世界大戦やそれに関連する事象を一番にあげる。さらに、第二次世界大戦に関連する事象の中で最も重要な事象を順番に並べさせると、真珠湾攻撃を一番にあげる生徒が多い。しかし、真珠湾攻撃について隣の人に説明するように指示すると、山本五十六やABCD包囲網といった語句を用いて説明を試みるものの断片的な知識の羅列になってしまい、説明にならないことが多い。自分たちが最も重要と考えている事象の説明をまともにできないのはなぜなのだろうか。「なぜ真珠湾攻撃が行われたのか？」という最も重要な問いに対する答えを曖昧にしたままの社会科歴史教育のあり方に原因があるのではないか。

　平和教育の重要性については多くの人々が認識しているはずだが、核心的な語句が曖昧な状態となっていることも課題の一つだ。真珠湾攻撃に始まる戦争は「大東亜戦争」と呼ばれていたが、戦後、総司令部（GHQ）の検閲により連合国側の呼称である「The Pacific War」を日本語に訳した「太平洋戦争」に置き換えられた。さらに、日本政府は「先の大戦」や同時期にヨーロッパなどで展開された戦争も含めた意味を持つ「第二次世界大戦」という呼称を公的に用いるな

ど、戦争の発端となった事象の解釈だけで
なく、呼称までもが曖昧な状態にある。こ
のような状態で真の平和教育を行うことは
困難であると言わざるを得ない。

　社会科歴史教育や平和教育を行う上で重
要な情報を得る場として、博物館の存在が
欠かせない。例えば、アメリカのニューオー

写真1　帝国戦争博物館に
展示されている零戦

リンズにある国立第二次世界大戦博物館（The National WWⅡ Museum）や
イギリスのロンドンにある帝国戦争博物館（Imperial War Museum）、ドイツ
のドレスデンにあるドイツ連邦軍軍事史博物館（Militärhistorisches Museum
der Bundeswehr）といった国立博物館は、第二次世界大戦の総体を振り返るこ
とができる展示を行い、戦争や平和をどのようにとらえさせ、どのように伝えよ
うとしているのか、国家の意思を感じ取ることができる。国立第二次世界大戦博
物館のメイン展示の一つ「Road to Tokyo（対日本戦線）」では、開戦前から戦
線の広がり、終戦に至るまでかなりのスペースを割いて展示されており、過酷を
極めた戦場が再現されていて、戦争の悲惨さを実感できるようになっている。ま
た、帝国戦争博物館では、日本に関する展示も充実しており、ジオラマや映像、
音響などを駆使した臨場感溢れる展示により、子どもから大人までわかりやすく
学べる工夫がされている。しかし、日本においては、例えば広島平和記念資料館
やひめゆり平和祈念資料館のような主にその地域に関わりの深い事象に焦点を当
てた地方自治体などが運営する博物館や資料館は存在するものの、第二次世界大
戦の総体を振り返ることができる国立の博物館は存在しない。靖国神社遊就館に
は充実した展示があるが、歴史的に度々政治論争の的となってきたことから、公
教育での積極的な活用が控えられてきた経緯がある。大戦を振り返る上で、特に
重要なのは大戦に至った背景である。なぜ、1941年12月8日未明にマレー半
島上陸作戦及び真珠湾攻撃を行ったのかについて振り返る場が限られていること
は、社会科歴史教育や平和教育を進める上で大きな障害となっている。

（2）アメリカの博物館が伝える真珠湾攻撃

　真珠湾には USS アリゾナ記念館、戦艦ミズーリ記念館、パールハーバー航空博物館、USS ボーフィン潜水艦博物館の４つの展示施設があり、すべてを見るには丸一日かかるほど充実した展示により、真珠湾攻撃を今に伝えている。

　アメリカは日本軍による攻撃をどう伝えているのだろうか。ここを訪れる日本人は、想像を裏切られることになるだろう。パールハーバー航空博物館の展示の前半部分は、零戦を中心に、その開発から真珠湾攻撃の作戦の詳細に至るまで詳しく展示されている。おそらく、世界で最も充実した零戦に

写真2　パールハーバー航空博物館

関する展示で、当時の日本の航空機開発能力やパイロットの操縦技術の高さ、また、それに後れを取った米軍について冷静に分析されている。日本海軍への敬意すら感じられる展示に、驚きを禁じ得ない。また、アメリカの戦意高揚のスローガンとして用いられた「REMEMBER PEARL HARBOR ！」には、文字通り「真珠湾を忘れるな」以上の意味で用いられてきた歴史があり、変遷してきたこともわかる。当初は「日本の蛮行、許すまじ」というプロパガンダに利用された節があるが、パールハーバー航空博物館の展示からは、「アメリカ国民よ、あの時日本に後れを取ったことを忘れるな」という戒めのようなものが伝わってくる。展示の後半は、鹵獲した零戦（アクタン・ゼロ）の徹底分析により、アメリカが日本に対抗する戦術を研究し、航空戦力を飛躍的に向上させ、反撃に至るまでの歴史が展示されている。

　戦艦ミズーリ記念館前には、ニミッツ海軍元帥像が建てられている。日本では GHQ を率いたマッカーサー陸軍元帥が広く知れているが、アメリカではニミッツ海軍元帥が第二次世界大戦で最も活躍した人物として知られている。ニミッツは日本海海戦の戦

写真3　戦艦ミズーリ記念館前
　　　　ニミッツ海軍元帥像

勝祝賀会で東郷平八郎元帥に会い、感銘を受
けたことを自伝に綴っており、戦後荒れ果て
た戦艦三笠の復元に尽力した逸話も残る。

　そのニミッツ海軍元帥像の奥に、戦艦ミ
ズーリ記念館がある。戦艦ミズーリは第二
次世界大戦から湾岸戦争に至るまで、約半
世紀にわたり使用された戦艦で、1945 年 9

写真4　戦艦ミズーリ艦橋から臨む
　　　　USSアリゾナ記念館

月 2 日に艦上で日本の降伏文書調印式が行われたことでも知られている。全長
270 m、全幅 33 m、乗員約 2500 名の戦艦大和をややスリムにしたような巨大
な戦艦は 1999 年から記念館として公開されており、真珠湾攻撃で沈没した戦艦
アリゾナと向かい合うように係留されている。展示内容は真珠湾攻撃後が中心で
あるが、対日戦についてアメリカが自国民や世界にどう伝えようとしているのか
を知る上で重要な施設といえる。

　甲板には、降伏文書調印式のようすが写
真付きで解説されており、降伏文書や用い
られたペンのレプリカなどが展示されてい
る。床には日本降伏記念のプレートが埋め
込まれていて、まさに戦後日本のスタート
地点が示されていると思うと感慨深い。こ

写真5　降伏文書調印式に関する展示

こでは英語や日本語対応のガイドが常駐しており、丁寧に解説を行ってくれる。
日本人にとっての終戦記念日は 8 月 15 日であるが、アメリカは 9 月 2 日を対日
戦勝記念日としており、解釈の相違があることを押さえておく必要がある。この

数日の違いが、ソ連対日参戦による北方領土
問題をより複雑にしている実態がある。

　降伏文書調印式の展示の近くに、悲しい
歴史の痕跡が僅かに残されている。1945 年
4 月 11 日、沖縄海域で石野節雄二飛曹（19
歳）操縦と思われる特攻機が右舷艦尾に衝突

写真6　特攻機衝突で曲がった船体

した。船体は僅かに曲がったものの、爆発することなく、火はすぐに消し止められた。船長の命令で、石野二飛曹の遺体は、自国のために命懸けで戦った行為に敬意を表して水葬により海に戻されることとなった。水兵たちが日本の軍艦旗を徹夜で縫い上げたエピソードなども紹介されている。

写真7　石野二飛曹に関する展示

艦内には他にも特攻隊員の遺書や遺品が多く展示されている。実は特攻隊の展示は、知覧特攻平和会館（鹿児島県南九州市）が資料を貸し出すかたちで行われている。ミズーリ記念館と知覧側との交流は戦後70年を機に始まり、ミズーリ側が特攻資料の提供を求め

写真8　特攻隊員の遺品の展示

たことから2015年4月に企画が実現した。2016年12月の安倍晋三首相の慰霊訪問もあって現地でも好意的な受け止めが広がり、知覧側が遺書などの展示物拡大を検討し、2017年1月に双方が無期限展示の合意に至っている。両国関係の変化に伴い、展示内容も変化した一例である。

　2つの施設の展示からは、アメリカが第二次世界大戦における日本の立場をよく理解し、冷静に分析していることがわかる。まず、日本に対し、突然奇襲をかけてきた野蛮な国というとらえ方はしていない。経済的に追い詰められた結果、止むを得ず開戦に至ったことや開戦に向けて戦闘機の技術や操縦士の練度を上げて堂々と戦いを挑んできたこと、祖国を守るために兵士たちが命尽きるまで全力で戦ったことについて敬意を表し、アメリカはこの強敵に立ち向かいながら強くなることができたことを後世に伝えようとしている。今後、私たち日本人が第二次世界大戦の総体を振り返り、歩むべき道を探る上で示唆に富む展示内容である。

（3）日米双方の立場からとらえることの重要性

　解釈型歴史学習では、異なる立場から歴史を解釈することを重視している。そこで、真珠湾攻撃を当時の日米双方の立場からとらえることの重要性について考えた。日米双方の立場からとらえることで、真珠湾攻撃の意味を相対化しながら解釈することができ、第二次世界大戦の総体をより多面的・多角的にとらえることにつながるだろう。そのためにはアメリカの博物館を活用することが有効である。前述の真珠湾の４つの施設の展示は、当時のアメリカ人が第二次世界大戦、とりわけ真珠湾攻撃をどう受け止めたのか、そして、現代のアメリカ人が当時を振り返り、その後の展開も含めてどう解釈しているのか、さらに、それらを後世にどう伝えようとしているのかについて理解することができ、対日戦におけるアメリカの立場を理解する上で重要な施設といえる。これらアメリカ側の展示について追究することは、真珠湾攻撃を当時の日米双方の立場から考える機会となり、有意義な活動になるはずである。

　その一方で、日本における真珠湾攻撃に関する博物館展示のあり方についても生徒に考えさせたい。真珠湾攻撃に関する日本側の展示は、遊就館に常設展示がある他は、筑波海軍航空隊記念館で「真珠湾攻撃から 80 年 ～映画からみる戦争の始まり～」（2021 年 12 月 1 日～ 2022 年 3 月 27 日）と題した企画展が実施されるなどの試みもみられるが、ごく限られたものとなっている。では一体どのような展示が望ましいのか、日本人の一人ひとりが考えていくことが、曖昧な状態を脱し、真の平和を追求する上で重要な活動になるはずだ。そこで、日本人の立場から真珠湾攻撃を後世にどう伝えるかについて生徒に考えさせる授業を提案したい。現代の若者が真珠湾攻撃をどう解釈し、何を後世に伝えようとするか。アメリカの展示なども参考にしながら、彼らの目線から真珠湾攻撃に関する展示案を作成させる。このようにして歴史を自らの手で描く体験を通して、当事者意識を持って主体的に歴史を解釈し、未来を創り出すことができる次世代の担い手を育てることができればと思う。

2　生徒が真珠湾攻撃の展示案を考える授業の提案と実践

（1）単元のねらい

　イギリスの歴史学者 E.H.カーの「歴史とは、現在と過去との間の尽きること
を知らぬ対話である」という有名な言葉があるが、真珠湾攻撃ひとつとってもこ
の対話が尽きることはない。歴史学習において大事なことは、この対話に生徒を
参加させることである。そこで、「なぜ真珠湾攻撃が行われたのか？」という現
代の日本につながる最も重要な歴史上の問いに対し、生徒が当事者意識を持って
主体的に追究し、対話を通してさまざまな考えに触れながら自らの考えをまとめ、
それらを自分の言葉で伝えられるようになることを目指し、単元を構成した。

　日本史探究では時代を通観する問いを生徒自らが立てることが求められてい
る。平成 30 年版学習指導要領解説によると、時代を通観する問いとは「前の時
代からの変化と新たな時代に成立した社会との関係や、その変化が時代を通じ
て定着していく理由や条件などを考察するために、生徒自身が設定する『問い』」
である。私たちが生きている戦後と呼ばれている現代とは何なのか、画期となっ
た真珠湾攻撃を教材にして、そこに至るまでの過程とその後の社会の変化も含め
て追究することを通して理解させたい。

（2）教材観

　1941 年 12 月 8 日午前 3 時 20 分（日本時間）、日本海軍の機動部隊がハワイ
のオアフ島真珠湾にあるアメリカ太平洋艦隊の基地に攻撃を加えた。また、それ
よりも早く日本陸軍が午前 1 時 30 分、当時イギリス領だったマレー半島に上陸
作戦を決行している。正確な時間については諸説あるものの、上記は史実として
ほぼ揺るぎないと考えられる。しかし、なぜ日本軍がこのような行動に至ったの
かについては諸説入り乱れ、解釈が定まっているわけではない。奇襲であったの
か、アメリカは事前に知っていたのか、日米開戦を本当に望んでいたのは誰なの
かなど、現在でも議論は尽きない。直接的な要因はハル・ノートが引き起こした
と考えられる説や、ソ連スパイが米国を対日戦争に誘導するためにハル・ノート

作成に関わったという説など、さまざまな説を紹介しながら、対話を通して自分の考えをまとめさせたい。

（3）準備と手立て

　歴史総合は現代的な諸課題の形成に関わる近現代の歴史を多面的・多角的に考察させる構成となっており、これらの学習を終えた段階の生徒には反転学習が有効である。そこで、「なぜ真珠湾攻撃が行われたのか？」という共通の学習課題を設定し、事前に調べた上で授業に臨むようにさせる。GIGA スクール構想に基づく１人１台端末環境下では、学校教育向けに開発された ICT を活用した教育支援ツールで容易に情報共有ができる。疑問や意見がある場合は掲示板に投稿し、教師や生徒が回答することができ、事前学習の質を高めることができる。また、クラスや学年単位での情報共有が容易で、意見交換や集約、まとめや発表が短時間ででき、有効である。

　情報収集の多くをインターネットにより行うことになるが、玉石混交といわれる膨大な資料の中から必要なものを選択するためには、資料活用に関する基本的な知識や技能が備わっている必要がある。そのため歴史総合の学習において、歴史的な見方や考え方を身に付けておくことが重要となる。具体的には、時代や年代、推移、比較、事象相互のつながり、現在とのつながりに関する視点などから、資料を追究できるようにしておきたい。資料は万能ではなく、資料からわかることとわからないことがある。複数の資料から事実と判断できるものを集め、それらを基に解釈を行い、その解釈を批判的に検証することで歴史は叙述されていく。このプロセスを理解しておくことが、この学習の前提となる。

　情報収集や活用については、総合的な探究において既に実践を積んできている場合が多いが、CiNii(国立情報学研究所が運営する論文データベース)や J-STAGE(国立研究開発法人科学技術振興機構が運営する論文検索サイト）の活用方法を習得させておくことで、先行研究の検索が容易に行える。また、地理総合における GIS(地理情報システム）の学習で、統計地図に関する基本的な知識を身に付け、e-Stat（政府統計の総合窓口）や地理院地図 Globe などの活用方法も習得させておきたい。

（4）単元計画（全5時間　※授業外での情報収集は含まず）

段階	主要な問い	主要な学習活動
Ⅰ 時代を通観する 問いを立てる	○日本の歴史の画期となる事象は何か？ ・その中で、現代の日本にとって最も重要な事象は何か？ ○第二次世界大戦に関連する事象で疑問に思うことは何だろう？ ・アメリカとの戦争を始める合理的な理由は何か？	①「私の考える日本史年表」の作成。小さい年表枠の中に、本当に重要と思える事象のみを選択し、記入する。現代との関係から、第二次世界大戦に焦点化していく。 ②第二次世界大戦に関連する事象をあげ、ペアワークによりそれぞれの疑問点について話し合いを行う。それらを集約し、学習課題「なぜ真珠湾攻撃が行われたのか？」をつかむ。
Ⅱ 学習課題に対する考えを深める	○学習課題に対する自分の考えは何か？ ○意見交換により、解釈が異なったことは何か？ ・真珠湾攻撃は成功したのか？ ・アメリカは真珠湾攻撃を事前に知っていたのか？ ・誰が真珠湾攻撃を望んでいたのか？	③自分で調べた情報を基に考えをまとめ、ペアワークにより意見交換を行う。 ④意見交換した内容を教育支援ツールでクラス内で共有し（必要に応じて他クラスの情報も共有）、真珠湾攻撃に対する複数の解釈が存在することを理解する。その上で例示された疑問について、さらに情報収集を行う。
Ⅲ 異なる立場から解釈して対話する	○4つの異なる立場から真珠湾攻撃の解釈を行うとどうなるか？ ・4つの立場…現在の日本、当時の日本、現在のアメリカ、当時のアメリカ ・REMEMBER PEARL HARBOR！をどう訳すか？ ○日本の公的機関はどのような解釈を行っているか？	⑤4人グループになり、それぞれ異なる立場から情報収集を行い、真珠湾攻撃に関するさまざまな疑問点に対する意見を述べ合う。それぞれの考えは教育支援ツールで共有し、複数の解釈に対してそれらの背景も含めて理解する。 ⑥公的機関や博物館などにアクセスして情報収集を行う。
Ⅳ 過去の教訓の伝承について考える	○日本の国立博物館などで真珠湾攻撃の常設展示がないのはなぜか？ ・第二次世界大戦の総体を振り返る場がないのはなぜか？ ・諸外国はどうなっているのか？ ○アメリカは真珠湾攻撃をどう伝えているか？ ・日本は今後どうすべきか？ ・どのような展示が相応しいか？	⑦現在の日本に最も大きな影響を与えた戦争の総体を振り返る国営施設がない理由を考え、諸外国との比較から戦後日本の特殊性について理解する。 ⑧真珠湾の4つの施設や国立第二次世界大戦博物館の展示について調べ、日本の課題や解決方法について考える。
Ⅴ 後世に伝えたいことを考え伝える	○真珠湾攻撃について後世に伝えたいことは何か？ ・展示をつくるとしたらどのようなものになるか？ ・他の人の展示案を見て感じたことは何か？ ○展示案を考える活動により何を考え、何を感じたか？	⑨後世に伝えたいことを整理した上で、プレゼンテーションソフトを用いて真珠湾攻撃の展示案を作成する。教育支援ツールで作品を共有し、グループ発表やクラス発表、批評を行う。 ⑩自ら集めた情報を基に解釈を行い、自らのことばで伝えることの大切さに気付く。

（5）実践のようす
Ⅰ 時代を通観する問いを立てる

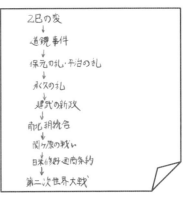

資料1　「私の考える日本史年表」の例

「日本の歴史の画期となる事象は何か？」の問いに対し、稲作が始まる、大化改新、遣唐使の廃止、鎌倉幕府の成立、本能寺の変、江戸幕府の成立、明治維新、日露戦争、第二次世界大戦などの意見が出されたが、重要な事象のランキングを話し合うと、重視する視点によって意見が分かれた。次に「私の考える日本史年表」と題した意図的に小さい枠で区切られたワークシートを与えて、重要と思われる事象を絞り込ませた。他者とまったく同じ年表になることはほとんどなく、これまでほぼ同じ環境下で授業を受けてきた生徒同士でも、多種多様な解釈が存在することに生徒たちは気付き始めた。資料集などの年表を活用するのみの受動的立場から、自分でつくる能動的立場になって、自分で考えることの大変さだけではなく、楽しさも感じられているようだった。さらに、「現代の日本にとって最も重要な事象は何か？」と問うと、第二次世界大戦を選ぶ生徒が圧倒的に多くなった。続いて、第二次世界大戦に関連する事象で疑問に思うことを話し合わせると、日本の開戦理由に疑問が集中した。日中戦争が泥沼化する中で、石油のほとんどを依存し、経済力で圧倒的な差があるアメリカを敵に回す二正面作戦に突入する合理的な理由が見当たらないからだ。そこで、共通の学習課題を「なぜ真珠湾攻撃が行われたのか？」とし、次の授業までに各自で興味・関心がある分野を中心に、調べてくることにした。

Ⅱ 学習課題に対する考えを深める

写真9　情報収集

開戦理由について、ABCD 包囲網による経済的圧力や、援蔣ルートの遮断、同盟国ドイツへの過剰な期待、最後通牒「ハル・ノー

ト」を突きつけられたことなどがあげられたが、どれもが決定的な理由とは考えにくいというのが共通認識だった。さらに、真珠湾攻撃という作戦に焦点化していくと、「真珠湾攻撃は成功したのか？」、「アメリカは真珠湾攻撃を事前に知っていたのか？」、「誰が真珠湾攻撃を望んでいたのか？」の3つの問いにおいて、生徒だけでなく専門家の間でも解釈が異なることがわかった。攻撃による損害を両国で比較すると、例えば戦死者は日本64名、アメリカ2402名（民間人68名含む）と圧倒的に日本の勝利に見える。しかし、沈没した戦艦はすべて旧式のもので、攻撃前日までに最新鋭の空母は真珠湾を出航しているなど、不可解な点もあることが指摘された。30分前の開戦通告が決まっていたのに遅れてしまったことや燃料タンクや軍需工場を破壊しなかったこと、山本五十六は上記のことを憂いていながらも第二撃を命じなかったことなど、さらに疑問が深まっていった。重要なのは、アメリカが真珠湾攻撃を事前に知っていたのかという点だが、日本の外交暗号「パープル」が解読されていることを開戦前に同盟国ドイツに指摘されていたことや真珠湾攻撃のタイミングを伝えた吉川猛夫海軍少尉のスパイ活動がFBI（アメリカ連邦捜査局）にマークされていた情報があることなどから、知っていた可能性が高いという結論になった。真珠湾攻撃を望んでいた人物について、フランクリン・ルーズベルトやチャーチル、山本五十六をはじめとする日本海軍、蔣介石、ヒトラー、スターリンなどがあげられたが、当時の利害関係やその後の展開から、複数の人物や国家の思惑が交錯していることから追究が困難で、結論には至らなかった。

Ⅲ 異なる立場から解釈して対話する

現在の日本、当時の日本、現在のアメリカ、当時のアメリカといった4つの異なる立場から真珠湾攻撃の解釈を行うため、グループで割り振りを行い、情報収集をして考えたことを話し合った。日中戦争の泥沼

写真10 グループによる話し合い

化の原因をつくっているアメリカとの開戦止む無しとする当時の日本の立場や、

伝統的な孤立主義から転換して参戦の口実を探っていたアメリカの立場を考えて意見が出された。また、敗戦国となり GHQ の統治を経てアメリカに経済及び安全保障を大きく依存する現在の日本の立場や、日米同盟を基軸としてアジアに絶大な力を有する現在のアメリカの立場からも意見が出された。"REMEMBER PEARL HARBOR ！"の訳についても、4つの立場から話し合われた。立場が同じでも、時期や局面によって訳が異なることにも気付き、「現在と過去との間の尽きることを知らぬ対話」を実感した。他のグループやクラスの意見については、教育支援ツールで共有し、さらに多種多様な解釈が存在することも理解した。続いて「日本の公的機関はどのような解釈を行っているか？」という問いに対し、衆議院に提出された質問主意書を調べてみると、真珠湾攻撃について政府は明確な答弁を避けてきていることがわかった。また、博物館などにおいても展示は限られていて、日本では公的な立場からの解釈が定まっていないことが確認できた。

Ⅳ 過去の教訓の伝承について考える

　第二次世界大戦の総体を振り返る場がない理由について話し合った。GHQ の政策が現代日本の原型をつくったことについては見解が一致し、戦後の初期段階においては、日本が独自に真珠湾攻撃の解釈をすることは困難だったのではないかという意見が出された。しかし、70 年以上経っても状況が変わらない理由については意見が分かれた。日米安保条約によりアメリカに守られている立場から精神的に自立できていないとか、GHQ 主導の戦争の責任追及に異論を唱えられず、日本としての結論を下す機会が失われたなどの意見が出された。連合国だけではなく、敗戦国のドイツにも第二次世界大戦の総体を振り返ることができる博物館は存在する。日本の状況は敗戦国の特徴とも言い難いこともわかった。アメリカにおいては、特に真珠湾の4つの施設や国立第二次世界大戦博物館の展示から、この戦争についての明解な結論を示していることがわかった。日本の零戦や兵士の練度の高さなどに対する冷静な分析から、アメリカ社会の成熟ぶりや強さを感じるとの意見が出された。そして、もしも日本で真珠湾攻撃の展示をつくるとしたら、どのようなものがよいかについて話し合われた。

Ⅴ 後世に伝えたいことを考え伝える

資料2　生徒がプレゼンテーションソフトで示した展示案の例

　後世に伝えたいことを整理した上で、展示案を仕上げ、グループで発表や意見交換を行った。教育支援ツールで作品を共有し、他のグループやクラスの作品についても批評した。特に優れた内容については、クラス発表も行った。犠牲者の遺族の視点を中心にした展示案や、米ソ諜報機関の攻防と

写真11　展示案クラス発表

いう視点からの真珠湾攻撃、さまざまな国の新聞記事の比較からとらえた真珠湾攻撃など、多様なアイデアが出された。似たような作品は他になく、ここでも多種多様の解釈が存在することを実感できた。

> **＜授業を終えた生徒の感想＞**
> 　今までは教科書に書いてあることしか知識を身に付けていませんでしたが、今回は自分で調べなければ何もできないのでたくさん自主的に情報を得ていくことができました。その中で大切だと思ったのが、情報の信憑性を判断することです。調べてみると、書いた人によっていろんな解釈の仕方があって、正直どれを選出したらよいのかすごく迷いました。もしひとつの情報だけを重視していたら、間違った解釈を身に付けかねません。今後、歴史を探究していく上で、さまざまな情報を得て、比較して、「自分は」最終的にどう解釈するのが正解だと思うのか、深く考えたいと思います。また、データは時が経つにつれて新たに公開されるので、情報公開があるたびに考え直してみたいなと思います。

3　おわりに

　「なぜ、土偶はつくられたのか?」と問うと、多種多様な意見が出て盛り上がる。文字のない時代の事象を解釈するには、考古学的アプローチを活用することになるが、専門家でも正解がよくわかっていないことが多く、議論が永遠に続くことになる。正解がよくわからないという前提があるからこそ、誰もが安心して議論に参加できるのだ。近現代史はどうだろうか。文字資料だけではなく、音声や映像資料なども膨大に存在し、当事者やその近親者までもがご存命の場合もある。ある資料を根拠に何か意見を出せば、イデオロギーの違いなどからそれを否定する意見も無数に出てくる。もはや専門家のみが扱うことができる特殊な領域とされ、日本の社会科歴史教育では真正面から取り組むことが避けられてきた節がある。英国において考古学教育を牽引してきた人物であるドナルド・ヘンソン（1956-2021、元ヨーク大学）は、歴史を専門家のみのものにするのではなく、市民と共に考えていこうとする「パブリック・アーケオロジー」を唱えて同国における歴史教育の理論と実践に影響を与えた。ヘンソンは、第二次世界大戦で荒廃した文化財の復興を市民と共に行ったことが、我々の活動の原点であると語っていた。真珠湾攻撃を後世にどう伝えるかという課題追究の過程においては、イデオロギーの違いを乗り越え、まさに市民と共に考えていくことが必要であると思われる。この活動に次世代を担う若者を参加させることは意義があり、日本史

探究においてまさに取り組むべき課題といえる。自ら探究を行い、考えたことを基に生徒同士で対話する姿は真剣そのもので、頼もしさを感じた。彼らが成長し、さらに視野が広がり、新たな情報が入れば、その時点でまた解釈を改める。本実践では、この過程を踏むための土台が築けたのではないかと思う。

||| 参考文献 |||

- 青山繁晴『青山繁晴の「逆転」ガイドーその 1 ハワイ真珠湾の巻ー』ワニブックス、2015 年。
- 半藤一利・中西輝政・福田和也・保阪正康・戸高一成・加藤陽子『あの戦争になぜ負けたのか』文藝春秋、2006 年。
- 江崎道朗『コミンテルンの謀略と日本の敗戦』PHP 新書、2017 年。
- ジョン・アール・ヘインズ&ハーヴェイ・クレア『ヴェノナ 解読されたソ連の暗号とスパイ活動』扶桑社、2019 年。
- 土屋武志『解釈型歴史学習のすすめー対話を重視した社会科歴史ー』梓出版社、2011 年。
- 土屋武志・下山忍『学力を伸ばす日本史授業デザインー思考力・判断力・表現力の育て方ー』明治図書出版、2011 年。
- 土屋武志『実践から学ぶ解釈型歴史学習ー子どもが考える歴史学習へのアプローチー』梓出版社、2015 年。
- 小林大悟「歴史授業における考古学的アプローチの活用についての一考察ー英国 CBA の見解を手がかりにー」群馬大学教育学部社会科教育研究室『群馬大学社会科教育論集』第 9 号、pp.25-33、2000 年。
- Donald Henson, *Archaeology in the English National Curriculum: Using Sites, Buildings and Artefacts*, Council for British Archaeology, 1997.

【付記】
　本稿で取りあげた授業実践は、2022 年度に当時の在任校である伊勢崎市立四ツ葉学園中等教育学校で行ったものである。

高等学校世界史における解釈型歴史学習
－単元「『戦後』ってどんな時代？」を事例として－

愛知県立大府高等学校　野々山 新

1　はじめに

　本稿では、世界史Bにて実践した単元を検証することを通して、高校世界史における解釈型歴史学習の意義と展望について考察することを目的とする。

　研究の対象とするのは、愛知県における公立中堅高校である本校普通科で2022年度3学期に筆者が実践した世界史Bの一単元である。研究にあたって、まず筆者の解釈型歴史学習に対する認識について、抱いている期待と課題に焦点を当てながら明らかにする（第2項）。この認識を前提としつつ、筆者が世界史Bにて実践した単元「『戦後』ってどんな時代？」について、単元のねらいや構成を示すとともに、成果物の分析を通して解釈型歴史学習の特性がいかに達成されたのか、あるいはいかなる課題が存在しているのかを検証する（第3項）。この検証を踏まえ、高校世界史における解釈型歴史学習の可能性や意義について、新設された科目である「世界史探究」を視野に入れながら提言を試みる（第4項）。最後に、本研究の成果と課題を総括する（第5項）。

2　解釈型歴史学習に対する本実践の立ち位置

　土屋武志によって提唱された解釈型歴史学習は、欧米における歴史を解釈する授業モデルを参考としている。この方法論では、学習者と対象世界、学習者同士、あるいは学習者と授業者との対話が重視され、複数の解釈を意図的に扱うことで、生徒に歴史の多面性を能動的に理解させることが目指される。まさに主体的・対話的で深い学びの事例といえるだろう。

　ただ、歴史家体験学習とも表現しうる[1]この方法論には、学習者の科学的社会認識を形成することに効果が認められる一方で、学びの真正性において課題も見受けられる。すなわち、歴史学的アプローチに基づいた「歴史家のように読む」に留まるのではなく、そこからもう一歩踏み込み、いかに学習者の「ケアリング」[2]という感情を喚起することができるのかという論点である。筆者の問題関心は特にこの論点にあるため、掘り下げて言及しておきたい。

　解釈型歴史学習において行われる学習者の認知行為として、土屋は過去の人々の心性をその時代の価値で解釈することと、現代的視点から過去の人々の心性を評価するということを挙げている[3]。そしてその認知行為を促すために、「児童・生徒たちが『対話』を通じて、歴史上の複数の立場から過去を読み解く授業」[4]を求めている。この学習過程を想定した時、教師がいかなる学習内容あるいは学習方法を選択するかによって、学習者の学びの意味付けが異なってくることに留意しておきたい。バートンは、「教科内容の感情的側面に注意が払われないまま、教育的経験が具体的な行動（パフォーマンス）や技能（スキル）を育てていくことに向けられるとき、こうした教育的経験は学習者の態度や行動、ふるまいを変化させることにも、そして学んだ技能等を他の場面で転移できるよう支援することにも、しばしば失敗してしまう」と述べ[5]、情意的側面が不在となる歴史学習を批判している。この指摘からは、学習者が対象世界に対して関心を抱き、傾聴し、働きかけたいと願うことができるように注意を払って教師が単元をデザインする必要性を確認することができる。そこで、本稿においては情意的側面への働きかけの有用性を解釈型歴史学習に位置付けながら考察することを試みたい。このことは、歴史教育が市民的資質の育成に向けてどのように貢献するのかを明らかにしていくこととなろう。

3　解釈型歴史学習の実践：単元「『戦後』ってどんな時代？」

（1）単元構想の経緯

　本単元では、第二次世界大戦終結後の時代を学習内容として設定した。それは、授業を構想していた当時（2022年10月頃）「ウクライナ侵略戦争」が現在

進行形で展開されていることに代表される昨今の緊迫した国際秩序の有り様に対して、歴史的な連続性を学習者が意識するために最も有用な学習内容であると考えるためである。

　授業の構想に向けて、診断的評価を行うために、個別聞き取り形式で戦後とはどのような時代だと考えているか生徒に尋ねていった。すると多くの生徒から、戦争がない時代、平和になった時代であるという回答が返ってくるのである。この実態から筆者は、次の2点に生徒自ら気付くことができるような単元を構成すべきという思いを高めていった。1点目は第二次世界大戦終結後において世界各地で戦争や紛争が発生していること、2点目は私たちも世界の動向と無関係ではないということである。この時点で、単元の学習を通して戦後とは文字通りに戦争が終わった後の平和でゆたかな時代であるという生徒の認識を揺さぶり、単元を経た後には「戦後」という時代区分を自らの言葉で解釈できる状態へ変容できるよう単元をデザインしようと考えるに至った。

（2）単元の構成

　この単元構想において、第一に直面する課題は生徒にとって戦争や紛争が身近な問題ではないことである。特に世界史という科目の特性上、学ぶ対象世界が時間軸としても空間軸としても生徒と離れている。

　この点を克服するために、私たちの生活空間とも共通する諸問題を取り上げながら単元を始めることで、生徒の情意的側面が作用しうる状況を作り出そうとした。そして引き続き対象を異なる地域や異なる時代へと拡大していくこと

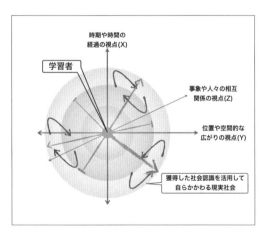

図1 歴史学習における学習者の認知様態（『21世紀の教育に求められる「社会的な見方・考え方」』p.172より引用）

で、生徒自身が「私たち」という自己認識を生活空間のみに留めずに拡張していけるような構成を試みた。このことについて佐藤 [6] は、前頁の図のように「時間の経過」、「空間的な広がり」、「事象や人々の相互関係」の 3 軸を働かせる学習過程を繰り返すことは、生徒が現実社会を捉え、関わるために有用であることを指摘しており、筆者もこの認識に立っている。

　これらを踏まえ、まずは戦後のゆたかさについて再検討することを通して、教室空間にも存在している経済格差に気付くことをねらいとした。続いて、第二次世界大戦終結後の戦争や紛争に焦点を当てて、生徒たちが抱く戦後の時代像を相対化することを目指した。以下に、実際の単元の構造 [7] を示し、単元内の各授業について言及していくこととする。

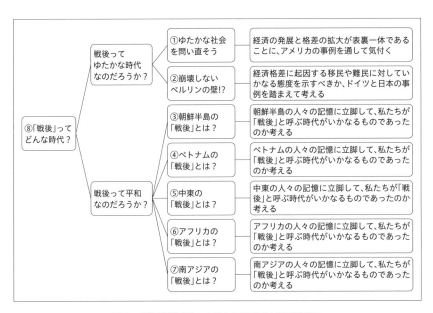

図 2　単元「『戦後』ってどんな時代？」単元構造図

①ゆたかな社会を問い直そう

【導入】

　冒頭に、単元を貫く問いである「戦後ってどんな時代だと思う？」と尋ねる。

診断的評価の印象と同様に、生徒の回答はほぼ全てが「戦争が終わった平和な時代」と、「技術や経済が発展してゆたかな時代」という方向に収斂されるものであった。そこで、そう考える根拠を探しながら改めて吟味していくことを呼びかけ、単元を始めていく。

【展開】

　まず、アメリカの経済学者によって著された『ゆたかな社会』（1960年）[8]の抜粋を読む。同書には、貧困という問題は過去のものとなったと述べられている。また、人々の消費活動が広告代理店に強く影響されている様子が示されている。生徒の日常生活と1960年代のアメリカとの類似性に気付くことをねらって引用した資料である。続いて世界の諸地域のGDPの推移を絶対値で表すグラフ（1950年〜2001年）を示す。ここでは、旧ソ連を除いて一貫してGDPが増加していることを把握できる。これら2つの資料によって、生徒が抱いている認識であるゆたかな戦後というイメージを再確認することとなる。

　ここで視点を改め、キング牧師による黒人運動に向けた発言（1966年）[9]を読む。引用部分にははっきりと、黒人も含めて貧しい人々が多く存在していることが示されている。これまで捉えてきた様子と正反対の解釈に触れることで、生徒の価値観を揺さぶることをねらった資料である。さらに再びGDPの推移を表すグラフを見つめることを促し、キング牧師が指摘する貧困の存在が表れているかを問いかける。もちろんGDPは一貫して増加しているので、貧困の存在を垣間見ることはできない。この点に生徒が気付いた時、本時の問いである「ゆたかな社会を問い直そう」を提示する。

【議論】

　これまでの資料を使いながら、「戦後はゆたかな社会となったといえるだろうか？」について議論するよう呼びかけ、グループワークを始める。提示された資料の特性から、方向性は二分されていった。すなわち、「確かに経済成長は遂げているが、経済格差が拡大していることから、ゆたかとはいえない」というものと、「確かに経済格差も拡大しているが、経済成長を遂げていることから、ゆたかといえる」というものである。これらはどちらを支持しても解釈としては妥当

なものであるが、それで留まってしまっては相対主義を生み出してしまう。そこで成果物の共有時に、この両側面はアメリカ以外や、私たちにはどのように表れているだろうかと問いかける。すると生徒の日常生活から、例えばスマートフォンを筆頭に享受しているゆたかさが例示される。重ねて、そのゆたかさは全員が享受しているものだろうかと投げかけ、異なる視点に立脚することの意義を確認して授業を終えた。

②崩壊しないベルリンの壁 !?

【導入】

再統一前後のドイツにおける失業率を示すドイツ連邦統計局の統計（1989年～2003 年）を提示することから授業を始める。資料は、ドイツ全体と比して旧西ドイツ地域の失業率は低く、旧東ドイツ地域の失業率が高いことを読み取ることができる。生徒は資料を考察しながら、前時で扱った経済格差がここでも表出していることに気付いていく。

【展開】

『ドイツ・フランス共通歴史教科書【現代史】』[10] 本文の中から、東西ドイツの統一の過程とその課題が示された抜粋を読む。この資料からは、ドイツの視点で 1989 年前後の変容が東西ドイツの人々に与えた影響を確認することができる。しかし、叙述は第三者的な筆致であることから、生徒の情意面に対する訴求力は決して高くない。そこで、東西ドイツの統一から 25 年が経過したことに伴う新聞の取材記事を資料として生徒へ提示した。資料では、生徒と同年代であるドイツの中高生の言葉や、一般市民の言葉でベルリンの壁崩壊以後の経済格差が分断を生んでいることが綴られている。同資料で特に問題であると指摘されるのが、人口の流出に伴う都市の衰退と移民の流入に伴う失業者増加への不安感である。このように一人称で語られている資料の特性が、生徒の情意面に与える影響は大きい。資料の考察時において、生徒の対話からは過疎化の問題や日本における外国人技能実習生の存在との関連性が指摘され始めていた。この声を教室全体で共有するよう促した後、本時の問いである「崩壊しないベルリンの壁 !?」を提示した。

【議論】

　ベルリンの壁という物理的な壁だけ
でなく、経済格差という壁や、移民や難
民といった経済的利害関係の衝突が発
生しうる人々などに対する心理的な壁
はどのように壊すことができるか、具体
的な提案を考えることをグループワー

・大企業などの拠点を東にも置く
・観光業を発達させて魅力を広げる
・東ドイツ側に投資を行う
・低所得者に支援金を与える
・道路整備等の公共事業を盛んに行う

資料 1 「崩壊しないベルリンの壁!?」成果物

クで求めた。生徒の成果物の代表例は右の通りであった。確かに歴史的な考察と
しての課題は散見される結果となったが、自分とは異なる他者に対して関心を抱
き、実態を掴もうと試み、さらに働きかけようとする姿勢が看取される活動となっ
ていたことの意義をここでは強調しておきたい。

③朝鮮半島の「戦後」とは？

【導入】

　戦後史の概要を整理するとともに、前時との接続を明らかにするために、冷戦
の構造がドイツを含め各地の分断を招いたことを 5 分程度で概観する。その上で、
資料として朝鮮戦争に関わる 2012 年の新聞報道を提示する。資料には、朝鮮戦
争のときに韓国の軍や警察に虐殺された民間人の遺骨がいまだに放置されている
ことが指摘されている。また、当時小学生だった女性の言葉として「学校にも通
えず、文字を学ぶこともできなかった」との記憶が綴られている。資料を読んだ
ところで、本時から始まる小単元のテーマである「私たちが「戦後」と呼ぶ時代
は平和なのだろうか？」と問いかけ、本時の問いを示す。

【展開】

　小川幸司『世界史との対話（下）』[11] より、朝鮮戦争に関する叙述の抜粋を読む。
すると、冷戦下における代理戦争としての側面だけでなく、南北両政治家の戦争
に対する主体性という側面もまた戦争に影響を与えていたと気付くことができる。
これを踏まえ、「朝鮮戦争は冷戦によって引き起こされた」という一般認識にど
の程度賛同できるか 4 段階で回答することを求めた。この発問は、生徒が抱いて
いる固定概念を揺るがせることをねらっている。さらに、1950 年の朝鮮戦争勃

発から 2010 年の延坪島砲撃事件に至る過程がまとめられた動画を視聴した。

【議論】

　ここまでの資料を踏まえながら、私たちが「戦後」と表現している 1945 年以後の時代を、朝鮮半島の人々に立脚して解釈することを求めてグループワークとした。1950 年から始まる戦争の記憶が、人によっては自らの目で直視したものとして鮮明に残っているという条件を前提とさせることによって、生徒の価値観を相対化することをねらっている。時間的制約から成果物を作成、共有することはできなかったが、続く授業では異なる地域の歴史的文脈に立脚しながら同様の考察を求めていくことを想定した時、対話中の生徒から漏れる「平和ではない」という言葉から十分にねらいは達成したものと判断できる。以下、この小単元は総括して紹介する。

④ベトナムの「戦後」とは？、⑤中東の「戦後」とは？、⑥アフリカの「戦後」とは？、⑦南アジアの「戦後」とは？

【導入】

　各時限にて該当地域の戦争に関わる資料を提示し、読解することから授業を始める。第 4 時ではホーチミン「ベトナム民主共和国独立宣言」（1945 年）よりフランスや日本の支配について、第 5 時では木畑洋一「帝国支配国の戦争－イギリスと第二次世界大戦－」[12] より数時にわたる中東戦争について、第 6 時では工藤晶人「植民地と『アフリカの年』」[13] より内戦及び脱植民地化の動向について、第 7 時では「苦痛にみちた現実」（1947 年）[14] よりインド＝パキスタン戦争についてそれぞれ取りあげた。そして、各地域の人々に立脚しながら私たちが「戦後」と呼ぶ時代の解釈に取り組んでいくことを伝え、各時の問いを提示した。

【展開】

　追加の資料として、各時限で取りあげる事象と現代との連続性を前提とする新聞記事を配付する。例えば現在にも残るベトナム戦争における枯葉剤の被害を伝える記事や、2014 年のノーベル平和賞を受賞したパキスタンのマララ・ユスフザイとインドのカイラシュ・サティヤルティが両国の平和解決を訴える記事などである。これらを通して、今も解決できない課題を抱えている人々の存在を都度

認知していった。

【議論】

　各時限の資料を踏まえながら、私たちが「戦後」と表現している 1945 年以後の時代を、対象とした各地域の人々に立脚して解釈することを求めてグループワークとしていった。右に挙げたいくつかの例からは、第1時で問うた時代像と大きく変容していることを確認することができる。また、中東の事例からは働きかけようとする意思も感じられることから、情意的側面が作用しているものと考えられる。

⑧「戦後」ってどんな時代？

【議論】

　これまでの単元における学習成果を踏まえ、「私たちが『戦後』と呼ぶ時代

・ベトナムの人からすると、戦後はベトナム独立と統一戦争の歴史で、「戦中」の歴史であった。(ベトナム)

・武器を使う戦争は終わったけど、そのときの影響が現在にも続いているためまだ平和とはいえない。(ベトナム)

・過去に起きた出来事であっても、逃げることもできず終わりが見えない。「戦後と呼べる状況」をつくるには、対立を解くために世界が協力をすべきだ。(中東)

・今の時代を「戦後」と呼んでいる国が今もまだ戦争が続いていると訴えている国々に対して興味を示さなくなっていった時代。(中東)

資料2　小単元「戦後って平和なのだろうか」成果物

はどのような時代なのか、そして本当の戦後を実現するために私たちに何ができるだろうか？」と問いを提示し、グループでスライドを作成することを求めた。この活動には、これまでの資料や多様な視点に立脚しながら時代像を解釈することと、狭義の私たちでなく広義の私たち、すなわち世界に生きる私たちへのケアリングが求められている。

（3）成果物の分析

　ここでは、「第二次世界大戦後の世界の様子」と題して作成されたスライドの分析を試みる。分析対象として、グループ間での役割や相互調整が効果的になされていたために、成果物が特定の生徒の意見に依存しないものとなっていたスライドを抽出した。実際の成果物を次頁に示す。なお、「世界大戦以降に起こった

おもな戦争」について引用した 3 枚のスライドは紙幅の都合で割愛している。

第2次世界大戦後の世界の様子

1，SDGsに繋がること
2，第2次世界大戦によって発展したものと今のわたしたちが考えるべきこと

1

このことからｓｄｇｓ　16と12と3がおもに当てはまる。
16番、平和と公正をすべての人に
「戦後」と呼ばれる今でも最近ではロシアVSウクライナで多くの犠牲者が出ており戦争は終わっていないことが現状であり、本当の意味での戦後を考えていく必要がある。
また自分たちだけの世代ではなく後世に伝えていき、同じことを繰り返さないことを約束する必要がある。

3番、すべての人に健康と福祉を
「戦後」と言われている後に行われたベトナム戦争（1955年～1975年）はいまだに後遺症で苦しんでいるひとがいる。（薬害）

12番、作る責任使う責任
第2次世界大戦で開発が進んだものは、飛行機・通信技術だがそれは人々を殺害する為に作られたものではなく、人々の生活をよくするために作られたものであって武器として使われるべきではない。現在では人間型ロボットの開発が進んでいる。そのことにより人間を超えてＡＩが知能をもてばＡＩと人間の間で戦争が起こることも考えられ、誰がＡＩの責任を持つのかまた倫理的な問題にも繋がる。これもまた技術の発展による障害なのかもしれない。
6

戦後とよばれる世界大戦以降に起こったおもな戦争
（1950年ごろ～２００３年まで）
wikipediaより

2

戦争は絶対にしてはいけないことは前提として、現在の航空機やスマートフォンなどにも繋がる革新的な開発があったことも事実であり、第二次世界大戦をなりふり構わず批判するのではなく二次大戦が生んだ「副産物」にも目を向けなければならない。
例えば、戦闘機の開発は大量の死傷者を出した最悪の開発である共に、現在の交通手段である旅客機の開発への大きな影響を与えた。他にも原子力などさまざまな開発があった。
このように戦争で作られた兵器などは現在の実用的で必要不可欠なものへと繋がられた。このことは逆の場合もあり得る。医療目的で開発された薬品などから毒性の強い物質にして殺人へ利用するなど、プラス面が大きい分危険も潜んでいる。このことからこれから先の科学者やその他開発者たちは作る責任使う責任を自覚して本当にこれ以上進化させてもいいのかなど、新開発に潜む危険に目を向けて判断していかなければならない。
7

資料 3 「『戦後』ってどんな時代？」成果物

　まず、1945 年以降の時代をどのような表現で解釈しているだろうか。1 枚目では、戦後ではなく「第二次世界大戦後」としており、2 枚目では「戦後とよばれる」としている。戦後という時代区分について抑制的に表現しようとしていることを読み取ることができるだろう。また、6 枚目では第 4 時で扱ったベトナムの事例や、授業では扱っていない「ウクライナ侵略戦争」の存在から、今でも戦争が終わっていない地域があることに言及がされている。さらに、「本当の意味での戦後を考えていく必要がある」との指摘からは、単元開始前における戦後という表現を時代区分として捉えていた状況からの変容を確認することができる。すなわち、戦争なき時代のことを戦後として解釈するとともに、従前では狭義の私たちを前提としていたが、単元後には他地域に立脚した解釈がなされるようになっている。本単元の成果といえよう。

　続いてケアリングの観点、つまり時間軸や空間軸の異なる他者に対して関心を

抱き、傾聴し、働きかけようとする姿勢についてはどうだろうか。6枚目では、「ウクライナ侵略戦争」に関連させながら「自分たちだけの世代だけではなく後世に伝えていき、同じことを繰り返さないことを約束する必要がある」ことを述べている。さらには、SDGsのターゲット12「つくる責任 つかう責任」を掘り下げて考察している7枚目で、第二次世界大戦の被害やベトナム戦争における枯葉剤による後遺症を念頭に、技術発展について倫理的・道義的な吟味が求められることを指摘している。歴史の事象を踏まえつつも、生徒自身の行動規範に対する影響が看取されているものと判断できよう。加えて、望ましい未来をいかに拓くかという視点まで含められていることは特筆すべきだろう。情意的側面への注意を払いながら解釈型歴史学習を展開した本単元によって、市民的資質の形成を垣間見ることができる事例となっているのではないだろうか。

4 「世界史探究」を見据えた解釈型歴史学習の展望

「世界史探究」では、5つの大項目が設置されている。すなわち、大項目A「世界史へのまなざし」、大項目B「諸地域の歴史的特質の形成」、大項目C「諸地域の交流・再編」、大項目D「諸地域の結合・変容」、大項目E「地球世界の課題」である。これらを、中学校社会科や「歴史総合」の学習成果を踏まえながら、網羅的ではなく、構造的に理解することが求められている。また、学習指導要領の解説によると「世界史探究」の学習において重視されるのは、問いの設定と、問いの追究を促す資料の活用であるとされる[15]。資料の取扱いについて言及された箇所を引用すると、「…ある歴史的な事象に関する複数の資料を比較検討して異同を確認することなどの活動は、歴史の多様な解釈の叙述について理解することができ、生徒に疑問を生じさせることに有効である」[16]とある。このことからは、「世界史探究」は解釈型歴史学習と親和性が非常に高いものと考えられる。

ただし、留意しておきたいのは、問いを抱くのは生徒であるということである。生徒が資料から情報を読み取ったりまとめたり、複数の資料を関連付けたりすることで、生徒が興味・関心を持ったことや疑問に思ったことを見いだし、生徒が探究活動を行うことができるよう、教師が促すのである。そして、一連の学習は

いわば市民的資質の育成を図ることに目的が置かれているのだ。言い換えると、歴史学者のような解釈過程の追体験を目的化してはならないということである。

「世界史探究」の大項目Ｅでは持続可能な社会の実現を視野に入れ、主題を設定し、諸資料を活用して探究する活動を通して、よりよい社会を展望できるようにすることが求められている。本研究はあくまで「世界史Ｂ」として行った実践ではあるが、生徒の情意的側面への働きかけを意識しながら解釈型歴史学習を展開したことによって、この大項目Ｅの趣旨が一定程度は実現されたものと判断することもできよう。

本研究の成果を踏まえると、「世界史探究」への展望についていくつかの示唆が得られる。まず、生徒の価値観を揺さぶることができるテーマを、診断的評価によって設定することが望ましい。続いて、情意的側面への注意を払うことによって解釈型歴史学習が生徒にとって学ぶ必然性を持つものとすべきである。さらに、網羅的な学習としないためにも単元を構造化していくことが有用である。最後に、時間軸や空間軸の異なる複数の他者の視点に立脚させ続けていくことで、「私たち」とする射程を拡張していくことを目指していくべきであろう。

5　おわりに

（1）本研究の成果

本研究では、世界史Ｂにて実践した単元「『戦後』ってどんな時代？」を検証することを通して、解釈型歴史学習の意義と展望について考察した。

本研究の成果は次の３点である。１点目は、高校世界史における解釈型歴史学習の実践事例を提示したことである。２点目は、生徒の情意的側面への働きかけが解釈型歴史学習及び市民的資質の形成に有用であることを示したことである。３点目は、解釈型歴史学習によって生徒の自己認識がローカルからグローバルへと変容した事例を提示したことである。

（2）本研究の課題

本研究の課題は次の４点である。１点目は、議論中の対話記録を取っていなかっ

たことから、解釈の多面性や情意的側面の作用がどのように影響を与えていたの
か、あるいは与えていなかったのかについて成果物の分析のみに依拠していた点
である。2 点目は、ケアリングの視点について本単元以外も含めた長期的な分析
がなされていない点である。3 点目は、情意的側面が働く条件とはいかなるもの
であるのか明らかにしていく必要がある点である。4 点目は、小単元「戦後って
ゆたかな時代なのだろうか？」が生徒に与えた影響を十分に検証することができ
ていないことである。

||| 注・参考文献 |||

（1）土屋は解釈型歴史学習について、歴史解釈学習や歴史家体験学習とも表現できることを述
べている。土屋武志編著『実践から学ぶ解釈型歴史学習－子どもが考える歴史学習へのア
プローチ－』梓出版社、2015 年、p. v 。
（2）バートンはケアリングについて、学習者が人々の過去との結びつきを築き上げていく上で
用いるひとつのツールとしながら、大きく 4 つのタイプを挙げている。それは、対象とな
る人物や出来事に「関心を抱く（care about）」こと、特定の出来事が生じたという事実を「感
じ取る（care that）」こと、歴史上の人物のために「何かしたいと考える（care for）」こ
と、現在に向けて「意識する（care to）」ことである。バートン・レブスティク『コモン・
グッドのための歴史教育－社会文化的アプローチ－』（渡部竜也ら訳）春風社、2015 年、
pp.347-348。
（3）土屋武志「社会科における解釈型歴史学習の現代的意義」『愛知教育大学研究報告 . 教育科
学編』61 巻、2012 年、pp.183-189。
（4）前掲（1）、p.17 より。
（5）前掲（2）、p.361 より。
（6）佐藤公「グローバル化する社会の課題を追究する歴史教育の創造－「社会的事象の歴史的
な見方・考え方」を育むために－」江口勇治監修・編著『21 世紀の教育に求められる「社
会的な見方・考え方」』帝国書院、2018 年、pp.164-173。
（7）単元構造図については、渡部・井手口（2020）の「問いの構造図」を参考としている。
渡部竜也・井手口泰典『社会科授業づくりの理論と方法－本質的な問いを生かした科学的
探求学習－』明治図書出版、2020 年。
（8）ペーター・ガイスら監修、福井憲彦ら監訳『ドイツ・フランス共通歴史教科書【現代史】
－1945 年以後のヨーロッパと世界－』明石書店、2008 年、p.185 より。

（ 9 ） 上杉忍『アメリカ黒人の歴史』中公新書、2013 年、p.153 より。

(10) 前掲（ 8 ）、p.266 より。

(11) 小川幸司『世界史との対話（下）－ 70 時間の歴史批評－』地歴社、2012 年、pp.399-400 より。

(12) 木畑洋一「帝国支配国の戦争－イギリスと第二次世界大戦－」（歴史学研究会編『史料から考える世界史 20 講』岩波書店、2014 年所収）、pp.141-143 より。

(13) 工藤晶人「植民地と『アフリカの年』」（南塚信吾他責任編集『新しく学ぶ西洋の歴史－アジアから考える－』ミネルヴァ書房、2016 年所収）、pp.314-315 より。

(14) 歴史学研究会編『世界史史料 11 － 20 世紀の世界Ⅱ－』岩波書店、2012 年、pp.31-32 より。

(15) 文部科学省『高等学校学習指導要領（平成 30 年告示）解説　地理歴史編』東洋館出版社、2019 年、p.281 より。

(16) 前掲（15）、p.283 より。

現実社会とリンクする歴史総合の授業を目指して
−「御器所条約」実践と定期テストとの連動を通して−

名古屋国際中学校・高等学校　近藤 佑思

はじめに

　2022 年度より新科目「歴史総合」がスタートした。この科目は、旧来の日本史Ａ、世界史Ａを融合しただけではなく、高校２年次以降に実施される「日本史探究」「世界史探究」で必要とされる「探究」の基礎を養う科目であると認識している。また、現実社会とリンクし、「歴史を学ぶ意味」を実感できる学習が求められていると考えている。そのため「歴史総合」には、現実社会とリンクしつつ、探究的な学びが大切ではないかと考え、授業を構築した。

　一学期は、「鉄道が社会を、世界をどう変えたのか」をテーマに、産業革命から日本の近代化、植民地と帝国主義を扱った。単元の最後には、次のような課題を課した。

> 　今年は日本で鉄道が誕生してから 100 年の節目の年に当たります。あなたは記者として、100 周年記念の特集ページのコラムの執筆を任されました。400 文字程度で「鉄道が社会を、世界をどう変えたのか」というテーマで執筆しなさい。

このような課題を課すことを単元初めに生徒に提示し、ポートフォリオを作成させながら授業に取り組ませた。このように一つのテーマに対する自分なりの答えを授業ごとに問い直し、迷いながらより深い考えに至ることが「探究」的な学びの基礎育成のために必要だと考えた。

　本実践は、2022 年 10 月～ 12 月にかけて行った実践である。実施クラスは高校１年生の二クラス、計 48 人である。この二クラスはともに中高一貫課程で

ある。ゆえに生徒たちは中学一年生からずっと一緒に生活し勝手知ったる間柄である。そのためグループ作りやグループ活動が比較的容易であった。また本校には様々な国にルーツをもつ生徒が在籍している。授業を行ったクラスでは、中国・韓国・インドネシア・オーストラリアにルーツをもつ生徒がともに学んでいる。二学期の学習範囲は 1900 年ごろから 1950 年ごろの時代に当たる。二学期の授業初めに、この時代において、時代のターニングポイントだと思うところを生徒にアンケートをすると圧倒的に二度の世界大戦に回答が集中した。つまり、二学期の学習は「戦争を歴史総合でどう扱うのか」という問題を避けては通れないと考えた。私は講和会議と講和条約に着目した。この両者に着目することで、この戦争の主体者や戦争をした目的、戦争後にどのように平和を目指そうとしたのかが見えてくると考えたためである。そして現実社会とリンクさせるために「ロシア・ウクライナ問題」を取り扱った。

① STEP 1　学習課題の提示と第一回「御器所会議・御器所条約」

2022 年 10 月時点では、ロシア・ウクライナ問題は解決の糸口を見いだせず、戦闘の激化がしていた。日々、戦線の状況や、各国の動きが報じられていた。こうした現実社会と歴史総合をリンクさせることができないか模索した結果、以下のような問いを生徒たちに投げかけた。

> 　20XX 年、皆さんの学校がある御器所で、ロシアとウクライナの戦闘を終結させる講和条約会議が開かれることになりました。(以後、この講和会議のことを「御器所会議」、締結される条約のことを「御器所条約」と呼ぶことにします。) 以下 2 点を考えてみてください。
> 　①御器所会議にはどの国やどんな人が参加すると思いますか (これは漠然とした国名で良い)
> 　②御器所条約ではどのような条約内容が締結されると思いますか

生徒たちは四人程度を構成員とする五、六個のグループを作った。そして各グループはロシアもしくはウクライナ、どちらが勝利した前提で考えるのかが教員から提示された。なぜ提示したかというと、この問題は双方の立場に立って考え

241

させることが重要であると考えたためである。日々の報道を見ているだけでは、ウクライナが善であるという認識になりかねない。もちろん、力による現状変更を許すわけにはいかないが、ロシアにはロシアなりの行動原理があり、譲れないものがあるということに気付かせ、それを全体で共有することでより深い社会認識をはかることを目指した。

　まず生徒たちが考える梯子掛けを行うため、「みんながこれまで学習してきた講和会議や講和条約って何がある？」と問いかけると生徒たちはグループで話し合い始めたり、教科書をめくったりし始めた。その後、下関条約やヴェルサイユ条約、サンフランシスコ平和条約、ポーツマス条約（なぜかどちらのクラスもこの条約だけはなかなか出てこなかった）が挙がった。まずはそれらを決めるための会議には誰が参加し、どんな内容が締結されたのか書き出させた。その情報を基に各グループは会議参加国、条約案を作り出していった。調べ学習となる授業ではほぼ毎回各グループに進捗状況を教員まで報告させた。その際、「なぜこの国が参加するの？」「なぜこの人が参加して、この人は参加させないの？」「なぜその条約案にしたの？」と聞き、考えるヒントを与えた。うまく答えることができないグループには、調べ方のヒントも与えた。

　調べ学習ののち、各グループは全体発表を行った。ホワイトボードの左半分に参加国を、右半分に条約案を書かせ、全てのグループの考えが一目で分かるようにした。参加国に関してはロシアが勝利した前提のグループも、ウクライナが勝利した前提のグループも大きな違いは見られないことが多かった。しかし、特異な考えをしたグループもある。一つはロシア・ウクライナ双方を入れなかったグループである。彼らの考えの根底にはもめた当事者が一切入らないことでより平和に近づくような条約案を作ろうとしていた。また日本の首相を入れず、昭和区長（本校は名古屋市昭和区にある）を入れていたグループもあった。このグループ曰く、日本の首相を入れると会議がまとまらないのでないか、場所を貸している昭和区長の方がより市民感覚に近い判断ができるのではないかと考えていたためである。

　全てのグループの条約内容を一覧にまとめてみると、私は四つの項目分けをす

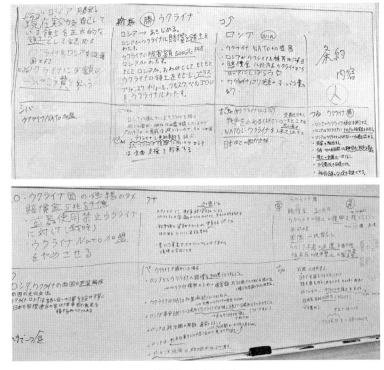

資料１　実際の板書

土地	・相手国の領土の割譲 ・占領した地域の返還 ⇒下関条約やポーツマス条約を参照すると領土に関する内容が含まれていたことから考えている
金	・多額の賠償金 ⇒下関条約やヴェルサイユ条約から考えている
人	・戦争犯罪人の処遇（１グループのみ） ⇒Ａ級戦犯といったフレーズを覚えていた
その他平和に関すること	・NATO に関すること ・非武装地域を設ける ・軍事組織の制限、解体など ⇒ヴェルサイユ条約などを参考にしている

資料２　条約案の四分類

ることができることに気が付いた。その四つとは、「土地」「金」「人」「その他平和に関すること」である（資料 2）。

　教員は条約内容やロシア・ウクライナ問題に関すること、NATO に関することは全体の場ではほとんど教えていない。しかしながら生徒たちは、自分たちでインターネットや教科書で情報を調べ、取捨選択し、分からないことを他のグループに聞きながら参加国のリストや条約案を作り上げていった。しかしほぼ全てのグループがサンフランシスコ平和条約以前の条約を参考にしていたため、かなり苛烈な要求が多かった。極端なグループでは相手国の大部分の領土の割譲を要求したり、返しきることがかなり厳しい賠償金を要求したり、相手国の軍事組織の解体を要求したりしていた。そのためこうしたグループの考えを揺さぶるために、ヴェルサイユ条約が第二次世界大戦を引き起こした要因の一つであると認識させる必要があると考えた。

② STEP 2　講和会議が起こした戦争と反省

　苛烈な要求といえば、第一次世界大戦後に結ばれたヴェルサイユ条約を思い起こす人が多いだろう。ヴェルサイユ条約は敗戦国ドイツの責任を厳しく追及し、支払い不能な多額の賠償金を課した。

　まず、第一次世界大戦の構図及び参戦国をまとめさせた。その後、パリ講和会議に参加した国々を列挙させると、生徒たちは「敗戦国が一国も入っていない」ということに気付く。敗戦国を一国も入れなかった理由は、敗戦国に要求を突きつけるという形であったからである。生徒たちのイメージにある会議（話し合い）では全くなかったのである。

　次の授業では「土地」「金」「人」「その他平和に関すること」に項目立てて、ヴェルサイユ条約とその結果に巻き起こった第二次世界大戦、サンフランシスコ平和条約を学ぶ講義を行った（資料 3）。

　この授業を経て、講和条約の内容によって新たな戦争や問題が誘発されてしまったことを知った。特に多額の賠償金の処理によって世界恐慌の引き金が引かれ、植民地を持つ国、持たざる国の区別が世界恐慌の乗り切り方に違いを生み、

第二次世界大戦の導火線に火をつけてしまった可能性があることに言及した。つまり自分たちが作る条約案がこれからの国際社会の今後を大きく左右してしまうということを自覚した。また第二次世界大戦の講和条約であるサンフランシスコ平和条約では初めて「人」に踏み込んだものだったと知った。生徒たちは「人を裁く」ということを感情的に行ってしまったり、通常の裁判と同じようにとらえていたりする言動がSTEP 1から見られていたため、この考えを揺さぶる必要があると考えた。

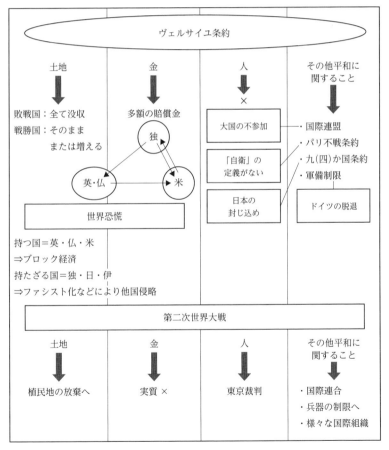

資料3　板書の模式図

③ STEP 3　私たちは「戦争犯罪人」を裁けるのか

　この後、四回をかけ「東京裁判」というドラマを視聴した。「東京裁判」は
NHK企画原案のもと、カナダ及びオランダとの国際共同制作で製作されたドラ
マである。ドラマの時間は一回あたり50分程度にまとめられており、ドラマだ
けではなくドキュメンタリーパートとして撮影の舞台裏や補足説明を行ってくれ
るため、授業に活用しやすい。毎授業でドラマの内容や登場人物を書き起こしま
とめたプリントを配付し、生徒はそのプリントを見ながらドラマを視聴した。こ
のドラマは内容や使われる言葉が少し難しいため、字幕ありで見ようとしたとこ
ろ生徒たちから「不要」とのコメントが相次いだ。生徒たちは字幕が邪魔になる
ほど映像に集中していたと感じている。（英語オリジナル版の方が良かったのか
もしれない。）

○「東京裁判」第二回

○前回のあらすじ：順調に始まったと思ったらヒギンズ判事が帰国してしまった…
・ウェッブ裁判長（オーストラリア）
・レーリンク判事（オランダ）・マクドゥガル判事（カナダ）・梅判事（中国）・ノース
　クロフト判事（ニュージーランド）
・(新) クレイマー判事（アメリカ）・ベルナール判事（フランス）・ザリヤノフ将軍（ソ
　連）・パトリック判事（イギリス）
・パル判事（インド）・ハラニーニャ判事（フィリピン）

≪3種類の戦争犯罪≫
①平和に対する罪（侵略の罪）②人道に対する罪（他国・自国民への罪）③通例の戦争
　犯罪（従来のルール）
・中国での残虐行為に関して＝南京事件

・「便衣隊」＝兵士だが普通の服を着てスキを見て攻撃する部隊だったのでは…？
　⇒これは②人道に対する罪？③通例の戦争犯罪？
・パル判事⇒①平和に対する罪のことをもっと考えるべきでは？（前回も同じようなこ
　とがありましたね…）
　＝罪を犯したときにはまだ法律が存在していないのに、裁けるのか？このことを議論
　　したときパル判事はいなかった…

＝パリ不戦条約では、戦争は罪であると書いていない！刑罰も書いていない！
・法を正しく運用する＝無罪。法を現実に沿って曲げる＝有罪。どちらを取るべきか…
　(国内法では事後法は NG)
・ここで侵略の罪を問えなければナチスへの判決も誤りになる…（完全に政治的判断では？）
・バターン死の行進：捕虜を収容所に送るために 100km 以上を食べ物も不足する中歩かせ、約 1 万人以上死亡
・結局、パリ不戦条約の問題はどうしよう…？
　＝自衛のための戦争なら何してもよい？他の戦争では罪は問われないが、日本が太平洋戦争を起こしたことは罪？
　＝どうやって罪の大きさを決めるの？
・ウェッブ裁判長がいるから議論がうまくいかない…？なら強制的にやめさせれば良い！？
・気付いたら 1 年 4 か月経過…
・「正しい結論」とは？議論をとばして有罪にすることが正しいのか？
・ウェッブ裁判長の帰国が決定、パトリック判事の思惑が完全にはまる！

侵略戦争が罪でなかったならば、
今回のロシアによるウクライナ侵攻は無罪になってしまう…！？
皆さんはどう思いますか…？

資料4　「東京裁判」第二回のプリント

　ドラマの時間の関係上、授業内での対話の時間を設けることはできなかったが、授業後何人かの生徒が教員のところまできて質問をしたり、自分の意見を話したりする場面が見られた。こうした授業を経て人を裁くということの難しさと、パリ不戦条約の問題点である「自衛の定義の不在」という観点に着目し現実の問題に立ち向かおうとする姿勢が芽生えたと考える。

④ STEP 4　もう一度「御器所条約」を考え直そう

　最後に、「御器所条約」をもう一度検討させた。この再検討では、ロシアとウクライナ、どちらが勝利した前提なのかに関しては各グループに任せた。各グループに任せてもロシア勝利のグループも存在した。また、どちらかの国が全面的な

勝利というわけではなく、「優勢の状態での勝利」にすること、もしくは「引き分けでも可」という条件を付与した。現実世界を見ると、どちらかの全面勝利ではなく、優勢の状態での決着になるだろうと予想されるためである。このグループワークでもほぼ毎授業各グループを呼び、教員に進捗を報告させた。その際、「なぜ賠償金はこの額なの？根拠は？」、「この人を裁くための根拠は？」「自衛と侵略の違いは何？もう少し詳しく定義づけしてみたら？」と伝え、より深く考えさせ条約案を提示させることにした。各グループは条約案をプリントにまとめ、教員はそのプリントをクラスの人数分印刷し発表を行わせた。この授業は、研究授業として実施した。

		学習項目	学習活動	指導者の支援	評価規準
導入	3分	・発表、質問の仕方の再確認	・グループに分かれ、発表を開始する	・本時のプリント、各班が提出した御器所条約が集約されているプリントを配付する ・各班にホワイトボード、ホワイトボードマーカー、キッチンペーパーを配付する ・発表を聞いたのち質問をする必要があることを伝えることで、質問を考えながら聞くということを意識させる	
展開	40分	・各班の発表活動 ・学級内で質問をし合い、意見を深める	・御器所条約の内容やそこに至るまでの議論や決にこめた思いを発表する ・各班で一つ質問をホワイトボードに書き、学級内で議論を行う	・各班6分程度の発表になるようにファシリテートすることで、全ての班に発表の機会、意見をもらう機会を創出する ・適宜キッチンペーパーにアルコールを吹きかけたり、イレイザーを貸すなどして円滑に質疑応答や次の発表準備を行う ・各班と発表班の1対1の対話にならないように複数の班の質問をつなげたり、学級全体に問いを投げかけたりすることで、学級で深める学びを目指す	・内容の実現性や、この結論（内容）に至るまでの過程を具体的に伝えることでこの条約にかける考えや思いを伝えることができている（思・判・表）→発表の様子より ・質問を考えたり、質問したり、また質問に応対したりすることを通して、自分や他のグループの発表をよりよいものにしようとしているか（思・判・表）→発表の様子、プリントより ・2度の世界大戦などの戦後処理を踏まえながら内容を構築しているか（知・技）→発表の様子、プリントより
		【想定される質疑応答や切り返し発問の例】 ・人に関する内容：「本当にその人は罰することができるのか」「何の罪か」「勝者側の戦争犯罪はどうなるのか」「誰がどこで裁くのか」 ・土地に関する内容：「その土地に住む人はどうなるのか」「移民が生じることの影響をどう考えるか」 ・金に関する内容：「なぜその額なのか」「本当に払えるのか」「敗者側の経済はどうなるのか」「そもそもお金を払う必要があるのか、WWⅡ後に賠償金という形で払っていないが…」 ・その他平和に関する内容：「軍縮条約や不可侵条約はずっと守られると思うか」「破棄する兵器はどこにいくのか」「勢力均衡方式か集団安全保障方式か」			
終結	2分	・テストへの意識づけ ・内容の見直し	・本時の内容とテストが連動していることを知る	・期末テストで予告されている問題は、本時の質疑応答を参考にすることができると伝えることで、授業での学びと期末考査が一体となって学習のサイクルが回っていることを意識させる	

資料5　本時の学習指導計画

1グループあたりの発表時間が限られていることから、条約案を全て口頭で説明させるのではなく、自分たちが最も強調したいポイントを中心に発表させた。

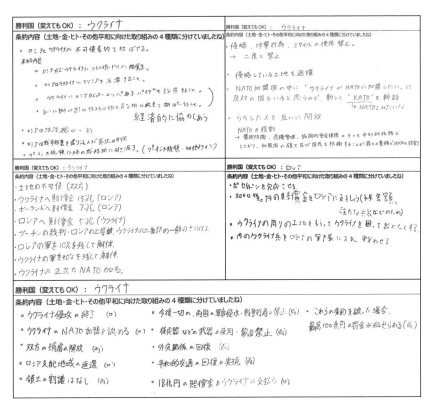

資料6　各グループの条約案

また各グループに小さなホワイトボードを配った。各グループの発表後に質問事項をホワイトボードに書き、発表グループに向けて掲げさせた。発表グループはその質問事項を一つか二つ選び、回答した（教員も質問事項を書いたり、回答させる質問事項を指定したりする場面もあった）。その回答に疑問点があれば質問し返したり、クラス全体で議論したりする場面が見られた。特に「自衛をどう定義するのか」という問題がクラス全体での議論を巻き起こした。そのグループは

「他国の領土に侵略しない。ただ自衛のためなら問題ない」という条約案を提示した。教員としては、「一方的に併合したウクライナ東部4州はロシアからみると自国領土の防衛になるよ」と言いたい気持ちをぐっとこらえ、生徒間の対話が生まれることを期待した。その結果、教員の言おうとしたことを発言してくれたグループがあり、その発言をきっかけに何をもって自衛とするか、侵略とするかという定義づけを議論し考える時間が生まれた。

ロシア勝利を選択したグループの条約案を見ると、「勢力均衡方式」による平和を目指そうとしていた。このグループには他国にルーツをもつ生徒が含まれており、その国では国軍が存在し軍事力の増強にはあまり異論がない。ゆえに「勢力均衡方式」の思考が生み出されたと考えられる。だが、この視点が非常に重要である。この視点があることで「勢力均衡方式」と「集団安全保障方式」の比較ができ、より学びが深まっていくのである。

各グループの発表内容を見ると、非現実的な条約案も多く読者の方にとっては不十分ではないかと思われるかもしれない。ただ私がこの授業で期待したことは、これまでの戦争や講和条約について理解を深め、それらをより良い未来のために応用しようとすること、現実社会で起こっている事象に興味関心をもってもらうことである。現実社会を見つめるきっかけをつくり、これ以上の探究活動は総合的な探究の時間などで深めていくことができる。

⑤ STEP 5　定期テストによる学習評価

12月末には定期テストがある。定期テストを、授業とどう関連付けるのかという点に一学期は苦労した。二学期の定期テストからは完全持ち込み可のテストを行うことになった。A3の解答用紙の表面に知識・技能を主に問う大問を設定し、裏面は思考・判断・表現を問う設問を設定した。特に裏面は1題のみ、配点は40点〜50点とした。さらに二学期の期末試験は裏面の思考・判断・表現に関する問題を事前に公表し準備させた。

定期テストという場で、参加国と条約案の内容を連動させ自分なりの視点で議事録を作らせることにより、授業では触れることができなかったことや発展的な

御器所で開かれた（仮想）会議の議事録を書いてください。例えば、どの国が何を主張し、反論し、仲裁し、妥協し、結論に至ったのか（もしくは結論に至らなかったのか）を書いてください。

ウクライナ：○○ ロシア：それは、認められない…○○はどうだ

…

のように書いていってください。何度会話がラリーしても構いません。ただ、あまりにも会話の流れが不自然な場合は減点となります。全ての条約内容の議論ではなく、一部の条約内容に関する議論でも構いません。

最後に、結論を書いてください。

また、その結論にした理由、仲裁国がいるならばなぜその国にしたのか、その国はどのような役割を果たすのかも書いてください。

資料7　二学期期末試験の出題

内容を考えさせることを目指した。採点基準は、

・議事録の内容が充実しており、現実的な会議になっているのか

・会議内の議論に、論理の飛躍や不明点はないか

・結論に至った理由には説得力があるか

・誤字脱字がなく、適切な文章構成が成立しているか

の四点である。各項目、三つ以上疑問点がある場合は減点にした。なぜ減点としたのか簡潔に理由を記して返却した。（一つ一つを丁寧に読み込む必要があるため一クラス当たり二時間程度、採点時間がかかってしまう。）

テスト返却の際には、生徒たちはなぜ減点されたのか確認するための行列を作り上げる。そこで私は一人ひとりの生徒に対し減点の理由を丁寧に説明している。生徒たちはその説明を聞いたのち、自身が記述した内容の意図や意味、理由を説明し教員に議論をもちかける様子が見られる。議論ができるということは、自分の書いたものに自信をもち、よく調べ認知を深めている証拠だと考えている。このように定期テストと連動させることで授業の補完と社会認識のさらなる深化を目指すことができると考えている。

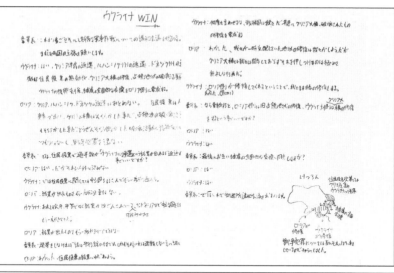

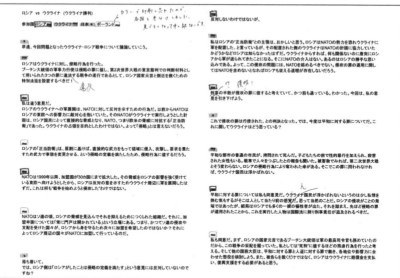

資料8　生徒二名のテスト答案

※完全持ち込み可である以上、電子機器を除くものを持ち込んでも良いと読み取れるため、事前に作成したものを張り付ける行為は許可される。しかし事前に用意したものを張り付ける場合は、非常に厳しく採点し、盗作に関しても厳しくチェックした。

おわりに

　本実践は、教職一年目の実践である。教職大学院で学んだとはいえ、一年間を通して授業を行う経験が初めてであったために、生徒とともに創り上げることができた学びであった。私は生徒たちに向け、「君たちなら、私の想像を超えるようなアイデアを生み出せるよ。絶対できるよ」と伝え生徒たちを信じ続けた。その結果、生徒一人一人がテーマに向かって試行錯誤しながら自分なりの答えを導こうとする探究的な学びに向かうことができたのではないかと考える。様々な反省点や改善点があるため、より良い学びの模索を続けていきたい。

‖ 参考文献 ‖

- 原田智仁『高等学校 新学習指導要領 社会の授業づくり』明治図書出版、2022。
- 原田智仁『高校社会「歴史総合」の授業を創る』明治図書出版、2019。
- 平塚柾緒『図説 東京裁判』河出書房新社、2017。

中学校社会科における解釈型歴史学習

－博学連携を視野に入れた中学校歴史学習の可能性－

安城市立二本木小学校　松永 博司

1　解釈型歴史教育と博学連携による学習が示す可能性

　過去の情報を選択して構成をしていく活動である「解釈型歴史学習」では、児童生徒が歴史を研究し、明らかにしていく「歴史家」や「歴史探偵」となって様々な資料を縦覧し、根拠をもとに自分の考えとして歴史解釈・解明をしていくのが大きな特色である。その際、私が最も大切だと考えることは、思考するもとになる児童生徒に提供される様々な資料の在り方である。歴史家も自身が論を述べる際、文献、遺物、遺跡、建造物、所蔵された文化財、聞き取り、絵画、写真等を分析し、これまでの学説等の整理・批評から総合して考えている。歴史は「過去と現在の対話」が大切であり、常に明確な史実認定があるとは限らず、様々な可能性を考えながら事実を明らかにする試みをするのである。多様な資料をどう扱い、どのように読み取るのかが、歴史を考えるうえではとても大切である。

　従って、歴史学習において児童生徒が歴史家同様に歴史を明らかにしていくには、その断片を物語る資料の選定・提示の在り方や、批評・分析の方法を明確にすることが重要である。児童生徒は、多面的・多角的に分析し、当時の歴史がどのようであったかを解釈するなかで、当時の歴史が一面的な史実ではなく、様々な解釈の上に成り立っていることに気づくようになる。だからこそ、資料が所蔵・整理・展示されている博物館は、まさに歴史学習の教材の宝庫であるといえる。

　筆者は長年、博物館や美術館、公共施設、各種企業等とのコラボレーションによる授業づくりを進め、教室を超えて社会全体に学習活動の場を求めることで、世の中を考える生きた学びの力が付くことの重要性を感じ、博学連携や学社連携・

公民連携といった、学校との連携システムの整備・拡充の必要性を説いてきた。特に博物館の役割は、歴史資料の収集・保管・展示や資料の調査研究と教育普及活動等を行うことであると博物館法に定められている。博物館側もミュージアムエデュケーターや現職・元教員設置などの連携支援システムや教育プログラム開発等を行い整備しつつあるが、歴史分野に特化してみても博物館と利用者双方で活用意図や目的は微妙に違う。多様な学会誌で博学連携研究は散見するが、実践は理論を支える検証に留まり、博学連携が歴史学習に及ぼす役割等は明確になってはいない。そこで、筆者はこれまでに取り組んできた事例から、どのような取り組み方が解釈型歴史学習に有効であった博学連携であるのか論じていきたい。

2 事例1「堀内貝塚から縄文時代を探ろう」
(中学1年・社会科＋総合的な学習の時間)

　本実践は、東京書籍ウェブサイト「東書Ｅネット」掲載の拙稿「博物館や地域の史跡を活用した考える歴史学習の展開－堀内貝塚から縄文時代を探ろう－」(1) にその詳細が示されている。ここでは、特に博物館との連携や本実践での解釈型歴史学習の設定意図、授業内容の概略について触れておきたい。

(1) 本実践での解釈型歴史学習の設定意図
　縄文時代は狩猟・漁撈の時代とされ、他の時代に比べて明確な特徴があるものが多い一方、示された用語や言葉で時代全体を理解しているような気になり、一面的なとらえ方のみで、そこに生きた人々の実像に自ら迫ることのできる内容は乏しい面がある。本実践では縄文時代単元を深掘りして、本当にそうであったのかを検証することをめざした。具体的には、実践した地域（愛知県安城市）にある遺跡や遺物の調査を通して、時代の概要を分析・解釈して把握し、併せてこの地域の歴史の実像を自分たちで考えるという活動を展開したいと考え、博物館や地域の史跡を用いた学習展開を進めた。

　実践で取り上げた堀内貝塚は、愛知県安城市南東部に位置する縄文時代晩期の貝塚である。現在は周辺が住宅地で実態把握は難しいが、遺跡は一部保存され、

遺物は安城市歴史博物館・埋蔵文化財センターに所蔵・展示されている。また、実地調査や資料に基づき当時の海岸線等を分析することによって、当時の人々がどのような暮らしをしていたのか、生徒の調査・分析によって明らかにすることも可能である。こうしたことから、授業化を試みた。本実践にかかる単元構想は図１のとおりである。

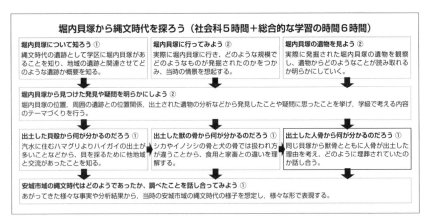

図１　「堀内貝塚から縄文時代を探ろう」単元構想図

（２）博物館との連携の在り方

博物館には授業時に訪問し、甕棺墓に入った埋葬人骨の全体像を見学するとともに、発掘された様々な種類の貝、獣骨などを見て学ぶ機会を得た。安城市歴史博物館学芸員には、発掘当時の様子や遺物の出土状況についての概要を伝える立場でのお話をお願いし、出された生徒の質問にも回答していただいた。また、獣骨との扱いの比較のために枯木宮貝塚（西尾市）出土の犬の全身の骨を写真で示し、違いを把握させた。貝塚の貝の出土状況や地形は生徒が現地に赴いて把握した。

これにより、教師は必要資料の選択・提示を、学芸員は貝塚や遺物の状況を専門的な立場で情報提供するなど、比較・分析に効果的な情報提供への支援を立場に応じて行い、生徒は実物とも対峙することで、分析活動はより真剣味を増した。博学連携で得られる歴史解釈のための分析活動は次頁図２に示すとおりである。

手だて ＜安城市歴史博物館・埋蔵文化財センターとの博学連携による学習展開＞

地域史を取り入れて学習を展開する上で重要なのは、地域史研究の第一線となっている地域の博物館や埋蔵文化センターとの授業協力である「博学連携」といわれる授業に向けた協力体制をつくるとともに、授業展開について打合せを重ね、生徒に歴史の見方・考え方を育てる上でどのような助言や指導・方法が適切か、検討を重ねる。こうした打合せをもとに実際の授業では、学芸員や社会教育指導員の方に授業に参加してもらい、ＴＴを組んだり、資料の提供や説明、歴史の見方・考え方のアドバイスをしてもらったりして、生徒の歴史分析の能力向上に努める。

安城市埋蔵文化財センター	安城市歴史博物館	安城市史編纂室
埋蔵文化財の活用 体験講座での学習	講師派遣　資料提示	安城市史の活用 市史資料の照会
出前授業（説明・実技参加・製作）	教　師	学芸員との授業連携・ハンズオン展示の活用

図2　博学連携が果たす解釈型歴史学習の有効性

（3）授業内容の概略 〜生徒が調査を通して明らかにしたこと〜

①地形・出土した貝の種類からの分析

　堀内貝塚が、現在も過去も海に面していたという状況はないが、縄文時代当時は海が今より近かったといわれている。今は大きな公園となっており生徒もよく訪れることから、当時の海岸線を踏まえたうえで訪問してその高低差なども確認した。そのうえで、遺跡の側面から露出している貝や、

写真1　堀内貝塚で見つけたハイガイ

すでに出土した貝の種類などをみんなで調べ、確認した。すると、「ハイガイ」という貝の出土が多く見られた。しかし、学芸員の話から、この貝が当時遠方まで行かなければ手に入らない貝であり、この地域の貝ではないことがわかった。そこで生徒が近隣の貝塚などの状況などを調べたり、学芸員に意見を求めたりして調べると、少なくとも4〜5㎞先の地域と行き来があり、おそらく交流があったことが分析できた。そこから、当時の縄文人の交流距離の広さや徒歩圏内での行動力について実感することができた。

②様々な獣骨が示す当時の動物の扱われ方

　堀内貝塚では多くの獣骨が破片となって出てきていた。その種類について学芸員に説明を求めると、イノシシやシカであった。すべて粉砕されればらばらであることから、食用であることなどは想像できるが、実際の豚の骨を見ることで、粉

砕する理由はわからず、様々な意見が出された。そこで、近隣のラーメン店での豚骨の調理風景を見せることで、実際に大きな獣骨をどのように扱っているか理解することができ、骨までも大切にして狩猟生活を送っているということを具体的に理解することができた。枯木宮貝塚（西尾市）の全

写真２　学芸員に疑問を投げかける生徒

身埋葬された形で出てきた犬の骨の写真資料提示は、堀内貝塚の獣骨との違いを示すうえで有効で、病死や寿命などが考えられるが、狩猟対象ではなく、おそらく飼育され、大切にされていたことが想像できた。動物によってそれぞれどのような存在であったのかを比較して知ることができた。

③人骨から考える埋葬の在り方

　堀内貝塚は人骨が甕棺墓に屈葬された状態で出土しており、その全身像は常設展示されている。生徒は授業で実物を観察し、年齢や人骨の様子を分析した。成人であることは理解したが、「なぜ曲がった状態か」を生徒と考えた。生徒は実際にポーズをまねてみるが、かなりかがんだ状態である。なぜ曲がった状態で埋葬されているのかを考えるため、学芸員は出土時の状況を情報として伝え、他も同じような格好で出土していることが理解できた。このことから、あえて曲げて甕棺墓に入れて埋葬していたという事実を実物から理解し、「何のためなのか」という点を生徒は疑問に挙げ、改めて現代人とも共通する「死」に対する考え方に触れながら、生徒なりに考えを述べた。そのうえで生徒は、死者に対する考え方から、「貝塚」といっても埋葬場所とは分けていたのではないか、他の者と一緒に埋葬する様子などから、人の死を悼んでいたのではないかといった意見が出された。

（4）得られた結果から明らかにできること　～解釈型歴史学習の視点から～

　アンケートやテスト等を踏まえると、遺跡の名称やその概要、見学や調査の結果についての生徒の知識は定着しており、ほとんどの生徒が回答していた。学習

内容を知識として定着させていたことが理解できる。一方で、多角度から歴史事象を分析する姿勢については、貝の分類や獣骨の出土状況から当時の生活を探る姿勢など、視点を変えて物を見たり、分析の方法を示したりすることにより、より生徒のイメージが膨らんだことがわかった。その一方、人骨を用いた授業については、抜歯など他にも生徒に説明しなければいけない部分もあり、当時の埋葬方法を理解したものの、なぜその方法を用いたのかについては十分理解を得るまでには至らなかった。自らの考えを持って表現する姿勢については、始めは実物資料とともに多様な資料を提示したものの十分使いこなすことができず、教師が提示資料を精選するようにした。実物や発掘状況、実地調査、写真資料、専門家の意見等の適切かつ多様な歴史分析資料を用いることで、自分なりに歴史家となり、分析する力を磨いて縄文時代を明らかにしていった。以上のことから、博物館機能の活用と資料分析により、再構成・認識形成を進める解釈型歴史学習の授業が展開できたと考える。

3 事例2「明治航空基地から学ぶ平和」
（中学3年・総合的な学習の時間）

本実践は、愛知教育大学生活科・総合的学習学会誌における拙稿「個々の力量に応じて学級の課題を解決する中学校総合『祥タイムプロジェクト』の理論と検証－歴史の掘り起こしと追体験を通して学ぶ『明治航空基地から学ぶ平和』の実践から－」[2]に掲載されており、ここでは、特に博物館との連携や本実践での解釈型歴史学習の設定意図、授業内容の概略について触れる。

（1）本実践での解釈型歴史学習の設定意図

戦争や争いを取り上げる際、私たちは生徒をどの立場に置き、どのような資料を用いて考えるべきなのか、よく頭に入れなくてはならない。本実践を社会科ではなく、総合的な学習の時間として取り組んだ理由がそこにある。ここでは、戦争があったという事実を知っている生徒が、その当時、自分たちの身近な地域で共に生活していた人々が体験してきたことの聞き取りや記述をもとに、大きな

トピックとなる様々な出来事を「点」として考えたうえで、それらをつなぎ合わせる活動としての劇化を進めることで、一連の流れを「線」につなぎ、当時の人々の思いや願いを言葉に表して表現しようとする活動である。当然、かかる時間数や「劇化」に至るまでのシナリオ作成、取材活動等、求めるものが膨大である。社会科学習指導要領で求められている歴史の理解より狭い地域で短い時間の出来事である一方、社会科で学んでいることを前提として進めていることから、ここでは地域史を題材としている歴史学習の一環であり、地域史から見た解釈型歴史学習の展開としてここに紹介する。

実践で取り上げる「明治航空基地」は、安城市の南端一帯に滑走路を有していた海軍の外戦部隊用の常設作戦基地である。戦争が激化した頃に稼働を始め、やがて終戦を迎えたことから、基地として長くその地にあったわけではなく、戦後間もなく元の農地に転用されていった。しかし、頑丈な造りである弾薬庫をはじめ当時をしのばせるものは現存するほか [(3)]、兵舎を利用して開校した明祥

単元構想図

生徒の実態を探る
・劇での活動に関心を持っている
・リアルに考えさせるような活動を前年度進めてきた
・互いの人間関係が希薄
・劇を希望するが、役で出たいと考えている生徒は少ない
・授業や報道・博物館等で戦争に関する話題が多く、関心が比較的高い。

歴史を把握する段階

世界で起きている戦争はどうしたらなくなるのだろう
・世界での紛争について触れ、どうして起きるか、どうしたら止められるかなど、自分なりに考え、自由に議論する。

↓

戦争のことを知ろう～この地域で戦争はどうだったのか？
・この地域で戦争で苦しんだ状況はあったのか、第二次世界大戦の状況について調べる。

↓

サイクリングに行こう！～明治航空基地の存在を知ろう～
・安城市域に海軍の航空基地があったことを知り、その規模を体感すると共に、目的などについて調査する。

歴史を理解・追究する段階

明治航空基地はどんな基地だったのだろう？
・基地の規模や目的など、具体的な史料を本に調べ、基地の全容を明らかにする。

↓

基地でパイロットだった人の手記から当時を探ろう
・中村篤氏の手記をもとにして、当時の基地の様子やそこで働いていた人の様子などを明らかにする。

↓

もっと知りたいことをインタビューしてみよう
・基地の中でどのような思いを持って働き、やがて特攻に参加することをどう感じていたか、インタビューによって明らかにする。

事実を再現する段階

事実をもとに劇化しよう
・聞いたことや調べたことをもとにして、史実になるべく忠実な劇の制作を進める。

| 脚本を作ろう | 当時の情景を再現しよう |
| 当時の人物になりきろう | 最高の演出をしよう |

大切なセリフをみんなで考えよう
・劇の中で心情を吐露する場面を全体で見て、戦争のために命を失うというのはどういう思いか、演じる活動から感じ取る。

↓

事実を伝える段階

劇を地域の方に見てもらおう
・安祥フェスタで劇を上演し、来てもらったお客さんに明治航空基地の事実と、戦争の悲惨さ、平和の大切さについて考えてもらう。

↓

劇を中村さんに見てもらおう
・劇を中村氏に見てもらうことで、実際にどのような心境だったのか、改めて確認をする。

↓

事実から考える段階

平和について再び考えよう
・平和について改めて取り上げ、今の平和がどういう努力の上で築かれたのか考える。

図3　「明治航空基地から学ぶ平和」単元構想図

中学校の存在など、戦後の爪痕はいまだ残っている。さらに、安城市歴史博物館では特別展を開催し (4)、この地域で戦争にかかわった人物や、当時、明治航空基地を取り巻く人々の思いや考え方、基地を舞台にパイロットとして従軍していた人の気持ちなどを取材や展示物等で市民に伝えていた。こうしたことから、生徒の手で明治航空基地という場を核としてこの地域の太平洋戦争の姿を検証することは可能であると判断し、実践を試みた。

　本実践では、次のことを通して学習を展開したいと考えた。まずは、戦争を身近な歴史としてとらえ、様々な立場に立って戦争を考えるという視点を持つこと、2つ目に、身近な戦争がどのようなものであったか、自らの歴史追究の方法で明らかにしていくという視点を持つこと、3つ目に、史実という「点」を一連の動きに「線」としてつなぎ合わせる「劇化」のなかで、当時の人々の考えや思いに触れる視点を持つことの3点である。

（2）博物館との連携の在り方

　安城市歴史博物館は、明治航空基地について調査が進み、特別展の開催等を行っていることから図録等生徒が目にすることもできる具体的な資料もそろっている。基地は現存しないが、往時をしのぶ場所が史跡案内として用意されており、生徒もその広さを体感できる。また、当時の基地所属の零戦が復元されて呉市の大和ミュージアムに現存しており、遠方のため見学は難しいが事実であることを認識できる。

　しかし、本実践で頼りになるのは図録での当時の記録や当時を生きた人への聞き取りであり、さらに生徒からの質問に対しての回答など、具体的に得るためには学芸員のコーディネートが大切となる。さらには、劇化等での時代考証や活動のいくつかで確認に協力をいただくことにより、生徒が当時の様々な立場の人たちの営みや考え方に没頭できる素地ができると考えた。

（3）授業内容の概略 〜生徒が調査を通して明らかにしたこと〜
①広大な敷地を有する「明治航空基地」の存在を実地調査で知る

　まずは今の時代に身近に引き起こされている戦争を挙げ、「どうしたら戦争が

なくせるのか」根拠を挙げて論じさせた。生徒はそれなりの意見を述べるが、やはりメディアで見聞きした部分でしか意見を出すことはできず、戦争が他人事であるという感覚であった。そこで、この地域でも過去に経験した太平洋戦争に触れ、他学年実践による学区の戦争体験者の聞き取りや調査の結果を用いて、多くの人が従軍し、戦争の時代に生きた人がいるという事実を確認した。しかし、隣接する岡崎市などは空襲に遭っているが、安城市が戦火に巻き込まれたという印象は生徒にもない。当然、戦時中に起きた三河地震なども知らない様子であり、まだ当事者意識は低い感覚であった。そこで、戦時中に琵琶湖上で遭難し、後に復元され現在大和ミュージアムに展示されている零戦の写真を示した。そして、この戦闘機が安城市域の航空基地所属であったこと、安城市にも航空基地があったことを伝えた。

　半信半疑の生徒に対して実際に見に行くことを提案し、自転車で校外学習を行った。当該地域に聞き取りを行い、写真を用いて当時の面影が残るものなどを撮影して、確かにこの地に航空基地があったことを知り、生徒はどんな使われ方をしているのか、当時はどのような暮らしであったのかを具体的に聞きたいと考えるようになった。

写真3　今も残る明治航空基地遺跡を訪ねる

②「聞き取り」という民俗学的手法での当時の事実の把握

　そこで、明治航空基地に所属していた二一〇海軍航空隊の歴史や、安城市歴史博物館学芸員による調査結果と聞き取り資料、NHKの取材などによる資料を読み取り、具体的な史実について学んだ。二一〇海軍航空隊はもともとパイロットを養成するために編成された航空隊で、増設される部隊のために集められたものであった。しかし、本土への空襲など次第に戦況が厳しくなるなか、指導をする立場から実戦部隊へとなり、ついには「天一号作戦」という命令が下り、部隊のうちの一部は特攻にも参加することとなる。基地があったことだけでなく、特攻に参加することになったことも生徒にとっては衝撃的であった。そのなかでも生

徒の思いに刺さったのは、中村篤氏の手記である[5]。実際にパイロットの中から特攻作戦に参加する者を選ぶことになった上官の思いや各々の思いなど、その手記は当時を如実に物語っていた。生徒は、パイロットたちもまた時代の中で翻弄され、厳しい選択を迫られた立場であったことを強く理解した。そこには、特攻隊に参加をする者の真の思いや考え方などが現れているものであり、生徒も強い衝撃を受けた。

　こうしたことから生徒は、さらに自分たちが聞きたいことを用意して中村氏にインタビューしたいと考えた。しかし、高齢で遠隔地に住んでいることから直接話を聞くことは叶わず、教員が生徒の質問を携えて現地でインタビューをした。

　その結果、同僚のパイロットが隣接する小学校の女性教師に好意を持たれるものの、三河地震でその命を絶たれたことや、基地の日常、特攻に向けて驚くほど淡々と日常が進んでいくことなど、その日常が中村氏の口から語られた。生徒の質問では、事実を把握するということもそして何より、「特攻を断る」「死を恐れる」という、自らの生のことについて聞かれ、彼は、怖い、怖くないの次元ではなく、あの時代は誰もが指名されればそういう時代で、否定することは考えなかったと言い、選ばれなくてほっとしている彼の正直な青年としての姿を垣間見て、今の自分と重ね合わせて戦時下を見つめていた。

③「劇化」による史実の積み重ねの中の私情を探る活動

　これらいくつかの事実の「点」を重ね合わせ、生徒は明治航空基地での出来事を「線」で結ぶために「劇化」しようと試みた。この目的は、史実である点と点の間に、揺れ動く当時の人々の思いに寄り添った考えを自ら創作し、当時の歴史を追体験できると考えたからである。劇化であるため様々な

写真4　生徒が劇化した特攻志願時の様子

役割を持つのであるが、特に脚本は演じる4名が名乗りを上げて考え、できたセリフに対して学級全員で登場人物の思いを重ねて議論した。特攻志願の場面はどうするのか、生徒は議論を重ねた。実際に特攻として参加した4名の者は、その

後も命を落とさなかった者、入電後突撃した者、連絡が一切なかった者など、実際の戦闘機内では、孤独な操縦席の中、当事者であった隊員はどう過ごし、どう最期を遂げたのかを演じる者たちを中心に考えた。通し稽古で学級内でも議論を交え、無言で突入する生徒、家族のことを叫ぶ生徒など、その状況を考えながら演じた劇は文化祭で演じられ、地域の方にも大きな話題となった。

④「平和」に対する再考を通した多面的解釈を図る自己の歴史分析

　生存者である中村氏に、当日の劇のVTRを送付したうえで意見を伺った。中村氏の手紙には、「改憲論が活発化しておりますが、若い人がこれからの平和について論ずるのも大切かと思います」という一節があり、戦争を経験した者としての重い言葉であることを生徒も把握した。そのうえで改めてこれからの平和な世の中をめざすための方策を議論した。「平和は何もしなければ生まれない。平和にする努力をすることが必要だ」「憲法があるから平和主義ではなく、平和にするための日本の役割をはっきりと世界に示さなければいけない」というここまでの取り組みを踏まえて考えを持った意見が多く出されるようになったことに本実践の意義を感じた。

（4）得られた結果から明らかにできること ～解釈型歴史学習の視点から～

　生徒の事後の振り返りを確認すると、飛行場の存在や特攻隊というものの存在、当時日本は戦時下にあり、この地域においても同じような思いであったことなどを理解しているようであった。この点は、歴史の授業において第二次世界大戦・太平洋戦争についてすでに学んでいる。こうした知識がより充実した感じであった。また、総合的な学習の時間としての一連の事実の把握から追究活動、役割分担による劇化により、学びを一つの方向性に進めることができ、各役割に応じて得たものがあった一方で、劇を通して歴史の事実を再構成し、自分自身の解釈をもって述べるといった自己表現までには至っていないとも感じた。劇化や特攻隊が突入する場面での学級での意見交換は、生徒にとっては劇そのもののリアリティを考えるうえで有効だったととらえているが、歴史解釈をより多面的・多角的にするために有効なものだったという認識はない。無意識のうちに生徒の中

に解釈する方法を習得させている部分はあるが、活動そのものが解釈型歴史学習の手法として把握し、今後の学習に意義付けられるまで学習として深めることはできなかった。

4　おわりに ～解釈型歴史教育と博学連携の可能性～

　掲載実践以外にも、国立歴史民俗博物館との博学連携実践として、江戸図屏風による江戸時代の人々の暮らしを解明する実践[6] や、土屋武志氏も執筆する帝国書院歴史教科書[7] にも掲載された姥山貝塚を題材にした実践[8] などを展開し、遺跡・資料をもとに生徒が資料を分析することで、既出の歴史の暗記ではなく、事実から検証して解釈を試みる姿が随所に見られた。私は、生徒がその時代の歴史全体の流れを把握したうえで、歴史の断片を物語る資料に焦点を当て、地域史・社会史を切り口に、描かれた歴史が正確か自分で確かめて考えるという手法をとった解釈型歴史学習を長年実践により研究してきた。そのうえで、博物館の資料提供や教材化、授業参加などの博学連携体制が、この学習方法に大きな役割を持っていることを強く感じている。高等学校の「歴史総合」創設も、小中学校での資料を活用した解釈型歴史学習によりさらに充実するはずである。今後ますます博学連携が整備され、博物館による学校連携の在り方が研究で深められるとともに、社会科を含めた教科教育等の実践研究の交流・融合が進むことを強く期待したい。

　「歴史は繰り返す」という言葉は、今を生きる者たちはまさに身をもって経験している。暗記する歴史は未来を拓く原動力にはならない。過去に学び、過去を検証し、未来を拓くうえで、解釈型歴史学習の充実は今後も必要だと考える。

||| 注・参考文献 |||

（1）拙稿「博物館や地域の史跡を活用した考える歴史学習の展開－堀内貝塚から縄文時代を探ろう－」東京書籍（東書Ｅネット）、2005年。
（2）拙稿「個々の力量に応じて学級の課題を解決する中学校総合『祥タイムプロジェクト』の理論と検証－歴史の掘り起こしと追体験を通して学ぶ『明治航空基地から学ぶ平和』の実践から－」愛知教育大学生活科教育講座『生活科・総合的学習研究』第3号、2005年。

（3）神谷友和「戦争遺跡」『新編安城市史　資料編 10　考古編』安城市、2004 年。

（4）『企画展「戦争のなかに生きる－戦時下の日常生活と明治航空基地－」』安城市歴史博物館
2004 年。

（5）中村篤「爆装零戦隊ここに生きて」『伝承　零戦＜第 3 巻＞』光人社、1996 年。

（6）拙稿「社会的事象と向き合い、多面的に見つめることのできる歴史学習と史料活用の意
義－江戸図屏風を絵画資料として用いた授業からの考察－」『学校と歴博をつなぐ－平成
20・21 年度博学連携研究員会議実践報告書－』国立歴史民俗博物館、2010 年。

（7）土屋武志ほか著『社会科 中学生の歴史 日本の歩みと世界の動き』帝国書院、2011 年。

（8）拙稿「博物館資料の効果的な活用方法と指導の汎用化をめざして－姥山貝塚の教材化と歴
史研究の過程を大切にした「学び方」の育成－」『学校と歴博をつなぐ－平成 22・23 年
度博学連携研究員会議実践報告書－』国立歴史民俗博物館、2012 年。

中学校社会科における解釈型歴史学習
－中学校3年歴史的分野「第二次世界大戦と日本」－

岡崎市教育委員会　森田 淳一

1　はじめに

　岡崎市では、土屋武志氏を助言者とする「岡崎市社会科自主研修会『セーリング』」を開催している。この場では、若手教師を中心に「社会科としての学びの本質に迫るために、日々の授業にどのように取り組んだらよいのか」について、年に数回、研修を行っている。その助言で、土屋氏より次のような内容を指導していただいた。「歴史学習において、子どもに培いたい力は何か。例えば『源頼朝は、後三年の役の後、奥州藤原氏を滅ぼした』」「ここで、『源頼朝』や『奥州藤原氏』を培いたい力に据えるのは知識量を問う暗記学習となってしまう。『源頼朝は、○○○○、奥州藤原氏を滅ぼした』とすべきである」「この問いであれば、理由を入れてもよい、時期を入れてもよい、立場を入れてもよい。自分が資料と出合い、解釈したことを基にして、何を入れてもよい。これが、歴史学習における培いたい力でなければならない」と。

　また、筆者が実践者として、日頃土屋氏や広島大学の木村博一氏から指導を受けている際にご指導をいただく言葉が、次の内容である。「学習者は現在の視点で当時の状況や人々の価値観を解釈していないか」。

　この二つに共通することは、歴史学習に取り組むうえで資料の解釈がいかに重要であるかという点である。資料に出合い、解釈しながら、いかにエンパシーを感じることができるようにするのか。これが、実践者としての私の大きな課題であり、いつもこの壁を越えられず、学習者に申し訳ない思いを抱いてきた。

　そんな折、ESD 日米教員交流プログラムに参加し、数週間アメリカの学校を

訪問する機会を得た。その中で、アメリカの学校の学習者が自ら資料を検索したり、その解釈について堂々と議論をしたりする姿を見ることができた。主体的に学習に取り組むその姿は、私の目指すべき授業像と重なり、日米の立場を考える戦争単元で解釈型歴史学習に挑戦してみたいという意欲が掻き立てられた。本実践は、これらの背景から2015年に取り組んだものである。

2　研究の骨子

（1）研究の仮説

仮説1：社会的事象に関わる立場を明確にすることで、資料解釈の視点が定まり、意見共有の易化と追究活動の合理化・効率化ができるであろう。

仮説2：学習者自身が資料解釈に対する価値判断の変容を確認していくことで、思考の深化に気付きながら、より主体的に価値判断をすることができるようになり、主権者意識を高めることにつながるであろう。

　上記仮説の検証を、中学校3年「第二次世界大戦と日本」の実践で行った。

（2）研究単元の捉え

　「集団的自衛権」や「積極的平和」という言葉を用いて、どのような形であれ武力行使を可能にする状況が作り出された今日。国際社会での責任ある立場を全うしていくうえでやむを得ないことであるという考えもあるが、「戦争ができる」状況に近づいていることは間違いない。これは、私たちが、主権が国民から離れた時の戦争の恐ろしさを直接的に知らず、命をいかに大切にすべきかという根本的な平和の議論について、机上論で軽視しつつあるともいえるのではないだろうか。

　そこで、歴史的分野「第二次世界大戦と日本」の単元において、当時の日本の情勢を国際的立場・政府の立場・軍人の立場・国民の立場などから、政治・経済・軍事・生活など、多面的・多角的にとらえていくことを通して、戦争という過ちを犯してしまった原因と、その悲惨さを立体的に学び、同じ過ちを主権者として繰り返さないようにするためにはどうしたらよいかについて追究することができればと考え、本単元を計画した。

（3）研究の手だて

研究仮説を実証するための研究の手だては次の通りである。

手だて① 日米の格差と対米開戦という矛盾した事実を取り上げ、「なぜ戦争を止めることができなかったのだろうか」という単元を貫く課題を構築する。

単元を貫く課題を設定することは、学びの連続性を確保することにつながり、学習者が追究の視点を見失うことなく、かつ、資料解釈に対する高い意欲を単元の終末まで維持することができる。そこで、本実践では、学習者が学びから得た矛盾を課題に設定し、追究活動に取り組むことにした。（仮説2）

手だて② 追究活動の第一段階において、学習者一人ひとりが自分の追究の視点を定め、立場別の追究・解釈活動を行う。

追究活動の初期に、多様な立場を追究することは、関係認識を混乱させ、正しい判断を難しくしてしまう。そこで、まずは自分の立場を定め、その立場についての追究活動を行う。こうすることで、それぞれの立場の考え方が明確になり、その後の追究活動において立場別の討論を可能とすると考えた。（仮説1）

手だて③ 立場別に資料を分けた教師自作の追究資料集を作成する。（仮説2より）

歴史的分野において、適切な資料を学習者が見つけ出すのには、時間と労力がかかり、時間的制約がある中学校においては、追究意欲をそぐことにもつながりかねない。そこで、教師自作の資料を用意し、立場別の追究・解釈活動を円滑に行うことができるようにした。（仮説1）

手だて④ 学習の足跡を座席表や板書で共有・再確認し、学習者一人ひとりの解釈の変容を学びのまとめに生かす。

解釈の変容を自分で捉えていくことで、追究・解釈活動の深まりと、多面的な思考を獲得していく過程を学習者自らが認識することができるようになる。こうすることで、主権者として必要な「多様な立場にエンパシーを感じる」価値認識と価値判断を可能とすると考えた。（仮説2）

（4）研究単元の学習目標

・第二次世界大戦が起きた理由と、大戦の結果について、欧米とアジアの国々の状況を理解し、教師自作資料や報道資料、聞き取り調査などで得た大戦をめぐる情報について、必要な情報を取捨選択し、解釈を基に話し合う中から、当時の様々な立場から戦争をとらえることができる。　　　　　　　　　　　【知識・技能】

・第二次世界大戦にいたるまでと戦時下の様々な立場の人々の思いを考え、戦争を止めることができなかった理由について解釈することができる。

【思考力・判断力・表現力等】

・第二次世界大戦に関心を持ち、悲惨な戦争がなぜ起きてしまったのか、止めることができなかったのか、その結果どうなったかを意欲的に追究しようとすることができる。　　　　　　　　　　　　　　　【主体的に学習に取り組む態度】

（5）研究単元の計画

本実践の単元計画は以下の通りである。

学習課題（数字は時間数）	▪学習内容　□学習者の思考（カッコ内は手だて）
第二次世界大戦はなぜ起きたのだろうか②	▪ドイツの侵略・占領政策　▪独ソ不可侵条約　▪日独伊三国同盟 □ドイツは同じ過ちを犯してしまったんだね。 □イタリアも同じ様子だと分かったよ。日本はどうなんだろう。
なぜ日本は戦争を止めることができなかったのだろうか④	▪日米の国力比較（手だて①） □なぜ日本は戦争を止めることができなかったのかな。 ▪追究・解釈活動（手だて②）（手だて③） ☆立場で多面的に解釈する ・国際的・政府・軍人・国民・天皇　各立場 ☆分野で多角的に解釈する　・政治・経済・軍事・生活 ▪話し合い活動 □日本が戦争を止めることができなかった理由が分かったよ。
大戦を止められなかった	▪イタリア・ドイツ降伏　▪日本本土での戦い　▪原子

結果、各国はどうなったのだろうか②	爆弾の投下 ・日本の降伏 ・国民生活の様子 (手だて④) 日本は二度と同じ過ちを犯してはいけないね。
同じ過ちを繰り返さないために私たちはなにができるのだろうか①	・自分の解釈のまとめ構築 (手だて④) 戦争は私たちに苦しみしか与えないことが分かったよ。 戦争を二度と繰り返さないために私たちは主権者としてできることがあるよ。

3　実践の様子

（1）通史を学ぶ

　単元は、戦争の映像資料から始まった。第二次世界大戦の際の映像を見せ、戦争の直接的な被害を目の当たりにした。学習者からは「なぜまた戦争が起きたの」「怖い」といった様々なつぶやきが出された。そこで、まず第二次世界大戦に至る過程を学ぶことにした。独ソ不可侵条約からドイツのポーランド侵攻、そして日独伊三国同盟を結ぶまでを学んでいく中で、ドイツが第一次世界大戦と同じ過ちを犯してしまったことに気付くことができた。そして、そのドイツと日本が同盟を結んだことから、「日本はどんな様子だったのだろうか」という疑問が湧き、次の時間の課題とすることとした。学習者の感想は次の通りである。

> 感想①　学習者Ａ　同盟・条約がたくさんあります。第一次世界大戦より、今回の戦いの方が、規模が大きく感じます。見た目から、連合国の方が強そうです。

（2）日米の国力を比較しよう

　前時に得た課題である「日本の様子」という視点を調べるために、日米の国力を比較する資料を用いながら、追究活動を行った。（資料①）

　経済面での比較と、戦力面での比較をした資料から、日本とアメリカの国力の差が歴然とあることを読み取った学習者は、軍

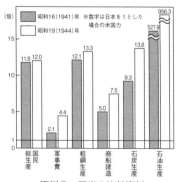

資料①　日米の比較資料
(学研プラス「図解 ひと目でわかる!太平洋戦争」より作成)

272

事力以外のすべての部分で圧倒的な差をつけられていたことに**驚き**、授業感想には感想②のような記述をしていた。

感想②　学習者A　資料などを見て考えてみると、日本はアメリカに比べていろいろな面で劣っているということが分かりました。あと日本はアメリカに鉄、石油、機械など結構頼っているので、こんな中で戦争をしてしまったらアメリカに頼れなくなってしまうのではないかと思いました。

学習者B　正直アメリカのほうが全てにおいて日本よりもかなり上回っているし、なぜ日本が戦争を続けたのかと思います。そして、今日調べた中でもいろんな立場の人がいるのに、そんな人々すべてが一つの意見にたどり着いて、戦争を続けたのか、戦争に反対する人もいるのか気になったので、次回そのことも踏まえて考えていきたいです。

　日米が開戦したことを既有の知識として持っていたほとんどの学習者は、国力差と米国依存の状況でも戦争に突き進むことを選んだ日本に疑問を感じ、「なぜ、日本は戦争を止めることができなかったのだろうか」という単元を貫く課題が生まれた。学習者はそれぞれ止めることができなかった予想をしていった。(**資料②**)

資料②　授業において出された学習者の予想（一部抜粋）
・賠償金が欲しい。・領土を拡大しようとした。・日中戦争のアメリカの支援を止めるため。・今まで費やしてきたことが無駄になる。・戦争を悪いと思っていない。・技術で勝てる。・日本はアメリカより弱いのになぜか分からない。
・日清日露でもなんとかなった。・劣等感から後追いしてしまった。

　予想の共有では、学習者は今までの歴史で学んだ賠償金の事実や、日米の比較資料からの予想を挙げた。それらを板書で「政府」「天皇」「軍」「国際」「国民」の5つの立場に分け、各立場から「戦争を止めることができなかった理由」を追究していくこととした。学習者の授業ノートには**資料③**のように書かれていた。

資料③　授業ノートにある学習者の予想（一部抜粋）
・日本は自国の領土を拡大しようとしたから。
・ずっと勝ち続け、調子に乗っていた。　・賠償金が欲しかったから。
・日中戦争をきっかけに日本は国際連盟を脱退して、イギリス・アメリカを敵に回して

しまい、結局やらざるを得なかった。重化学工業が発展している途中だったから。

・日中戦争でアメリカが中国を支援していたので、その支援をやめさせるため。

（3）「なぜ日本は戦争を止めることができなかったのだろうか」
調べよう

　追究・解釈活動の方法は、教師自作の資料集からとした。その理由は、先述の通り、立場別の的確な資料に出合うことの難しさやネットの不確実な情報でないものにしたかったからである。まず、前時に書いた**資料③**の予想内容から、リテラシーや人数バランスを考えて同じ立場を調べる4人グループを作り、個人追究⇒グループ追究という形で追究を進めることとした。学習者には、過去の授業の板書を印刷して渡し、ノートや板書にある予想を裏付けるような資料を探したり、新たな理由を見つけたりしながら追究・解釈活動に取り組むよう指導した。

　このようにして、それぞれの学習者が自分なりの追究・解釈活動を行い、学びを深めていった。しかし、それぞれの学習者で読み取り程度に差があることが見受けられたため、次時に仲間とともに理解を深める時間を設けることとした。

（4）「なぜ日本は戦争を止めることができなかったのだろうか」
グループで学び合おう

　前時の個人追究で得たそれぞれの学びをグループで共有化するための時間を設けた。同じ視点で追究した読み取りの内容を学び合い、教え合うことで、読み取りの程度の差をなくし、視点の多面性を学ぶことを目指した。**資料④**は学び合い

資料④　学び合いの記録ノート

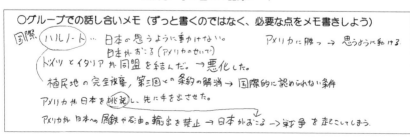

を記録した学習者のノートである。この学習者のグループは国際的な立場について調べた。その学び合いの内容を見ると、ハルノートについての読み取りでは、日本とアメリカの関係が悪化したことだけでなく、国際的に認められない条件が付きつけられ、日本が挑発されたような形になっていたこと、石油の禁輸等で日本が戦争を起こしてしまったことなどを学び合い、国際的な立場を多角的に解釈できるようになっていたことが分かる。このようにして、それぞれの視点についてグループ内で学び合いを進め、共有と理解を深めていった。

感想③　学習者A　立場：国際　アメリカから鉄や石油の輸入ができなくなってしまったり、受諾不可能な条件が書いてあるハルノートなどにより、日本は怒って戦争を起こしてしまったのではないかと思いました。でも、それはアメリカの仕向けたことだったので、日本は戦争を止めることができなかったのかなと思いました。そういうことがあったということは分かったけれど、戦争はやってはいけないと思います。

学習者B　立場：軍　戦争を反対する人々のほうが多かったが、賛成のほうに向いた大きな原因は海軍が反対から賛成に意見を変えたことだと思います。そして、陸軍のように今更引き返して多くの死者や戦費を無駄にできないという意見も広まったからだと思います。次回は今日あまり知ることのできなかった国民や特攻隊員の立場の人の考えも調べてみたいです。

　感想③の学習者Aは、学び合いから、アメリカの日本への資源輸出禁止やハルノートの存在に気付き、日本が追いつめられていた事実を知ることができた。それを踏まえて、戦争という手段に出てしまったことを間違いだったと解釈し、その思いを感想に表していることが分かる。学習者Bは軍の体面から、戦争に進まざるを得ない状況を調べることができた。

（5）「なぜ日本は戦争を止めることができなかったのだろうか」

学級で学び合おう

　前時のグループでの学び合い活動で得た解釈を学級全体で共有するため、学級全体での学び合い活動の時間を設けた。初めて他の立場の追究内容を知ることとなり、学習者の思考は様々に発展していった。（資料⑤）

資料⑤ 学習者の学び合い内容（一部）

政府の立場
・有力政治家や軍人が立場のみ考え国のことを考えず
・戦争遂行者に自信無い
・大東亜共栄圏の裏は資源獲得のため
・憲法にない御前会議で国民は知らない

天皇の立場
・天皇は本当は戦争反対
・やってはいけないという指図も独裁になる
・立憲君主制で権限行使できず
・戦争を止めたら大内乱と考えた

軍の立場
・初めは消極的だが、軍艦の石油止められするしかないと
・東条の陸軍も反対から賛成へ
・軍部大臣現役武官制
・陸軍も海軍も石油が欲しい

国際の立場
・米国のシナリオは日本の先制攻撃
・アメリカは日本の石油不足を知って禁輸
・英は独の攻勢で危機
・ソ連は独が首都に迫り米に参戦させたい
・ABCD包囲陣

国民の立場
・ミッドウェー海戦は勝っているようだが→嘘を流される
・国家総動員法で戦時にものなどの自由奪われる
・大政翼賛会で政党を一つにまとめられてしまう
・教育で戦争がいいと教えられる

　資料⑤のように、自分の追究・解釈した立場のことを伝え、友人が追究・解釈した他の立場の現状を学ぶことで、多面的な視点から戦争をとらえることができるようになっていった。授業の後の感想には以下のようにつづられていた。

感想④　学習者Ａ　いろんな子の意見から、日本は勝てる見込みがないと分かっていな
がらも、有力政治家や軍人が自分の地位などを守るために日本は戦争に賛成する方向に
行ってしまったことが分かりました。これは、国全体の意見ではないと思うので、国民
の声も聞くべきだったのではないかと思いました。あと、日本はアメリカをはじめとす
る敵国に周りを囲まれてしまったことや、ハルノートなどによる挑発、さらに石油の輸
入ができなくなってしまったことから、日本は戦争をやらざるを得ない状況に置かれて
しまったのではないかなと思いました。
学習者Ｂ　アメリカから禁輸をされ、陸軍は戦わなければ負けてしまうという考えを
持ったり、政府も戦争をしなければならないという考えに向いてしまったり、満州国を
手に入れるため、死者や戦費をむだにしないためなど、いろんな条件が重なった。日本
は戦争をせざるを得なくなってしまったのだと感じました。そして、天皇中心の政治
から、少しずつ軍が力を強めて、最終的には政府や天皇が軍の言いなりになってしまっ
ているというのが、一番の原因だと感じました。

　学習者の感想にあるように、自分の立場の考えと、ほかの立場の考えをつなげ
て考えることができるようになってきたことが分かる。この関係認識を広げ、戦
争遂行を決定づけたそれぞれの事象の価値を判断する価値認識へと高めていくた
めに、次時に学級で話し合い、自分の考えをまとめる時間を設けることにした。

（6）「なぜ日本は戦争を止めることができなかったのだろうか」
学級で相互批正しよう

資料⑥　授業板書

　資料⑥の板書のように、学級での話し合いはまず前の時間を踏まえた自分の解
釈を出し合う場から始まった。「政治家の強引さ」「石油の禁輸」「軍も仕方がな

いと考えた」といったように、それぞれの思いを伝え合う中で、立場のつながりが見え始めた。そこで、「前時のキーワード」を確認し、「戦争を止めることができなかった理由」について、キーワードを基にしながらもう一度話し合う活動と入っていった。**資料⑦**の授業記録は戦争を止められなかった理由のキーワードを出し終わった後に、そのキーワードを用いて自分たちの解釈をまとめ始めた部分の授業記録である。

　資料⑦の **C（学習者）31** が、石油の禁輸という部分に触れると **C32** はその石油が必要な軍の主張が強くなってしまったことに触れた。そして、**C33** で明治憲法における主権者の天皇が意見を言えなかったことに触れると、**C34** は天皇と軍の関係に言及し、さらには **C35** が軍人兼任の首相であることから、反対することがなかったという点に触れ、政治的要素と軍の関係へと議論が移っていった。ここで、**C36** が核となるキーワードを出した。それが「国民」である。大政翼賛会や御前会議という組織などで国民が主役となっていなかったことを伝えたことから、**C37** がその国民の意見は取り上げられず、自由もなかったことに触れることができた。このようにして、「国民」の視点に焦点化されたため、教師 **T12** が意図的に、「一番忘れてはいけない人たちは？」と問い直すと、「国民」という声が返ってきた。

資料⑦　話し合い授業記録　　　　（C:学習者　T:教員）

C31	えっと、戦争のきっかけの一番の理由はアメリカが日本に石油の輸出を禁止したことにあると思います。石油がないと戦争に使う軍艦とかが動かせなくなってしまうからです。
C32	石油がないことに対して、一番国を守るために戦争をしようと言っていたのが軍なので、その軍が会議の一番上に立ってしまったから天皇が止められなくて、戦争を止めることができなかったのだと思います。
C33	天皇が戦争を反対してはいけないというのを言い切れなかったから、天皇が一番偉くて拒否権を持っていたのに言えなかった。
C34	近いんですが、天皇が中心のはずが、結局はだんだん軍が仕切って、中心になってきて戦争をする方向に進んでしまった。
C35	首相が軍人だったから、そもそも反対できなかった。
C36	大政翼賛会や御前会議のせいで、国民が戦争をやめたいと言ったとしても、

C37	その意見が通らない。 似ていますが、国家総動員法で法律などはどんどん通ってしまい、国民に自由はなくて、国民の言いたいことが伝わらずに戦ってしまった。
T12	一番忘れてはいけない人たちは？
C(複数)	国民

　このようにして、なぜ戦争を止めることができなかったのか、さらに立場をつなげて解釈するようになり、関係認識を創り上げたうえで、戦争を止めることができなかった理由について、それぞれの立場を踏まえた自分の価値判断をノートに記録して本時を終えた。記録には、**感想⑤**のように書かれていた。

> **感想⑤　学習者A**　初めは、天皇が戦争に賛成をして、戦争を始めたのかと思っていました。だけど、調べてみるとアメリカなどの敵国が石油の禁輸をしたり、アメリカが日本を挑発したりするなど、アメリカに仕向けられていたということが分かりました。学級の話し合いで、石油の禁輸により、軍も戦争をするしかないと動き出していたことや、有力政治家が自分の地位のことだけを考え、国民のことを全く考えないで会議を行ったりしていたことも分かったし、国家総動員法により、国民に自由がなくなってしまったということも分かりました。私は、戦争を止められなかった理由は一番は石油のことだと思うけれど、国民の意見を聞くべきだと思いました。
>
> **学習者B**　私は調べた中で石油を禁輸されたことが原因だと考えていましたが、みんなの意見を聞く中で、いろんな条件が重なり合って戦争になってしまったことが分かりました。その中で、最初は天皇や政府、海軍は戦争に反対していたのに、海軍が賛成に変えてしまったことがかなり大きな原因だと思います。もし海軍も反対と言っていたなら、戦争をしなかったと思うし、天皇や政府も、国民に戦争の悪さを訴え、今のように戦争は絶対にしてはいけない！という考えを広めていったと思います。

　様々な立場から戦争をとらえていったことで、多面的な思考を得つつあったが、主権者である「国民」の視点をさらに追究していくことで、止められなかった理由に迫ることができると考え、授業の終わりに「国民の生活は戦時時にどのような様子だったのだろう」と改めて問いかけた。実際の生活を調べてはいないため、戸惑い、予想のつぶやきがいくつも聞かれた。

（7）「戦争の長期化で人々はどのような生活を送っていたのだろうか」
調べよう

　身近な岡崎での国民生活の実態を追究することができるようにするため、岡崎市民が書いた戦争の手記を資料に、実生活に迫ることとした。使用した資料は岡崎高等女学校（現在の岡崎北高校）で学んでいた市内に住む女性が書いた手記や写真、空襲を記録した絵画である。被害状況や生活苦の実態まで記録してある。身近な場所で起きていた現実に直面することができたことが**資料⑧**から分かる。

　教科書で追究していた「勤労動員」や「学徒動員」が岡崎でもあったこと、岡崎空襲があったこと、友人が空襲で犠牲になったことなどを追究・解釈していく中で、身近な地域での戦争の現実、生活苦に驚きを感じる学習者が多くあった。

資料⑧　手記の追究記録

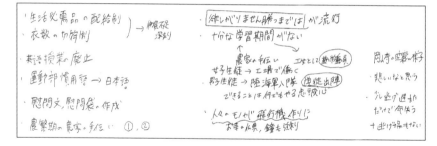

　さらに、このような状況を植民地や占領地の人々にも強いていたことを教科書と資料集で調べ、国民の生活の実態について感想を書いた。

感想⑥　**学習者Ａ**　戦争のために、子どもや女性までもが農家や工場で働かされてかわいそうだと思いました。空襲で逃げ場がなく、生きるか死ぬか分からないような状況の中で暮らしているのはとてもつらいことだと思いました。植民地や占領地の人々も労働を強制されたりするなど、日本はひどいことをしていると思いました。
学習者Ｂ　日本が戦争を止められなかったことで、日本の国民だけでなく、外国までもつらい状況になってしまったというのが悲しいです。そして、国民も無理やり戦争は国のためというように、生活も厳しく取り締まられてしまい、自由が本当にない時代で、今は本当に幸せだなと感じることができました。

　学習者の解釈を見ると、国民生活の現実を直視し、自分たちより少し上の年代の人々も、苦しい中で生活をしていたことや、日本が支配下に置いた人々にも苦しみを与えていたことに気付くことができたことが分かる。

(8) 同じ過ちを繰り返さないために私たちにできることを考えよう

　学びの最後に、戦争の終結の経緯を追究した。映像資料から終戦について追究を深めた後で、教科書を基にして、年表にまとめながら、ヨーロッパ側、アジア側での様子を学んでいった。日本に原子爆弾が投下され、終戦を迎えた事実を見つめなおし、犠牲の大きさに改めて戦争の恐ろしさを感じている様子であった。

　そして、終末に「日本が同じ過ちを繰り返さないために、日本が考えなければならないことは何だろうか」について、**資料⑨**のように記録にまとめていった。

> **資料⑨　学習者の記録文**　世界の国の人々と上手に付き合っていくことを考えなければならない。国民の意見をちゃんと聞くようにしなければならない。後からどうなるかということをしっかり考え、慎重に物事を進めていかなければいけない。戦争で起こったことを見直し、戦争をやってはいけないという意識をみんなが持たないといけない。

　記録を見ると、「国民」の意見を聞くことの重要性、「みんな」という視点など、主権者としての意識を少しでも持つことができたのではないかと考えられる記述が見られた。最後の授業感想は次の**資料⑦**のように書かれていた。

> **感想⑦　学習者A**　第二次世界大戦について学び、多くの人が戦争によって犠牲となってしまったことが分かりました。軍の人たちだけでなく、民間人も犠牲となり、とてもかわいそうなことだと思いました。政府や軍の人が、ちゃんと国民の意見を聞き、自分たちだけで勝手に進めなければ、もしかしたらこんなことにはならなかったのかもしれないと思うと、なんでそうしてしまったのかなと思いました。今回のことをちゃんと見直し、同じことを起こさないようにするために、一人ひとりが戦争について考え、やってはいけないという強い意志を持たなければいけないと思いました。
> **学習者B**　日本がこれからの世代の人々に今の私たちのように戦争の悲しみとやってはいけないことを伝えていくことや、日本だけでなく世界の国々で戦争を行わないために協力していこうという考えを持つことが大切であると思いました。戦争の悲惨さを伝え

るためにも、今の考えを大切にし、社会の授業などでも取り入れていくことが大事だと思いました。

　学習者Ａ・Ｂのように、それぞれの学習者が、今までの学びの足跡を振り返りながら、戦争の悲惨さに気付き、それを止められなかった日本の過ちについて、考えを記述することができた。そして、これからの私たちのあるべき姿を決意的表現で表明していた。

4　考察

（1）手だて①について

　手だて①については、単元の終末における学習者の感想⑦の中に「一人ひとりが戦争について考え」や、日本の果たすべき役割の記述があることから、単元を貫く課題への意識が強く存在しているといえ、最後まで追究意欲の高揚につながっており、自分がすべきことまで考えることができていたといえる。

（2）手だて②について

　手だて②については、感想③において、自分なりの予想を立て、それぞれの立場から追究・解釈活動に取り組んでいこうとしていることが分かる。その成果をその後の授業で共有し合ったことで、感想④にある多様な立場を「つなげた」解釈ができるようになり、多面的・多角的な解釈の深まりを得ることができた。

（3）手だて③について

　手だて③の立場別資料が有効であったことは、先述の資料⑤の追究・解釈の成果からも明らかである。さらに、資料②の予想から導かれた５つの立場（政府・天皇・軍・国際・国民）が、自作の追究資料集によって根拠を得て（感想③④の記述）、資料⑦における「発言の視点」となって５つの立場が表れている。これらの点から、視点を定めたことは追究・解釈活動を焦点化することに非常に効果があり、その後の話し合い活動においても各解釈の関係認識を得やすくする点で

非常に大きな効果があったといえる。さらには、自分の立場にこだわりを持った言葉も学習者の感想には表れており（感想⑤）「国民の意見を聞くべき」「考えを広めて」といった行動化に関わる部分まで記録されている。これらは**手だて③**が大きな役割を果たしたことを実証している。

（4）手だて④について

　それぞれの学習者がどのような考えを抱いていたのか、座席表や板書を学習者に渡すという形で行ってきた。**感想①～⑥**までの解釈の変容を見ると、学習者は記録を用いながら、自分たちの解釈の変容を確認し、追究や解釈の再構築に臨むことができたといえる。その結果が最後の**感想⑦**である。

　この**感想⑦**は、今までの学びを踏まえて、これからの私たちの生き方を見直していかなければならないという決意が表れた記述となっている。つまり、主権者として、社会科の授業の中で果たすべき行動化である価値判断まで自信を持って行うことができたということである。そして、この記述には、学びの振り返りが表されており、解釈の変容を見取っていったことに効果があったといえる。よって、**手だて④**が有効であるといえる。

5　おわりに

　今回の研究を通して、核となる言葉が手法としての「解釈型歴史学習」と、内容としての「主権者意識」である。手法としての「解釈型歴史学習」は、実際の授業において大きな効果をもたらすことは本研究実践からいえるが、学習者自ら資料を検索することは中学生段階では非常に困難であるといえる。つまり、資料選定を行う教師の意図が反映されてしまうため、多様な視点からの資料をいかに提示できるかが、解釈の価値を左右する鍵となるといえる。また、内容として、「主権者意識」を、「歴史」を通して醸成することができれば、歴史を学ぶ意義を再確認し、自分たちの生活に生かしていこうとする「社会に参画していこうとする学習者の育成」に迫ることができる。

　実践の中で、「平和な日本は私たちが作る」と、学習者が積極的に社会に参画

していこうとする姿を見取ることができたことは、解釈型歴史学習で戦争を学んだ学習者の現在に生かす主権者意識であることは間違いない。このような学習者の主権者意識の醸成を目指し、解釈型歴史学習の実践に努めていきたい。

||| 注・参考文献 |||

- 土屋武志『解釈型歴史学習のすすめ－対話を重視した社会科歴史－』梓出版社、2011 年。
- 土屋武志『「見方・考え方」を育てる中学歴史授業モデル』明治図書出版、2019 年。
- 土屋武志・岡崎社会科研究会『実践から学ぶ解釈型歴史学習－子どもが考える歴史学習へのアプローチ－』梓出版社、2015 年。
- 木村博一『思考の流れ＆教材研究にこだわる！「わかる」社会科授業をどう創るか－個性のある授業デザイン－（社会科授業サポート BOOKS）』明治図書出版、2019 年。
- 木村博一・岡崎社会科授業研究サークル『農業を学ぶ授業を創る』黎明書房、1995 年。
- 木村博一・岡崎社会科授業研究サークル『「高齢者福祉」を学ぶ授業の探究』黎明書房、2002 年。
- 岡崎市教科・領域指導員会『改訂 若手教師のための教師力をみがくハンドブック－若手・新任教師へ実力教師が伝授する 179 の Q&A －』明治図書出版、2020 年。

ゲストティーチャーと協働する歴史家体験活動
−児童による解釈型歴史学習−

愛知教育大学大学院　中村 賢治

1　児童による歴史家体験活動の難しさ

　土屋武志が提唱した解釈型歴史学習の中心には、歴史家体験活動という学習活動がある。これは、過去に関する資料を一つひとつ読み解き、情報を整理して組み合わせながら論理的に歴史を説明する（＝歴史探究）活動である[1]。この活動を取り入れた歴史学習は、歴史学者の研究成果（通説になっている歴史）を唯一絶対のものとして受け入れる学習とは大きく異なり、学習者一人ひとりに歴史を主体的に描かせる機会を提供する。つまり、学習者一人ひとりが「歴史家（ヒストリアン）」になるのである。

　「歴史家」とは、歴史研究を専門とする歴史学者だけに限られた立場ではない。なぜなら、歴史的な資料を批判的に検討し、説明することができれば、誰でも歴史を描くことができるからである。そのため、民主主義社会においては、権力者から一方的に歴史観を享受するのではなく、市民が多様に歴史を描いていくことができる。つまり、民主主義社会においては市民一人ひとりが「歴史家」になることができ、市民は過去を知り、伝えようとする点で、対等になることができる[2]。

　子どもも「歴史家」になることができる[3]。しかし、学校でいわゆる通史を学ぶ最初の機会になる小学校六年生の中には、過去に関する情報を整理し、論理的に説明することが難しいと感じる子もいる。原田（2009）は、子どもが自由に参加する歴史学習に対して、歴史解釈の開放性はあるものの、解釈の根拠となる史料の吟味が弱くなることを指摘している[4]。また、土屋（2013）は、子ども自身の歴史解釈を優先した場合、「明らかな誤謬や曲解、あるいは現代日本の

教育の基本である平和や民主主義を否定する解釈」が生まれる可能性を危惧している [5]。このように、子どもは、史料吟味に難しさを感じたり、非民主主義や戦争を助長する極端な歴史解釈を容認してしまう可能性がある。

一方、土屋（2011）は、『三河物語』を教材とした小学校六年生の授業実践を紹介し、史料を批判的に解釈する子どもの姿を見取って「史料（情報）の信憑性、つまり史料（情報）の作成者のその時代での立場を推理する能力は、小学生も基本的に持っている」と評価した [6]。このように、児童はもともと歴史的な資料を批判的に考える能力を持っている。しかし、その能力を発揮できる子は少ないのではないだろうか。こうした児童を支援するためには、大人も含めた協働者の存在が必要になる。その協働者には、教師だけでなく、ゲストティーチャーも検討される必要があると考える。

本稿では、以上の問題関心を踏まえて論を進める。従って、初等教育段階において、子どもが歴史を主体的に描けるようになるために必要なゲストティーチャーの役割と、それを活用した歴史家体験活動の特徴を明らかにする [7]。それが、児童の歴史探究への難しさを解決する一つの方法になると考えられるからである。なお、本稿におけるゲストティーチャーは、専門的な歴史の見方・考え方を有する者を指す。つまり、児童は歴史の専門家と協働するのである [8]。

2　小学校社会科歴史におけるゲストティーチャー活用

（1）児童とゲストティーチャーによる歴史家体験活動

本稿における歴史家体験活動は、児童のみの学習活動ではなく、実際にゲストティーチャーと共に歴史を探究することを特色とする。なぜなら、歴史探究の経験が少ない児童が、歴史を専門とするゲストティーチャーと協働する中で、歴史的な資料を検討し、複数ある仮説を検証できるようになると考えたからである。この経験を活かして、児童が自分の見方で過去を捉え、その様子を論理的に説明できるようになれば、歴史を主体的に描いていくことができると考えられる。

（2）児童とゲストティーチャーの関係

第1項で示したように、市民は過去を知り、伝えようとする点で、対等になることができる。そのため、児童とゲストティーチャーも「歴史家」として対等になることができるような手立てが重要になる。但し、児童とゲストティーチャーの対等は、両者の資質・能力が同等であるという意味ではない。むしろ、異なる立場の他者同士が、一つの過去への問いを共有して、それぞれの立場性を活かしながら、共に問題解決することを指す。つまり、両者は、互いの違いを認め、活かす関係にある [9]。こうした関係を基本として歴史家体験活動を行うため、ゲストティーチャー任せとならない授業を構想しなければならない [10]。

多くの児童は、歴史探究の経験が少ないため、主体的な過去への問いを持ちやすい。一方、ゲストティーチャーは、歴史の見方・考え方を熟知しており、歴史に詳しい。この二つの立場性を活かして児童とゲストティーチャーが対等に歴史家体験活動を行う場合、児童の持つ主体的な過去への問いをゲストティーチャーが受け止め、ゲストティーチャーは、その問いを解決するための見方・考え方を伝えたり、専門的な視点から児童の仮説を検討しながら、共に対話することになると考えられる。それにより、児童は自分の過去への問いを深めて追究し、自分の仮説を立てることができると考えられる。こうした活動を通して、児童は新たに、過去の様子だけでなく、歴史探究のやり方にも気付いていくことができると考えられる。

ゲストティーチャーにとっても、児童の立場性から新たな気付きが生まれると考えられる。児童は、過去の何に対して興味・関心を抱くのか、どのような考えや発想で過去の様子を意味付けるのかを知ることで、児童の多様な見方・考え方に気付くことができるからである [11]。

（3）教師の役割

児童とゲストティーチャーの関係を構築するためには、教師の存在が重要になると考えられる。教師は、授業づくりの主体者であり、具体物や人との関わりから論理的に思考することができる児童の特性をよく理解している。そのため、教

師は、事前にゲストティーチャーへ授業のねらいと招聘する目的を伝え、児童と
ゲストティーチャーとが協働する歴史授業の単元計画や、歴史家体験活動の概要、
授業前時点での教師の児童理解を共有させておく必要があると考えられる。

　ゲストティーチャーとの授業で児童が歴史を主体的に描けるようになるために
は、教師だけでなく、ゲストティーチャーもまた、児童理解や現代的な教育観を
理解することが求められる。そのため、教師は、ゲストティーチャーと授業のイ
メージを共有しておく必要がある。特に、教師は、従来の知識伝達型の歴史授業
ではなく、子どもの主体的な過去への問いによる歴史探究や、児童同士や児童と
ゲストティーチャーによる対話を基本とした授業であることを伝える。その上で、
授業では、教師がファシリテーターとして、児童やゲストティーチャーと共に新
しい歴史像を描けるように、子どもの主体的な過去への問いを取り上げ、児童と
ゲストティーチャーとが対話する機会を設ける必要があると考えられる⁽¹²⁾。

　このように、異なる立場性を有する児童とゲストティーチャーと教師が協働し、
歴史家体験活動を行うことができれば、児童が主体的に歴史を描けるようになる
のではないだろうか。次項では、こうした協働を意識して行った小学校社会科歴
史学習（以下、本実践とする）を紹介する。本実践では、児童が、愛知県清須市
から多く出土した円窓付土器の用途を巡って、当時の人々の生活に関する様々な
仮説を出し合い、互いに検討する活動を行った⁽¹³⁾。そこに、考古学を専門とす
る愛知県埋蔵文化財調査センターの城ヶ谷和広氏がゲストティーチャーとして参
画した。

3　ゲストティーチャーと協働する社会科歴史授業の実践

（1）歴史家体験活動としての「歴史探偵ごっこ」

　本実践では、単元を通して行う歴史家体験活動として「歴史探偵ごっこ」を取
り入れた。「歴史探偵ごっこ」とは、解き明かされていない過去の謎を、歴史的
な資料をもとに探る活動である。歴史は、証拠が不完全なために未解明であるこ
とが多く、「歴史家」は、探偵のように新たに資料を発見しながら、歴史を描い
ていく。そのため、「歴史探偵ごっこ」は、歴史家体験活動の中でも、歴史をど

のように解明するかを端的に学ぶことができる学習活動になる[14]。

　土屋（2011）は、イギリスの歴史授業における教師用指導書の分析を通して、歴史家と探偵の類似点を二点（歴史家も探偵も証拠を用いなければならない点・科学的な報告と現場検証から出来事の経過を再現しなければならない点）と、相違点を一点（歴史家が遠い過去の出来事について尋問できる目撃者を持てない点）指摘した[15]。こうした点を踏まえると、「歴史探偵ごっこ」は、単なるごっこ遊びではなく、証拠を用いて、遠い過去の様子を科学的実証的に明らかにする活動であるといえる。加えて土屋は、社会科歴史学習では「子どもたちをその時間は「歴史家」つまり歴史探偵になりきらせる時間でありたい」と述べ、「歴史は、他者に伝えてこそ歴史としての役割を果たす」として、歴史探偵として成果物を作成することを提案している[16]。

　児童は、ゲストティーチャーと共に「歴史探偵ごっこ」を行うことで、不慣れな歴史探究を相談しながら行うことができる。一方、ゲストティーチャーは、「歴史探偵ごっこ」によって、授業環境を自分の専門領域に近づけることができるため、その中で共に歴史探究する児童との対話を促進させることができると考えられる。

（2）本実践の概要と事前打ち合わせでの共有

　以上を踏まえ、本実践は、単元「円窓付土器の謎に迫れ！－狩猟・採集や農耕の生活－」として全六時間完了で行われた（**資料1**）。以下、表中の**資料2〜5**に沿って、児童とゲストティーチャーの協働の様子を見ていく。

　城ヶ谷氏とは、事前打ち合わせを二回行った。教師は「歴史を探究する活動を通して、多面的・多角的な思考力・判断力・表現力を養わせたい」という授業のねらいを伝え、城ヶ谷氏をプロの歴史探偵として招き、土器などの考古遺物の見方や、仮説の立て方に関する支援を依頼した。直接的な土器の説明や、通説となっている歴史の伝達を敢えて依頼しなかった理由は、**第2項（3）**で示したように、本実践が、児童理解を踏まえて、子どもの主体的な過去への問いによる歴史探究や、児童同士や児童とゲストティーチャーによる対話を基本とした授業であると伝えたからである。

資料1　単元計画表

時	学 習 活 動	GT	記 録
1	・実物の円窓付土器に触れる。 ・円窓付土器の用途について自由に予想する。	○	**資料2**
2	・教科書の想像図を使って、狩猟・採集や農耕の生活について知る。		
3	・教科書や本、タブレットを使用し、各自で円窓付土器の情報を調べる。		**資料3**
4	・なぜ、争いやクニづくりがあった時代に円窓付土器が存在したのか推論する。		
5	・足りない円窓付土器の情報を更に調べる。 ・自分の仮説を完成させる。		
6	・円窓付土器の用途について互いの仮説を精査する。 ・最終的な自分の仮説をまとめる。	○	**資料4** **資料5**

（3）ゲストティーチャーを真似る児童

　単元の導入では、城ヶ谷氏が、児童に土器の見方や用途の考え方をアドバイスする場面があった。城ヶ谷氏は、まず一般的な弥生土器（深鉢型土器）の用途を児童に予想させた。児童は次々と、「ご飯をためる」や「花瓶とかに使う」など、直感的に回答した。それに対し、城ヶ谷氏は、「色々な使い方があると思うけど、この土器は周りが黒いでしょ、煤が付いているんです」と用途の手がかりになりそうな点を児童に注目させ、「だから、周りで火を焚いていたと分かります。弥生時代には米があるので、米だとか色々な食べ物を煮たんじゃないかと言われています」と説明した。このように、城ヶ谷氏は、敢えて直接的な土器の説明を避け、土器から分かる手がかりをもとに、当時の人々の生活を伝えた。その結果、児童は、ゲストティーチャーの土器の見方、用途の考え方に気付くことができた。その後、城ヶ谷氏から円窓付土器が提示され、**資料2**（次頁）の場面になった。

資料2　第一時の授業記録（C：児童、T：教師、GT：城ヶ谷氏）

> C1　：「城ヶ谷さんの考えを聞きたい」
> T　：「ちなみに城ヶ谷さんは、これをどう考えるんですか」
> GT　：「分からないです」
> C2　：「いや、予想、予想…」
> GT　：「これね出てくるのが、人が住んでいるところからちょっと離れたところにある、お墓の近くからなんだ」
> C　：「お墓…？」
> C3　：「人の住んでいないところとか言っていたので、お墓の近くだと思って、お参りした時のお線香みたいなやつ、穴の中から線香を入れて、他にも何本かあって…」
> T　：「なるほどね」

　資料2は、第一時で児童とゲストティーチャーが対話し、それを教師がファシリテートした場面である。第一時では、城ヶ谷氏が、児童の自由な予想を聞いて回り、児童との対話に参加した。その時、児童は、「城ヶ谷さんの考えを聞きたい」と述べ、城ヶ谷氏の考えを参考にしようとした。それに対し、城ヶ谷氏は、「分からないです」と回答し、用途未解明である事実に即して、敢えて土器の用途に関する考えは述べず、出土状況のみを児童に伝えた。

　最初、C3は土器を見た目で判断し、「蛸壺」のような用途と予想していたが、「人が住んでいないところとか言っていたので」と述べたように城ヶ谷氏の発言を踏まえて、出土状況と関連する用途になるように再考した。

　このように、第一時では、ゲストティーチャーの見方・考え方を真似るようにして、児童も自分で土器を観察し、手がかりを見つけながら、土器の用途や当時の人々の生活を考えた。

（4）ゲストティーチャーから学んだことを活かす児童

　資料3は、第三時の児童のノート記録である。この児童は、異なる二つの土器（深鉢型土器と円窓付土器）が「上の穴の部分が少しにている」としつつ、「周りが少しこげてるし、火の周りには、穴があいていない」と気付き、煤の付き具合

や、穴が空いている箇所が異なることを見つけた。それを踏まえて、当時の人々の円窓付土器の使い方を予想した。

資料3　第三時の児童の授業ノート（括弧及び中略は筆者によるもの）

　（教科書資料）3の「米のにたきにつかわれた土器」は、上の穴の部分が（円窓付土器に）少しにているけど、周りが少しこげてるし、火の周り（土器の側面）には、穴があいていないものだから、（円窓付土器は）米にはつかわれていない気がする。（中略）穴からおちてきそうな物は（いれて）ないと思う。

　このように、第三時では、児童自身が、ゲストティーチャーから学んだ見方・考え方を活かして土器の用途や当時の人々の生活を考えた。

（5）ゲストティーチャーと共に仮説を精査する児童

　資料4は、第六時で、ゲストティーチャーを交えて児童同士が土器の用途について議論し、教師がファシリテートした場面である。第一時では、多くの児童は、ゲストティーチャーの見方・考え方を真似て土器の用途を考えたのに対し、第六時では、児童が自分自身で集めた手がかりや情報をもとに、互いの仮説を精査した。その議論に、城ヶ谷氏は補助的に参加し、共に児童の仮説を精査した。

　C5は、C4の「くり抜かれた部分が蓋」になっているという仮説に疑問を持ち、「蓋は発見されていないですか？」と城ヶ谷氏に出土状況を聞いた。また、C6は、C4の「湧水を円窓付土器に溜め」るという仮説に疑問を持ち、教師の支援も借りながら「カビの発見はどうですか？」と城ヶ谷氏に土器の分析結果を聞いた。

資料4　第六時の授業記録（C：児童、T：教師、GT：城ヶ谷氏）

C4　：「墓地に水が湧いていて、お墓って水かけるじゃん。だから、湧水を円窓付土器に溜めて、真ん中の穴から出て、それを桶みたいなものですくってかけると思う」
C5　：「水を溜めるって言っているけどさ、円窓付土器さ横に穴空いているじゃん。それってどうやって溜めるの。上の穴から水を溜めるって言っても、横の穴から水が流れてきちゃうじゃん」

C4 ：「くり抜かれた部分が、蓋になっていて…」
C5 ：「蓋は発見されていないですか？」
T ：「城ヶ谷さん、蓋というのはあるんですか？」
GT ：「蓋はないですね。これを覆うものはない」
C6 ：「もし、水が入っていたら、カビが生えてしまうのではないですか？」
C4 ：「湧水は綺麗だから」
T ：「城ヶ谷さん、カビの発見はどうですか。水を溜めてカビが残ることはあるんですか？」
GT ：「カビが残っていた例は無いと思います」

　このように、第六時では、ゲストティーチャーによる支援を得ながら、児童同士が主体的に議論し、土器の用途に関する仮説を精査した。

（6）自分の言葉で歴史を描く児童

　最後に、単元終了時の児童二人の仮説を例に、本実践において、児童がどのように土器の用途を通して当時の人々の生活を描いたか分析する（資料5）。

　C7 は、この土器がお香を置く専用の壺であったと考えた。C7 は、その理由を「朝日遺跡の弥生中期当時は、遺体を燃焼せず土葬や土器葬」であったため、「死臭が漂」うからであると説明した。この仮説は、墓の近くから土器が出土したことを考慮した上で、弥生時代の特徴である祭祀などと関連付けて立てられたと考えられる。

　C8 は、この土器が亡くなった人を燃やすための道具であったと考えた。C8 は、その理由を「弥生時代には葬儀はあったけど米作りのことで争いになっている」ため、葬儀をする「暇がない」とし、「円窓付土器の中に火をつけて人を焼いて骨は墓に埋めに行っていた」からであると説明した。この仮説は、墓の近くから土器が出土したことだけでなく、弥生時代に米作りを巡って争いが起きていたという事実を考慮した上で立てられたと考えられる。

資料5　単元終了時の最終的な仮説

C7	現在の祭祀でよく使われる容器としては香炉、香皿、水鉢、水受けがあります。朝日遺跡の弥生中期当時は、遺体を焼却せず土葬や土器葬ですから、死臭が漂います。そこで、葬送儀礼とその後に必要となるのはお香ではないかと考えられます。それまでは他のもので代用していたのを円窓を設けた専用の壺を作ったと考えます。
C8	円窓付土器は、亡くなった人を燃やすために使っていたと思います。理由は弥生時代には葬儀はあったけど米作りのことで争いになっているから葬儀なんてやっている暇がないから円窓付土器の中に火をつけて人を焼いて骨は墓に埋めに行っていたと思うから。

　C7とC8とで土器の用途に関する仮説は異なるが、両者は、祭祀や米作りを巡る争いなど、当時の人々の生活を踏まえて仮説を立てることができた。このように、児童は、最終的に自分の言葉で当時の人々の生活を描くことができた。つまり、大観的な弥生時代の歴史認識を深めたといえる。

4　ゲストティーチャーの役割を活かす歴史家体験活動の特徴

　本実践で、児童はゲストティーチャーとの関係を変化させながら、歴史を主体的に描いていった。本項ではその変化を論じ、ゲストティーチャーの役割と、それを活用した歴史家体験活動の特徴を明らかにする。

　第一時では、ゲストティーチャーが、土器の見方・用途の考え方を児童に伝え、児童は、ゲストティーチャーの見方・考え方を真似るようにして、土器を観察し、手がかりを見つけながら、土器の用途や当時の人々の生活を考えた。第三時では、資料3のように、ゲストティーチャーから学んだ見方・考え方を活かして、自分の力で土器の用途や当時の人々の生活を考えた。第六時では、資料4のように、ゲストティーチャーが出土状況や分析結果の情報を補足しながら、児童同士が主体的に土器の用途に関する仮説を精査した。

　本実践で、歴史を専門とするゲストティーチャーは、三つの役割を担った。一つ目は、児童に歴史的な資料の見方や、当時の人々の生活の考え方を伝える役割、

二つ目は、敢えて直接的な歴史の説明をせず児童に予想させる役割、三つ目は、専門的な情報を補助的に支援する役割である。ゲストティーチャーは、これらを児童の追究の深まりに応じて使い分けた。その結果、児童とゲストティーチャーの協働が活発になり、児童は**資料5**のような成果物を作成することができた。

　こうした役割を発揮することができたのは、**第3項（2）**のように、教師が事前打ち合わせの段階でゲストティーチャーと授業のイメージを共有していたからである。また、授業の各場面でファシリテーターとして子どもの主体的な過去への問いを取り上げ、児童とゲストティーチャーとが対話する機会を設けたからである。従って、教師も協働者の一人として重要な役割を担ったといえる。

　以上を踏まえ、歴史家体験活動において、ゲストティーチャーと教師とが、それぞれの立場性を活かした役割を担うことで、児童は歴史を主体的に描くことができるということが明らかになった。従って、民主主義社会の中で、子どもが「歴史家」になるためには、歴史に詳しいゲストティーチャーと子どもの特性をよく理解する教師とで共に歴史授業を創っていくことが重要な手立てになるといえる。

　それだけでなく、この学習活動では、ゲストティーチャーや教師に新たな気付きを与えた。本実践を通して、ゲストティーチャーである城ヶ谷氏は、児童の意見を踏まえて多義的に歴史を見直す機会を得た(17)。これは、児童が本格的に歴史探究をして仮説を立てたため生じたと考えられる。つまり、ゲストティーチャーは、児童と共に歴史探究を行い、その探究過程を理解していたため、児童の意見を踏まえて考古遺物のもつ多様な意味を再構成した。

　教師は、ゲストティーチャーと共に歴史探究する児童の姿を見て、児童の新たな可能性に気付き、児童の個性や興味をより理解するための形成的評価をする機会を得た。これは、以降の歴史授業の内容を見直すことに繋がると考えられる。

　これらを踏まえると、ゲストティーチャーと協働する歴史家体験活動は、単なる児童の学習活動に留まることなく、協働者である大人（ゲストティーチャーや教師）の新たな気付きの場としても機能するといえる。

5 結語

　本稿では、社会科歴史授業にゲストティーチャーの活用を検討し、初等教育段階において、子どもが歴史を主体的に描けるようになるために必要なゲストティーチャーの役割と、それを活用した歴史家体験活動の特徴を論じた。民主主義社会において、子どもは歴史を描く権利を有している。それを最大限発揮させるためには、ゲストティーチャーと教師とが異なる立場性を活かして子どもと協働する歴史家体験活動が重要な手立てとなる。これを初等教育段階で実践することで、早くから過去に関して意見表明する子どもの権利を保障する糸口を掴むとともに、大人も新たな気付きを得て、多義的に歴史を見直したり、歴史授業を見直すことができると考えられる。本稿では、そのための示唆を城ヶ谷氏と協働する歴史家体験活動の実践から得ることができた。

　今後の課題も残る。本実践は土器を教材にした考古学実践に近いため、史料読解・解釈が求められる中世以降の授業でのゲストティーチャーの活用については、未だ検討が必要である。この点を課題とし、今後の研究で明らかにしたい [18]。

||| 注・参考文献 |||

（1）土屋武志『アジア共通歴史学習の可能性－解釈型歴史学習の史的研究－』梓出版社、2013年、p.168。
（2）すなわち、歴史家体験活動は、決して学習者を歴史学者に養成するためではなく、学習者が、民主主義社会に生きる市民として過去の様子を知り、伝えるために行われる。土屋武志「解釈型歴史学習による高校「日本史」改善の視点－グローバル歴史家を育てる歴史教育－」『探究』第25号、2014年、p.44。
（3）子どもが歴史を描く、つまり、（過去に関して）意見表明する権利は、子ども基本法第三条第三項で保障されている。
（4）原田智仁「中等歴史教育における解釈学習の可能性－マカレヴィ、バナムの歴史学習論を手がかりに－」『社会科研究』第70号、2009年、p.2。
（5）前掲書（1）、pp.180-181。
（6）土屋武志『解釈型歴史学習のすすめ－対話を重視した社会科歴史－』梓出版社、2011年、p.82。

（7）愛知県内の授業実践には、白井克尚（2019）が紹介した、愛知県埋蔵文化財調査センターの出前授業を活用したハンズオンによる中学校での文化財学習がある。しかし、これは、出張授業として予め決められた教具を使った学習であり、子どもが自分の興味・関心に基づいて情報を集め、自由に歴史を描く活動とは異なる。白井克尚「「見方・考え方」を育てる見学・調査活動をどう実現するか－博物館・郷土資料館との連携による授業へのヒント－」土屋武志編著『「見方・考え方」を育てる中学歴史授業モデル』明治図書出版、2019 年、pp.16-21。

（8）本稿における協働とは、過去への問いに対して、子どもや大人が共に情報を整理して対話し、仮説を検証することとする。

（9）この考え方は、文化相対主義に基づく。ここでは、文化を立場ごとに異なる個人の知識や価値観と定義した上で、対人間では相対的にその差異はないものとする。吉田竹也『人間・異文化・現代社会の探究－人類文化学ケースブック－』人間社、2018 年。

（10）ゲストティーチャーに授業を一任する方法もある。しかし、平野は、ゲストティーチャーとの授業では、教師がどのような立場で、何をするのか明らかにする必要があると述べている。この点で、ゲストティーチャー任せの授業が教育上、最良の手立てになるとは言い切れない。平野朝久「総合的学習におけるいわゆるゲストティーチャーの役割と課題（1）」『東京学芸大学紀要 総合教育科学系』第 58 集、2007 年、p.28。

（11）専門家、非専門家を問わず、考古遺物のもつ多様な意味（歴史解釈）を探究する点で、近年日本でも注目されるパブリック・アーケオロジーに繋がると考えられる。松田陽・岡村勝行『入門パブリック・アーケオロジー』同成社、2012 年、pp.26-30。

（12）ファシリテーターとは、問いを投げかけたりしながら、課題解決のプロセスを促進したり、容易にしたりする（ファシリテートする）役割の人を指す。安斎勇樹・塩瀬隆之『問いのデザイン－創造的対話のファシリテーション－』学芸出版社、2020 年、pp.184-186。

（13）円窓付土器の用途は学術的にも明らかになっていない。『日本考古学辞典』の「円窓付壺形土器（えんそうつきつぼがたどき）」に関する記述には「何か特殊な用途があったかとも思われるが審らかでない」とある。また、伊藤（2023）でも、「用途については不明である」と述べられている。日本考古学協会編『日本考古学辞典』東京堂出版、1983 年（初版は 1962 年）、p.58。伊藤厚史「円窓付土器の用途」『名古屋市見晴台考古資料館研究紀要』第 17 号、2023 年、p.73。なお、現在判明している円窓付土器の出土場所や出土状況については、高橋信明「円窓付土器考－その 1 －」『考古学フォーラム 6』愛知考古学談話会、1995 年、pp.66-72、および永井宏幸「円窓付土器」『朝日遺跡Ⅷ』（愛知県埋蔵文化財センター調査報告書第 154 集、総集編）財団法人愛知県教育・スポーツ振興財団愛知県埋蔵文化財センター、2009 年、pp.84-91 を参照。

（14）氏家拓也・土屋武志・真島聖子「協働的学習マネジメントに基づく遊びと学びの連続－児童解釈型歴史学習の実際－」『愛知教育大学教職キャリアセンター紀要』第 7 号、2022 年、

pp.145-147。
(15) 前掲書（6）、p.21。
(16) 前掲書（6）、p.135。
(17) 拙稿、p.119 にある城ヶ谷氏のコメントを参照。拙稿「多様な個人の価値観に気付く社会科歴史学習－ゲストティーチャーとの円窓付土器の授業実践を通して－」『叢書「教職の魅力共創」③ 社会共創編 新たな学び・学校のかたち（2）』愛知教育大学出版会、2023 年、pp.114-121。
(18) 本稿に示した授業実践は、2022 年 5 月に筆者が企画・考案した単元を、同年、愛知県の氏家拓也氏が行ったものである。授業の進め方や子どもへの支援、授業分析は随時、筆者と氏家氏とで協議しながら行った。本稿は、その授業実践をゲストティーチャーの活用に注目して分析し、まとめたものである。

【謝辞】

愛知県埋蔵文化財調査センターの城ヶ谷和広氏には、ゲストティーチャーとして本稿に示した実践にご協力を賜りました。また、公益財団法人愛知県教育・スポーツ振興財団愛知県埋蔵文化財センターの永井宏幸氏には、円窓付土器の用途に関する学術的なご助言を賜りました。深く感謝いたします。

あとがき

　土屋武志先生は、2025（令和7）年3月末日をもって、愛知教育大学特別教授の任を終えます。本書は、先生の退官に先立ち、記念図書として刊行するものです。ゼミ生の一人としてこれまでの先生の多大なるご指導に心から感謝申し上げるとともに、本書を刊行できたことを嬉しく思います。

　愛知教育大学在勤の約30年弱、先生は教育に、研究に、学会活動に、大学運営に、文部行政に、教科書執筆にと、多方面にわたりご活躍をされました。ここでは、先生の研究史の一端をご紹介したいと思います。

　先生は、長崎大学教育学部を卒業ののち、研究生として一年間大学に残りながら、私立活水高等学校に非常勤講師としてお勤めになりました。それには、盟友・梅野正信先生のお誘いがあったからだと言います。その後、長崎県の公立中学校教員として採用されましたが、ご本人曰く、生徒指導に行き詰まり、学び直すことを考えたそうです。そして、中学校教師の職を辞し、上越教育大学に移られていた恩師・加藤章先生の門を再び叩き、研究者の道を歩み始めることになります。そのような先生のご経験は、「解釈型歴史学習」が、学校現場で説得力をもって立ち上がってくることと無関係ではないでしょう。

　上越教育大学大学院を修了後、高校教員として長崎県立上五島高等学校にお勤めになり、実践研究を進めます。その後、長崎県教育センターへと転任になり、そこでは、文部科学省の若手教員海外派遣プログラムのメンバーとして1ヶ月間イギリスを訪問されました。イギリスの学校では、生徒たちによる歴史の「解釈」が重視され、「対話」を通じて歴史を構築していく姿に感銘を受けたといいます。このイギリスでのご経験が、「解釈型歴史学習」の原型となっています。

　1995（平成7）年に愛知教育大学に着任された後も、学習者が主体となる歴史教育の研究を進められます。土屋ゼミは、学生による自主的な研究テーマに基づく自由な意見交換が特徴でした。とりわけ土屋研究室には、韓国・台湾・インドネシア・ミャンマー・中国など、たくさんのアジアからの留学生が在籍していました。多くの留学生が口にするのは、先生の温かなお人柄です。そのようなアジアの留学生と

の交流が、ISSA（国際社会科教育学会）の発足へとつながっていきます。先生が素晴らしいのは、どこの国のゲストが来てもいつも笑顔で対応されること。笑顔はグローバル市民として大切な資質だということを思い知らされます。

　さらに、学位論文をもとにした『アジア共通歴史学習の可能性－解釈型歴史学習の史的研究－』（梓出版社）を通じて、「解釈型歴史学習」は、多くの教師たちに影響を与えました。先生は、日本社会科教育学会、全国社会科教育学会、日本グローバル教育学会、日本 NIE 学会などにおいても要職をつとめられ、常に社会科教育研究をリードしてきました。しかし、先生は、どんなに忙しくても、卒業生や修了生の相談に時間を割いてくださいました。そのような土屋ゼミからは、多くの研究者が巣立っています。

　先生の代表的な歴史教育論である「解釈型歴史学習」は、アジアにおいて国民国家を前提とした共通の歴史認識は難しいとしても、「解釈」や「対話」という共通の行為は可能だという考えが背景にあります。つまり、相対的な「解釈」を認めるわけではなく、「人権」や「民主主義」という普遍的価値を前提とした「対話」を通じて、社会を形成していくことが重要だということです。先生は、地域の歴史にも造詣が深く、歴史的洞察にいつも驚かされます。いつか仰られていた「日本の良さも、アジアの良さもわかるグローバル市民になれば良いじゃないか」という言葉は、そのまま先生の研究者としての在り方を表しています。

　本書は、土屋先生による「批判でも構いませんので、それぞれの考える解釈型歴史学習を示してください」というコンセプトのもと、土屋ゼミの卒業生や修了生が中心になり、先生と関係の深い執筆陣が集い、企画・刊行されました。先生がよく褒めてくださるのは、「研究を続けている」ことです。本書を手がかりに、読者がそれぞれの「解釈型歴史学習」の視点を引き続き深めていただければ幸甚です。

2023（令和5）年12月10日

白井 克尚

編著者紹介・執筆者一覧

土屋武志先生ご経歴および主要業績

[略歴]

1960年1月 長崎県生まれ

1982年3月 長崎大学教育学部 中学校教員養成課程社会専攻 卒業

1982年4月 私立活水高等学校（長崎県）非常勤講師（～1983年3月）

1983年4月 野母崎町立野母崎中学校（長崎県）教諭（～1985年3月）

1986年4月 私立上越高等学校（新潟県）非常勤講師（～1987年3月）

1987年3月 上越教育大学大学院教育学研究科 教科教育学領域社会専攻 修士課程修了

1987年4月 長崎県立上五島高等学校 教諭（～1994年3月）

1994年4月 長崎県教育センター 研修指導員（～1995年8月）

1995年9月 愛知教育大学 助教授

2006年4月 愛知教育大学 教授（2015～2018年 附属名古屋小学校長、
　　　　　 2019～2021年 地域連携センター長兼人文社会科学系学系長）

2023年3月 愛知教育大学 名誉教授・特別教授

日本 NIE 学会 会長・日本社会科教育学会 評議員・全国社会科教育学会 理事・日本グローバル教育学会 理事・ISSA（国際社会科教育学会）理事などを歴任。博士（学校教育学、兵庫教育大学大学院連合学校教育学研究科）

[主要業績]

・著書・編著書：

『解釈型歴史学習のすすめ－対話を重視した社会科歴史－』梓出版社、2011 年。『アジア共通歴史学習の可能性－解釈型歴史学習の史的研究－』梓出版社、2013 年。『実践から学ぶ解釈型歴史学習－子どもが考える歴史学習へのアプローチ－』梓出版社、2015 年。『見方考え方を育てる中学歴史授業モデル』明治図書出版、2019 年。

・共著・共編著・監修など：

『思考力育成型歴史学習の基礎・基本－新しい歴史教材と教科書開発のために－』アジア歴史教育研究会、2005 年。『学力を伸ばす日本史授業デザイン－思考力・判断力・表現力の育て方－』明治図書出版、2011 年。『いつでも・だれでも・どこでも NIE －楽しく気軽に出来る授業づくりのヒント－』明治図書出版, 2017 年。『高校社会「歴史総合」の授業を創る』明治図書、2019 年。『子どもがつながる社会科の展開－地域・世界と共に－』日本文教出版、2024 年。

【編著】白井克尚

1975 年 愛知県生まれ。愛知教育大学教育学部卒業、愛知教育大学大学院教育学研究科修了、兵庫教育大学大学院連合学校教育学研究科修了。博士（学校教育学）。愛知県公立小中学校、愛知県埋蔵文化財センター、愛知県埋蔵文化財調査センター勤務の後、2014 年愛知東邦大学教育学部助教、2018 年愛知東邦大学教育学部准教授。専門は社会科教育・生活科教育・総合的な学習の時間。

[著書]『戦後日本の郷土教育実践に関する歴史的研究－生活綴方とフィールド・ワークの結びつき－』唯学書房。共著『実践から学ぶ解釈型歴史学習－子どもが考える歴史学習へのアプローチ－』梓出版社。共編著『子どもがつながる社会科の展開－地域・世界と共に－』日本文教出版。

【執筆者一覧：執筆順】

土屋武志［編著者：p.302参照］	まえがき／第1章第1節
梅津正美（鳴門教育大学）	第1章第2節
山内敏男（兵庫教育大学）	第1章第3節
下山忍　（東北福祉大学）	第1章第4節
久野弘幸（中京大学）	第2章第1節
小栗優貴（京都教育大学）	第2章第2節
田中伸　（岐阜大学）	第2章第3節
白井克尚［編著者：p.302参照］	第3章第1節／あとがき
李明熙　（韓国 国立公州大学校）	第3章第2節
山下大喜（宇部工業高等専門学校）	第3章第3節
ナスティオン（インドネシア 国立スラバヤ大学）	第3章第4節
FX スリ・サデウォ（インドネシア 国立スラバヤ大学）	第3章第4節
ディチャ イサ アン・ナス（アジア共栄センター日本語コース）	第3章第4節（訳）
中村洋樹（四天王寺大学）	第4章第1節
植原督詞（伊勢崎市立四ツ葉学園中等教育学校）	第4章第2節
中山智貴（兵庫教育大学連合大学院／愛知県立春日井高等学校）	第4章第3節
小林大悟（伊勢崎市立あずま中学校）	第5章第1節
野々山新（愛知県立大府高等学校）	第5章第2節
近藤佑思（名古屋国際中学校・高等学校）	第5章第3節
松永博司（安城市立二本木小学校）	第5章第4節
森田淳一（岡崎市教育委員会）	第5章第5節
中村賢治（愛知教育大学大学院）	第5章第6節

※所属は執筆時

　本書は、土屋武志先生・愛知教育大学教授の定年を記念して出版する学術図書である。企画の経緯は「あとがき」でも触れたが、株式会社 帝国書院の教科書執筆などで土屋先生とご縁のある研究者と、土屋ゼミ卒業生および、新進気鋭の実践者が中心となり、執筆を行った。

（編著者紹介・執筆者一覧作成　白井克尚）

グローバル社会における解釈型歴史学習の可能性

令和6年3月15日　印刷　　　令和6年3月25日　発行

編　著　土屋武志・白井克尚

発行所　株式会社帝国書院

　　　　代表者　佐藤　清

　　　　東京都千代田区神田神保町3-29（〒101-0051）

　　　　電　話　03-3262-4795（代）

　　　　振替口座　00180-7-67014

印刷・製本所　株式会社木元省美堂